Die Prophetin Völuspa spricht:
„Ich erinnere mich an die zu Anbeginn aller Zeiten geborenen Riesen und an jene, die mich hervorbrachten. Ich kenne die neun Welten, die neun vom Weltenbaum überdeckten Sphären, den in die Weisheit gepflanzten Baum, der tief in den Busen der Erde versinkt. Ich kenne eine Esche mit Namen Yggdrasil, einen großen Baum, der vom Schaum weißen Wassers trieft, das als Tau in den Tälern niedergeht; so erhebt er sich, immergrün, nahe dem Brunnen von Urd."

„Wie konnte eine derart umfassende, vielschichtige Symbolik entstehen? Welche geistige Synthese der prähistorischen Menschheit und welche strukturellen Besonderheiten des Baums als solchem konnten zur Entstehung eines so umfassenden, zusammenhängenden Symbolismus führen? (...) Sicher ist, daß der Baum (oder vielmehr bestimmte Bäume) für die archaische religiöse Erfahrung eine Kraft verkörperte. Diese Kraft wurde sowohl dem ‚Baum'

als auch seinen kosmologischen Dimensionen zugeordnet. Für das archaische Bewußtsein existieren Natur und Symbol in gleicher Weise. Ein Baum setzt sich durch seine eigene Substanz wie auch durch seine Form im religiösen Bewußtsein durch, aber Substanz und Form verdanken ihren Wert wiederum dem Umstand, daß sie sich dem religiösen Bewußtsein einprägten, daß sie ‚erwählt' wurden, d. h., daß sie sich ‚enthüllten'. (...)

Man kann gewissermaßen von einem ‚Baumkult'
sprechen. Nie wurde ein Baum nur um seiner
selbst willen angebetet, sondern immer für das,
was durch ihn sichtbar wurde, was er verkörperte
und bedeutete. (...) So wird der Baum
aufgrund seiner Kraft und aufgrund dessen,
was sich in ihm manifestiert – und was über ihn
selbst hinausreicht –, zu einem religiösen
Objekt. Doch die Kraft erhält ihrerseits nur
durch eine Ontologie Gültigkeit: Wenn dem Baum
heilige Kräfte zugeschrieben werden,

dann deshalb, weil er
senkrecht steht, wächst,
seine Blätter verliert und
wieder neue hervor-
bringt, weil er sich ständig
regeneriert – unzählige
Male ‚stirbt' er und ‚ersteht
zu neuem Leben'.
Aber nur durch seine Unterordnung unter einen Prototyp,
der nicht notwendigerweise pflanzlich sein muß,
erhält der heilige Baum als Symbol seinen wirklichen Wert.

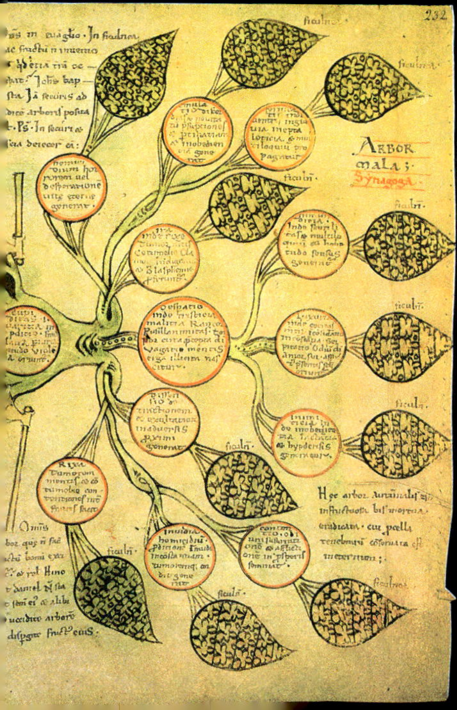

Ein Baum wird
durch seine Kraft heilig
oder, mit anderen
Worten, weil er eine über-
menschliche Wirklichkeit
verkörpert, die sich
dem Menschen vermittelt,
indem er Früchte trägt
und sich regelmäßig erneuert. Durch seine pure
Existenz – ‚die Kraft' – und die Gesetzmäßigkeit
seiner eigenen Entwicklung – ‚die Erneuerung' –

wiederholt der Baum für das archaische Bewußtsein das, was den Kosmos in seiner Gesamtheit ausmacht. So kann der Baum zum Symbol des Universums werden, so treffen wir ihn in allen entwickelten Kulturen an. Doch für das religiöse archaische Bewußtsein ist der Baum das Universum, und wenn er das Universum ist, dann symbolisiert er es nicht nur, sondern er bildet es ab und verkörpert es gleichzeitig.“

Mircea Eliade,
Historische Untersuchung der Religionen

Georges Jean wurde 1920 in Besançon geboren.
Von 1967 bis 1981 lehrte er Linguistik und Semiologie an der Universität Maine in Mans. Er publizierte über 50 Werke, darunter acht Gedichtbände, Essays über Poetik und Pädagogik sowie eine Reihe teilweise preisgekrönter Lyrik-Anthologien. Im Jahr 1991 erschien in der Reihe „Abenteuer Geschichte“ von ihm „Die Geschichte der Schrift“.

Deutsche Textfassung: Beatrice von Meidow
Wissenschaftliche Bearbeitung: Dr. Willfried Baatz

Für N.

Die Deutsche Bibliothek – CIP-Einheitsaufnahme

Die **Sprache der Zeichen** / Georges Jean.
Dt. Textfassung: Beatrice von Meidow. Wiss. Bearb.: Willfried Baatz. – Dt. Erstausg. – Ravensburg: Ravensburger Buchverl., 1994
(Abenteuer Geschichte; 45) (Ravensburger Taschenbuch)
Einheitssacht.: Langage de signes <dt.>
ISBN 3-473-51045-9
NE: Jean, Georges; Meidow, Beatrice von [Übers.];
Baatz, Willfried [Bearb.]; EST; 1. GT

ABENTEUER GESCHICHTE

Deutsche Erstausgabe als Ravensburger Taschenbuch

Die Originalausgabe erschien unter dem Titel
„Langage de signes – l'écriture et son double“

Satz: Eduard Weishaupt, Meckenbeuren
Printed in Italy by Soc. Editoriale Libraria

5 4 3 2 1 98 97 96 95 94

ISBN 3-473-51045-9

DIE SPRACHE DER ZEICHEN

Georges Jean

Ravensburger Buchverlag

ERSTES KAPITEL

DIE VORLÄUFER DER SCHRIFT

Die Schrift, die in einem allmählichen komplexen Prozeß entsteht, ist weder der erste noch der einzige Zeichencode, den der Mensch erfindet. Noch vor ihrer Verwendung gebraucht man bereits figürliche und abstrakte Bilder als schriftliches Kommunikationssystem. Diese Form der Kommunikation mit Hilfe von Zeichen ist bis heute ein verbreitetes Verständigungsmittel.

In den Handschriften der Azteken dient das Bild zur Bezeichnung einer Person und als erzählerisches Element. So werden auch in diesem Fragment des „Codex Boturini" die Häuptlinge durch totemistische Zeichen über ihren Häuptern benannt. Die leeren, aus ihren Mündern kommenden Spruchbänder stehen für das, was sie sagen, und die Fußspuren deuten die Richtung an, in der sie sich fortbewegen.

Im Paläolithikum, ungefähr 35 000 Jahre vor unserer Zeit, entstehen im Gebiet des heutigen Frankreichs so „unnütze" Gegenstände wie Schmuck, Geschmeide und vor allem Medaillons aus Stein und Knochen: Sie tragen Verzierungen, die aus regelmäßig angeordneten und mit Zwischenräumen versehenen Linien bestehen. Vermutlich handelt es sich dabei um Zeichen, doch ihre Bedeutung ist unbekannt, und man weiß daher auch nicht, auf welche Realität sie verweisen. Vielleicht sind es auch nur zeichnerische Übungen eines Künstlers, der die Möglichkeit seiner Mittel erkundet.

Zwischen 25 000 und 15 000 v. Chr. entstehen die berühmten Wandmalereien in den Höhlen von Lascaux (Dordogne), Altamira (Spanien) und vielen anderen Anlagen in Europa und aller Welt. Handelt es sich bei dieser von Jägervölkern geschaffenen Kunst mit den in ihrer Stilisierung außerordentlich lebhaften Tierdarstellungen um eine Art Schrift? Und wenn es so ist, welche Bedeutung hat sie?

Einem einfachen Zeichen einen der Realität fremden Sinn zu verleihen, ist ein ebenso bedeutender Schritt wie jener, der später zur Erfindung der Schrift führen sollte.

J. Abélanet, „Signes sans paroles"

Die Felsmalereien stellen nach Ansicht der Ur- und Frühhistoriker eine Art symbolischer Schrift dar.

Betrachtet man die Gesamtheit der Wandmalereien in allen Höhlenanlagen, erscheinen sie als ein zusammenhängendes, komplexes Ensemble von visuellen Zeichen, die auf seltsame Art den Eindruck erwecken, es handle sich dabei um eine Schrift. Manche Autoren sehen in den figürlichen Darstellungen und abstrakten Figuren ein Zeichensystem, das religiöse und mythische Vorstellungen der Welt zum Ausdruck bringt.

Die meisten Forscher sehen darin den Ausdruck einer Idee, die man bereits aus der ältesten chinesischen Philosophie kennt: die grundlegende Dialektik des weiblichen, befruchteten und des männlichen, befruchtenden Elements. Neben den Tierdarstellungen (Bisons, Hirsche, Mammuts) erscheinen rätselhafte Zeichen, die sich schematisch in zwei Gruppen gliedern lassen. Die männlichen Zeichen sind Striche, punktierte Linien und Stäbchen und haben phallischen Charakter. Die weiblichen

Paläontologen haben gezeigt, daß die Zeichen in den prähistorischen Wandmalereien auf zwei verschiedene Arten angeordnet sind: Sie erscheinen entweder als unabhängige Gruppen oder in enger Verbindung mit Tierdarstellungen. Der mit Schraffuren und punktierten Linien bedeckte Bison von Altamira (unten) stellt eine zeichnerische Botschaft dar, die möglicherweise in Verbindung mit einem Jagdritual zu deuten ist.

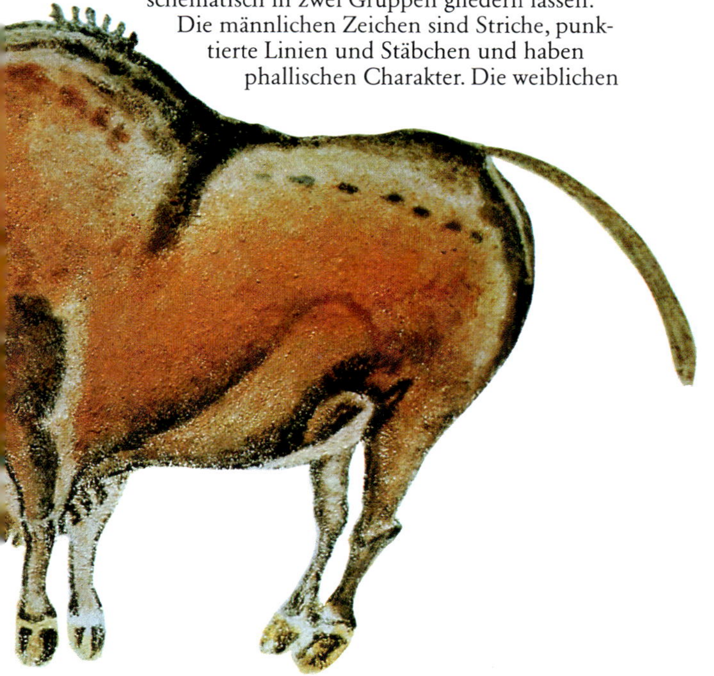

Zeichen bestehen dagegen aus ovalen und dreieckigen Formen sowie aus geschlossenen Kreisen, die vermutlich die Vulva andeuten.

Mit Ausnahme der weiblichen Figuren (Frau von Lespugue) sind menschliche Darstellungen sehr selten, und nur hin und wieder stößt man auf wie spielerisch auf den Stein aufgebrachte Handabdrucke.

Wenn Zeichen zu einem graphischen Code verbunden werden, entsteht Schrift.

Man nimmt gemeinhin an, daß die Menschen der Urzeit zwischen 9000 und 8000 v. Chr. aufhörten, Wandmalereien herzustellen. Die Kälte der Eiszeit, vor der die Menschen in Grotten und Höhlen Schutz gesucht hatten, löste in Europa ein mildes, feuchtes Klima ab, das dem Anbau von Obst und der Viehzucht förderlich war.

Aus dieser Zeit stammen die zahlreichen bemalten oder mit Ritzungen versehenen Knochen und bemalten Kieselsteine, die 1889 in der Grotte von Mas d'Azil in den Pyrenäen gefunden wurden. Dabei handelt es sich um flache, meist ovale Steine, die ein- oder beidseitig mit rotem oder braunem Ocker sowie Reihen von Strichen und Punkten verziert sind. Da meistens 21 bzw. 29 Punkte oder Linien darauf gezählt wurden, liegt die Vermutung nahe, daß die „Zeichen" sich auf die Mondphasen beziehen.

Aus der gleichen Gegend stammen auch Funde, die mit komplizierteren Mustern versehen sind: ein von einer oder mehreren Linien unterbrochener Querstrich sowie unterbrochene Linien, die mitunter griechischen Buchstaben ähneln.

Man weiß nicht genau, ob es sich bei den auf diesem Stab eingravierten Zeichen um Verzierungen handelt, ob sie den Besitzer des Stabs bezeichnen oder auf die symbolische Kraft des Objekts, etwa die Manneskraft des Häuptlings, hinweisen.

Schrifthistoriker nehmen an, daß es sich bei den auf diesen Steinen dargestellten Zeichen um eine Vorform der Schrift handelt. Sie könnten aber auch die Funktion von Besitzzeichen oder Zählelementen gehabt haben. Auch die Darstellung der erwähnten mythischen Dialektik männlicher (Striche) und weiblicher (Kreise) Figuren wäre denkbar.

Keine dieser Hypothesen ist aber sicher genug, um den graphischen Code entschlüsseln zu können. So bleiben die Objekte – in den Worten des Ur- und Frühhistorikers Jean Abélanet – „Zeichen ohne Worte“, die ihr Geheimnis auch weiterhin bewahren.

Im Merveilles-Tal wirken die in großer Vielfalt stilisierten Figuren wie stumme Botschaften.

In bemalten Kieselsteinen von ca. 9000 v. Chr., die man in Ariège im Mas d'Azil fand, sieht man früheste Elemente einer Schrift.

1650 wird die Anlage im Merveilles-Tal erstmals in einer Chronik erwähnt, aber erst in der Mitte des 19. Jahrhunderts inventarisiert man auf Betreiben des italienischen Wissenschaftlers Carlo Conti die Tausende von Figuren, die in die Felsen des unwirtlichen Gebirges eingeritzt sind. Allerdings geben die dort gefundenen „sprechenden“ Zeichnungen, Felsritzungen und Schnitzereien nicht den geringsten Hinweis auf Wörter, Sätze oder gar Schriftzeichen. So bleibt nur die Vermutung, daß es sich dabei um Zeichen einer mit dem Gebirge oder dem in diesem unzugänglichen Tal reichlich vorhandenen Wasser verbundenen Naturreligion handelt.

Jean Abélanet beschreibt in seinem Buch „Signes sans paroles“ („Zeichen ohne Worte“) die verschiedenen Zeichen sehr ausführlich.

In den Felsritzungen im Merveilles-Tal am Mont Bego (Meeralpen) erscheint das Motiv des Gitternetzes in Verbindung mit einer weiblichen Figur und Waffenzeichnungen. Das Gittermotiv auf diesem Stein (unten), dem „Häuptlingsfelsen“, wird als das Bild eines Flächenplans interpretiert, das den Krieger beschützen sollte.

Seiner Ansicht nach zeugen sie von der Anbetung eines Donnergotts, den Völker, die das Gebirge in der Bronzezeit durchquerten, verehrten. Die Darstellungen von Tieren, Waffen, Männern und Frauen sind überaus stilisiert, existieren in vielfältigen Variationen und haben zumeist eine Linienzeichnung. Die geometrischen Figuren – Kreise, Ovale und leere oder an der Innenseite gepunktete Rechtecke und Quadrate -, die bisweilen in viele Einzelelemente unterteilt sind, stellen die Wissenschaftler vor zahlreiche Probleme.

Manche kommen bei der Untersuchung der Kompositionen im Fontalba-Tal, die die Gegenüberstellung von gepunkteten und untereinander mit Schlangenlinien verbundenen Flächen zeigen, zu dem Schluß, daß es sich hierbei um eine Art Flurbuch handelt, das die bebauten Parzellen und Zugangswege verzeichnet: sehr frühe Vorläufer der Landkarten.

Man schätzt, daß es in diesem Tal über 100 000 Figuren gibt.

„Selbst ein unwissender Geist“, schreibt Jean Abélanet, „vermutet zu Recht, daß nur religiöse Motive an einem derartig hoch gelegenen, entfernten Ort zu einer so großen Zahl von Felsritzungen geführt haben können." Die Zeichnungen und Wandmalereien des Merveilles-Tals sind vielleicht keine „echten" Zeichen, wie wir sie verstehen, denn weder ihre „Autoren" noch „Leser" oder Betrachter können uns mitteilen, was sie aus ihnen tatsächlich „herauslasen". Es finden sich jedoch, insbesondere bei den Figuren des Merveilles-Tals, ähnliche Formen an verschiedenen Stellen. Das läßt die Vermutung zu, daß die Stämme, die sie verwendeten, allgemeine Kenntnis über ihre Bedeutung hatten und die Aussage der Zeichen sowohl von den Autoren der Zeichnungen als auch von ihren Betrachtern verstanden wurden.

Wahrscheinlich liegt der Grund für unser Unvermögen, diese zeichnerischen Botschaften zu entschlüsseln und für die darauf zurückzuführende Rätselhaftigkeit der Bilder darin, daß uns der richtige Code fehlt, nicht darin, daß sie keinen Sinn machten. Bemerkenswert ist außerdem, daß zwar die Anzahl der figürlichen oder abstrakten menschlichen oder geometrischen Figuren groß, ihre Verschiedenheit hingegen recht gering ist.

Die Gestalt aus dem Merveilles-Tal ist rätselhaft wie die Kreise und Hände in einer Grotte Nordamerikas.

Die Zeichen der prähistorischen Felsmalerei

Diese mit Zeichen versehene Tafel findet sich auf einer Felswand in der Höhle von Castillo bei Santander, die 1903 entdeckt wurde. Die aufgemalten und eingeritzten Figuren wurden von Abbé Breuil abgezeichnet. Hier erkennt man eine Kombination von rechteckigen, gitterförmigen Zeichen sowie punktierte Linien, die bisweilen – nach Meinung der Ur- und Frühhistoriker fälschlicherweise – als Aufzeichnungen über Flurstücke und Fallen interpretiert wurden. Die Verknüpfung von weiblichen und männlichen Zeichen scheint eine Konstante der prähistorischen *Syntax* * zu sein.

* *kursive Begriffe* siehe Glossar Seite 196.

Punkte und Linien

Von Anlage zu Anlage findet sich stets die gleiche Zeichenfamilie wieder. Die Abbildung links zeigt punktförmige Zeichen in der 1922 entdeckten Höhle von Pech-Merle in Lot. Rechts sieht man ein aus einem männlichen (mit Widerhaken besetzten Stab) und einem weiblichen (runde, glockenförmige Darstellung einer schematisierten Vulva) Zeichen bestehendes Paar.

Der Hirsch von Lascaux

Dieser Ausschnitt aus aus den Wandmalereien in der Höhle von Lascaux veranschaulicht deutlich die Kombination von Tierdarstellung und Zeichen. Gut ist zu erkennen, daß das Haupt des Hirschs durch das Rechteck und die punktierte Linie hervorgehoben wird. Die Bedeutung der Zeichenkombination ist noch nicht bekannt.

Für die Steinzeitmenschen hatte das unterirdische, vom Schein einer ölgespeisten Lampe beleuchtete Bild einer ‚punktierten Linie', eines ‚Vierecks' oder eines ‚Kreises' einen direkten Zusammenhang mit den Tierfiguren, die sich am Anfang und am Ende eines Wegs und am Schnittpunkt von Räumen oder Gängen befanden oder die im Zusammenhang mit Verzierungen auftraten. Offenbar hatten sie direkte Bezüge zur gesprochenen Sprache.

Mario Ruspoli, „Lascaux, un nouveau regard"

Die auf 1400 v. Chr. datierte Felsritzung aus Tamun in Litsleby (Schweden) zeigt eine große, männliche Figur (2,25 m hoch) mit erigiertem Penis und einem Speer in der Hand. Sie ist von figürlichen Zeichen wie Füßen und Tieren sowie von abstrakten, geometrischen Zeichen umgeben. Mehrere Hypothesen zur Deutung des Bilds bieten sich an: Es kann sich um die Darstellung eines Traums handeln, in dem sich Erinnerungen an die Jagd sowie an all das, was der Jäger bei seiner nächsten Jagd zu finden hofft, wiederfinden. Die Größe der Gestalt im Vergleich zu den sie umgebenden Lebewesen und Gegenständen und das klar erkennbare männliche Geschlecht scheinen die Vermutung zahlreicher Ur- und Frühhistoriker zu bestätigen: Männer stellten sich oft als Beherrscher der Natur dar.

Schließlich nehmen die zeichnerischen Botschaften in ausgereifter Form Schriftcharakter an.

Von einer Schrift spricht man dann, wenn die Botschaft linear übermittelt wird. Das bedeutet, daß Zeichnungen, wie etwa das von den Azteken entwickelte System – z. B. im „Codex Boturini“, der auf die Zeit der Eroberung durch die Spanier zurückgeht – sich buchstäblich lesen lassen. Die Fußabdrucke, die zumeist von der linken zur rechten Seite der Zeichnung und von unten nach oben wandern, geben die Leserichtung an. In anderen Dokumenten,

Die Gestalt, die im 19. Jahrhundert von einem indianischen Künstler aus New Mexico geschaffen wurde, stellt einen Krieger dar. Die Gemeinsamkeiten und Unterschiede zwischen dieser Figur und der auf der linken Seite sind, trotz des zeitlichen Abstands von 30 Jahrhunderten, überdeutlich. Der Indianer ist frontal dargestellt, sein Kopf wird von einem Totem aus durchbrochenen Linien überragt. Anders als bei dem prähistorischen Jäger kann man hier Augen und Mund erkennen. Solche physiognomischen Details sind in prähistorischen Zeichnungen äußerst selten. Der indianische Krieger trägt Waffen (Buschmesser und Hirschfänger) und eine Tasche, während ein derartiges „Behältnis“ in urzeitlichen Zeichnungen nie vorkommt. Die Strenge und Schmucklosigkeit der steinzeitlichen Kunst wirkt sehr fremd, doch die beiden Figuren üben eine eigenartige Faszination aus.

etwa im „Codex Hamburgensis“, in dem auch Kalender vorkommen, verläuft die Leserichtung in Form einer Spirale.

Die zeichnerischen Botschaften verdeutlichen ein für jedes Kommunikationssystem grundlegendes Element: Der Empfänger muß den Code oder die graphischen Zeichen kennen, die der Sender verwendet. Während sich ein Kunstwerk seinen Betrachtern nur präsentiert und die verschiedensten Interpretationsmöglichkeiten zuläßt, können die Botschaften der Zeichen nur durch Lektüre erschlossen und verstanden werden. Und dazu muß man

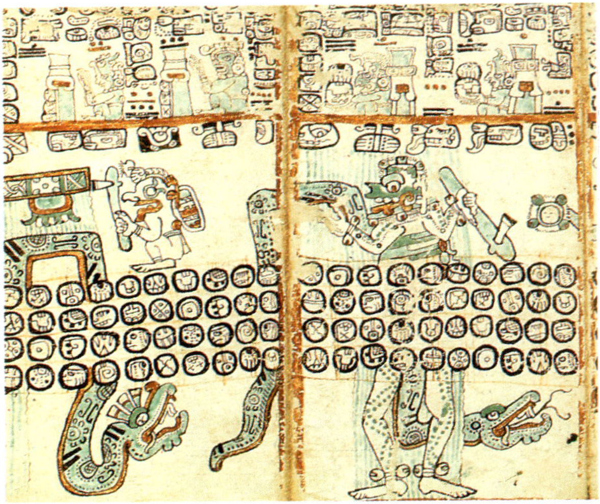

Diese Seiten aus dem „Codex Madridensis“ weisen Zeichen auf, die wohl eine Schrift sind. Bislang kennt man nur die Zahlen und Götternamen.

den Code kennen, der dem verwendeten Zeichensystem zugrunde liegt.

Die Indianer Nordamerikas verwendeten und verwenden noch heute derartige Kommunikationssysteme. Sowohl in New Mexico als auch am Michigansee hat man viele „beschreibende Abbildungen“ gefunden, die in rein graphischer, linearer Manier Expeditionen in entfernte Regionen schildern oder auch nur Durchgangsverbote darstellen. Bei den Cheyenne und den Ijibwa werden Briefe, Kauf- oder Tauschverträge auf ebensolche Weise verfaßt. Sie sind das Äquivalent eines Schriftdokuments.

Die graphischen Kommunikationssysteme der Stämme Alaskas und der Inuit in Nordkanada bestehen aus Reihen von Piktogrammen, die sich entweder von rechts nach links, von links nach rechts oder fortlaufend von links nach rechts und in der nächsten Zeile von rechts nach links lesen lassen. Letzterem System begegnet man auch in der ägyptischen und griechischen Schrift, und es wird als *Boustrophedon* bezeichnet.

Diese Zeichensysteme sind mit den Totems der nordamerikanischen Indianer wie auch mit denen einiger zentralafrikanischer Völkergruppen vergleichbar, die die Eigennamen von Kriegern und Häuptlingen bezeichnen.

Die stummen Zeichen haben mitunter einen sehr dramatischen Charakter und regen die Phantasie um so mehr an.

Lange Zeit war das Schreiben ein Privileg der Gelehrten und Kleriker. Daher hat man die bemalten *Tympana* und Glasfenster von Kirchen oft als wahre Bücher bezeichnet, da sie den Gläubigen, die nicht lesen konnten, die Geschichten der Heiligen Schrift anschaulich machten: Durch die bildliche Darstellung waren sie auch denen verständlich, die sie nicht in der Bibel nachlesen konnten. Dieselbe Funktion hatten die Skulpturen der romanischen Kathedralen des Abendlands.

Doch das Weiterbestehen der Bilder neben verschiedenen alphabetischen Schriftsystemen hat noch eine andere Ursache. Gezeichnete Botschaften stellen, ohne den Umweg über das Wort, die unmittelbare Verbindung zwischen dem Bildinhalt, unseren Empfindungen und den aus unserer Lebenserfahrung resultierenden Verhaltensweisen her.

Dieser Ausschnitt aus einem von den Sioux in Dakota stammenden Mantel aus Bisonleder erzählt das Leben eines Häuptlings. Er sitzt, Pfeil und Bogen schwingend, auf einem Pferd. Dieses vieldeutige Bild ist aussagekräftiger als manche Schriftzeichen.

Die Figuren bzw. Statuen dieses Totempfahls (Mitte) stellen eher Götter als Zeichen dar: Embleme, die einen Stamm beschützen, und einen Häuptling, dessen Macht durch den erigierten Phallus zum Ausdruck gebracht wird.

Bilderrätsel und Bildgeschichten

Bei einem Zeichen handelt es sich weder um gesprochene noch um Schriftsprache im engeren Sinn. Wesentliche Merkmale eines Zeichens zeigt eine Geschichte auf, die durch den griechischen Historiker Herodot überliefert wurde: Die skythischen Könige sandten einen Boten zu Darius, dem Perserkönig. Der Bote überbrachte als Geschenk einen Vogel, eine Maus, einen Frosch und fünf Pfeile. Darius entnahm diesem Geschenk die Botschaft, daß die Skythen sich mit ihren Ländereien und Flüssen unterwerfen wollten, da die Maus auf der Erde und der Frosch teilweise im Wasser lebe. Der Vogel sei einem Pferd vergleichbar, und die fünf Pfeile stünden für Kriegswaffen. Ein Gefolgsmann des Darius interpretierte die Botschaft jedoch ganz anders. Seiner Ansicht nach hatten die Geschenke folgende Aussage: Wenn sich die Perser nicht in einen Vogel verwandelten, um sich in die Lüfte zu erheben, oder in eine Maus, um sich in der Erde zu verstecken, oder in einen Frosch, um ins Wasser zu springen, dann würden die fünf Pfeile sie durchbohren, und sie würden ihre Heimat niemals wiedersehen.

Der zweideutige Charakter dieser Botschaft ist offensichtlich, was sie allerdings letztlich nicht unverständlich macht. Was bezweckten die skythischen Könige mit der besonderen Art der Botschaft? Die Verwendung von fünf Pfeilen im Zusammenhang mit kleinen, verletzlichen Tieren ruft einen dramatischen Effekt hervor: Die eher optische als akustische Botschaft löst eine Reihe verschiedener Vorstellungen und Empfindungen aus. Sie erweckt bei den Persern unmittelbar den Eindruck, sich in Gefahr zu befinden, und gibt ihnen Zeit zu einer kritischen Auseinandersetzung. Hätten die Skythen den gleichen Inhalt hingegen in Worten übermittelt, wären die Drohungen unsinnig und vermessen erschienen.

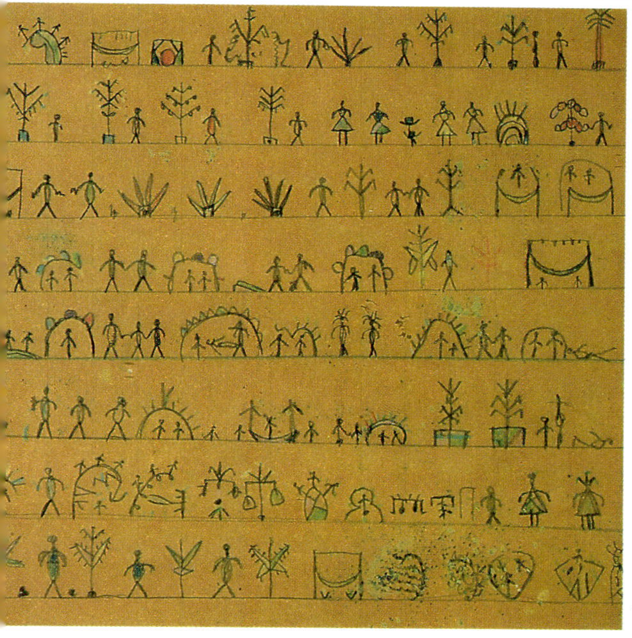

Dieses Ensemble von Piktogrammen ist ein vollständiger Text, den ein Sänger verwendete, um einem Kranken seelisch beizustehen. Das Dokument aus dem 19. Jahrhundert stammt von den Cuno-Indianern, die an der Küste von San Blas in Panama lebten. In der Mitte ist der Kranke in seinem Zelt zu erkennen. Um ihn herum sind Gegenstände wie Pflanzen, Symbole verschiedener Mythen, die Sonnenbarke oder Medizinsteine angeordnet.

In vielen Fällen treffen stumme Zeichen also eine viel umfassendere, dafür jedoch weniger eindeutige Aussage als geschriebene Texte. Sehr häufig wird in solchen Erzählungen aber auch Schrift verwendet, z. B. bei Spruchbändern, Glasfenstern oder den Sprechblasen der modernen Comics. Allerdings bestehen zwischen einem Comic ohne jeglichen Text und einem Comic, der „spricht" oder „Geräusche macht", wesentliche Unterschiede. Im ersten Fall ist es der Empfänger oder Leser, der die Zeichen „ausspricht" und sich seine eigene Geschichte schafft. Im zweiten Fall ist der Sinn der Botschaft buchstäblich in der Schrift „verankert", wie Roland Barthes es ausdrückt. Die Interpretationsfreiheit des Lesers wird also erheblich eingeschränkt. Jedes Kommunikationssystem beruht folglich zunächst auf der „Kodierung" durch den Autor und dann der Deutung durch den Leser.

Unten ein Ausschnitt aus dem „Codex Telleriano Remensos", einem aztekischen Dokument aus dem 15. Jahrhundert. Dargestellt ist eine Szene aus dem Krieg der Azteken. Der rechte Krieger hat den Krieger auf der linken Seite, der auf ihn zukam (richtungweisende Fußspuren), mit einem Pfeil durchbohrt. Hier erzählt das Bild allein durch seine Zeichen.

ZWEITES KAPITEL

ZEICHEN DES KÖRPERS, DER STILLE UND DER NACHT

Zuerst verständigt sich der Urmensch durch Gesten, die für die, mit denen er zusammenlebt, Zeichen sind. Dieses Phänomen läßt sich durch die ganze Geschichte der Menschheit verfolgen. Gesten der menschlichen Körpersprache ergänzen das Gesprochene und präzisieren oder betonen das Gesagte. Bisweilen sind sie so effizient, daß sie das Gesagte nicht nur begleiten, sondern es ersetzen.

Die Figur des Pantalone aus der Commedia dell'arte (links) verkörpert allein durch ihre Gestalt, Arme, Hände und Augen hinter der Maske lebhaftes Verlangen, Neugier und Habsucht. Ein Maler kann in einem Gesicht, wie in dem der Maria Magdalena (rechts), den Schmerz der ganzen Welt zum Ausdruck bringen.

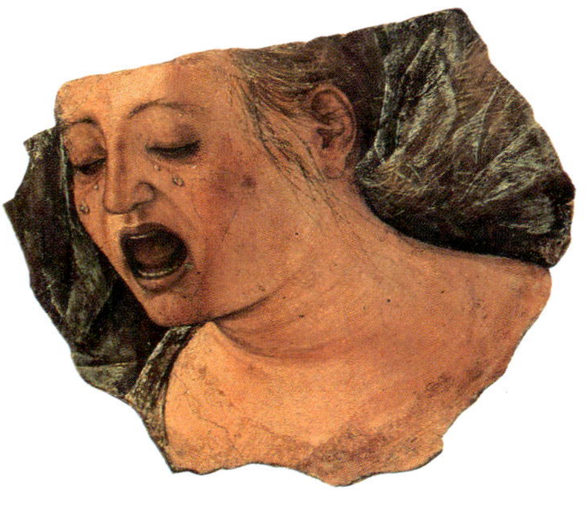

Der Körper spricht. Durch ihn drücken wir unsere Gefühle aus, jenseits von Sprache und Schrift, bewußt oder unbewußt, und vermitteln sie so unseren Mitmenschen. Die Ausdrucksmöglichkeiten des Körper sind außerordentlich komplex, und der Versuch, sie in ihrer Vielfalt darzustellen, würde den Rahmen dieses Buchs sprengen. Deshalb begnügen wir uns damit, die wesentlichen Formen der Körpersprache zu untersuchen und daraus Rückschlüsse auf universelle Formen der Sprache zu ziehen.

<u>Die Körpersprache zählt, wie der sogenannte Urschrei nach der Geburt, zu den Urformen der Sprache.</u>

Bevor Babys sprechen lernen, reden sie mit ihrem Körper und durch bestimmte Laute: Schreie, Tränen, Klagen, Lachen. Das erste ersehnte Lächeln ist, wie auch die durch Hunger oder Wut entstandene Erregung, ein Gestus. Das kleine Kind, das die meiste Zeit schläft, ahnt noch nichts davon, welche Möglichkeiten es als aufrecht gehendes Wesen haben wird. Es kann seinen Körper noch nicht in koordinierter Weise einsetzen, um sich verständlich zu machen. So sind die Regungen seines Körpers für diejenigen, die sie wahrnehmen, lediglich Andeutungen, die oft nur schwer zu verstehen sind. Erst nach und nach erlernt das Kind die Körpersprache, und zwar gleichzeitig, wie es sich auch das verbale Zeichensystem

Zwei Darstellungen einer Pietà: Körper und Gesicht der Jungfrau Maria (oben links) schreien ihren Schmerz förmlich heraus; der Evangelist Johannes (unten) verharrt unruhig, gequält und starr. So vermitteln die beiden „stummen“ Holzstatuen allein durch den Ausdruck ihres Körpers intensive Gefühle.

Der sozialistische Redner Jean Jaurès beherrschte die Verbindung von Gestik und Sprache besser als jeder andere. In seinen Memoiren beschreibt der Philosoph Alain (eigentlich Emile Chartier) diese beiden Sprachebenen, die bei einem großen Redner zu einer verschmelzen: „Er hielt Abstand, um seinen Blick schweifen zu lassen oder, wenn die Leute sich um ihn drängten, über ihre Köpfe hinwegzublicken. Wie von fern blickte er sie wieder an; warf ihnen aus der Höhe Blicke zu, nahm sie in der Ferne, in der Masse wahr." Die Abbildung zeigt Jaurès auf der Rednertribüne in der Abgeordnetenkammer, um das Wort bittend (unten rechts), dann nur mit seiner rechten Hand und dem gewichtigen Körper überzeugend, bestimmend und seine Überzeugungen verteidigend. Die Ausstrahlung der mit grandiosen Worten verbundenen Gesten war so stark, daß Jaurès zu Beginn des Kriegs 1914 nach einer Versammlung „nur einen Schrei hätte ausstoßen oder eine Handbewegung machen müssen, und die faszinierte Masse hätte sich mit gesenktem Kopf hinter ihm zum Sturm gegen jedwede Bastion bereit gemacht", berichtet Roger Martin du Gard.

der gesprochenen Sprache aneignet. Beobachtet man Erwachsene beim Sprechen, stellt man fest, daß der Körper sich zwar allein durch die Gestik ausdrücken kann, diese die gesprochene Sprache aber zumeist nur begleitet. Es kommt nur selten vor, daß jemand seine Worte nicht durch Gesten unterstreicht, präzisiert, betont oder sogar widerlegt.

Die Gestik und ihre im Vergleich zum gesprochenen Wort starke Ausdruckskraft ist ein universelles Phänomen. Zwar unterscheiden sich die gestischen Zeichen je nach Epoche und Region, doch die Menschen aller Rassen und Kulturen drücken sich in größerem oder geringerem Ausmaß mit Hilfe der Gestik ihres Körpers aus und verständigen sich über ihn.

Im allgemeinen unterscheidet man, wenn man von Körpersprache spricht, zwischen Haltung und Geste.

Als Haltung oder Pose bezeichnet man die Positionen, die der Körper einnehmen kann; Ablehnung, Freundschaft, Verliebtheit, Zurückhaltung, Gleichgültigkeit, Spannung, Entspannung und Gelöstheit werden häufig durch Bewegungen zum Ausdruck gebracht, die den psychischen Zustand oder auch Charaktereigenschaften gleichsam „übersetzen". Während das Wort Haltung gemeinhin mit völliger oder relativer Unbeweglichkeit verbunden wird, versteht man unter Gestik eher Beweglichkeit oder Bewegung. Doch da eine Bewegung nur durch eine oder mehrere Gesten möglich ist, zieht das gleichzeitig die Veränderung der Haltung nach sich.

Von diesen Begriffen ausgehend, stellt sich die Frage, ab wann und unter welchen Bedingungen man von Codes körpersprachlicher Zeichen sprechen kann.

Sprachtheoretiker erstellen eine Reihe von Grammatiken körpersprachlicher Zeichen.

Untersuchungen auf diesem Gebiet umfassen neben der Beobachtung der Körperhaltung und des allgemeinen Verhaltens auch die diesen zugrundeliegenden Zeichen. Man interessiert sich für das Gesicht und seine Elemente:

Dieses Bild (links unten) aus dem 19. Jahrhundert trägt den Titel „Der ersehnte Brief". Intensität, Aufregung, Freude, Zärtlichkeit – Worte reichen nicht aus, um den mimischen und gestischen Ausdruck der beiden Alten zu beschreiben.

Gesichtsform, Augen, Augenausdruck, Bewegungen der Augen sowie der Wimpern und der Augenbrauen; das Hochziehen einer Augenbraue ist ein Zeichen, das Augenzwinkern ein anderes. Stumme Mundbewegungen, die nicht der sprachlichen Artikulation dienen, können unendlich viel ausdrücken. Der mimische Ausdruck besteht aus einer Vielzahl universeller Zeichen, so z. B. denjenigen, die zu einem Lächeln gehören, oder jenen, die zum Ausdruck von Furcht oder Erwartung zählen.

Es gibt Tausende von Öffnungen, durch die ein Auge direkt in die Seele blicken kann.
Laurence Sterne

Ein menschliches Gesicht ist ein bekanntes Zeichen ... Das wahre Gesicht zeigt sich auf den ersten Blick.
Alain

Das Gesicht des indischen *Kathakali*-Tänzers (links) wird nach streng festgelegten Normen geschminkt.

Andere Zeichen dagegen sind abhängig von der jeweiligen Kultur. Dabei ist der Ausdruck der mimischen Zeichen so mächtig, daß in vielen Kulturen aus ästhetischen oder religiösen Gründen das natürliche Gesicht durch ein gemaltes ersetzt wird. Beispiele dafür sind etwa die symbolischen Masken des chinesischen oder japanischen Theaters.

Ein außerordentlich vielfältiges Ausdrucksmittel für Zeichen der Körpersprache sind die Hände – allein oder in Verbindung mit anderen Körperteilen. So zeigt man z. B. häufig eine Richtung an, indem man mit der Hand und einem ausgestreckten Finger in die betreffende Richtung weist. Diese Geste wird oft von einer Bewegung des Kopfes unterstützt, der aufgrund seiner Beweglichkeit von links nach rechts und von oben nach unten eine wichtige Rolle spielt. Entstehen und Funktion gestischer Codes sind am Beispiel der Finger- und Handbewegungen am einfachsten nachzuvollziehen, wie weiter unten am Beispiel der Gebärdensprache der Taubstummen und der Trappisten gezeigt wird. Letztlich erfüllt die Körpersprache in allen Kulturen auch einen ästhetischen Zweck.

Dies gilt sowohl für das Posieren in der Modefotografie wie für die Pose der Modelle von Malern und Bildhauern.

Auch jeder Art von Tanz liegt, wie man leicht aufzeigen könnte, ein Code zugrunde: Beim klassischen Tanz und den verschiedenen Schulen des modernen Tanzes ist es ein sehr strenger Code, der sich noch viel ausgeprägter bei den Tänzen auf Bali, Java und dem Indischen Subkontinent wiederfindet. Dort gibt es einen präzisen Kanon symbolischer Gesten, durch den die Tänzerinnen mit ihrem Körper und insbesondere mit der Stellung ihrer Hände und Finger, die *Mudras*, festgelegte Zeichen formen, die sich wie ein Buch lesen lassen.

Von den unzähligen Gebärdensprachen der Welt sind zwei geschlossene und streng kodierte Systeme für die nähere Untersuchung besonders geeignet: die Gebärdensprache der Trappisten und die moderne Gehörlosensprache der Taubstummen.

Der *Kabuki* **(Mitte) ist eine komische Figur des japanischen Theaters: Er unterscheidet sich in seinen Ausdrucksformen – Kostüm, Maske, Perücke, Mimik und Gestik – stark von den Figuren der tragischen und epischen Form des** *Nô-Theaters*. **Die tibetanische Gottheit (unten) wurde vom Bildhauer in einer Pose des rituellen Tanzes festgehalten. Die Bewegung und Position der Hände und Finger (Mudras) folgen strengen Regeln und sind für die meisten Völker im Fernen Osten eine eigene Sprache.**

Mönche – Cluniazenser, Zisterzienser und Trappisten – verzichten auf das gesprochene Wort und entwickeln ein auf Gesten basierendes Kommunikationssystem.

Der hl. Benedikt weist die Mönche, die sich seiner Ordensregel unterwerfen, an, zu schweigen und, da Kommunikation unabdingbar ist, einen Ersatz zum gesprochenen Wort zu suchen. Er schlägt vor, sich „durch Klänge oder Zeichen“ zu verständigen. Um das Jahr 1000 wird erstmals der systematische Gebrauch einer Liste mit 296 Gebärden erwähnt. Im Lauf der Geschichte entstehen weitere Listen mit ca. 1300 Zeichen, die in vier Kategorien eingeteilt werden können: Frage, Befehl, Wunsch und Bestätigung. Jeder Wunsch wird beispielsweise durch ein Lächeln

In dieser Handschrift aus dem 9. Jahrhundert (links) „zeigt" eine Figur, wie man mit den Fingern zählt.

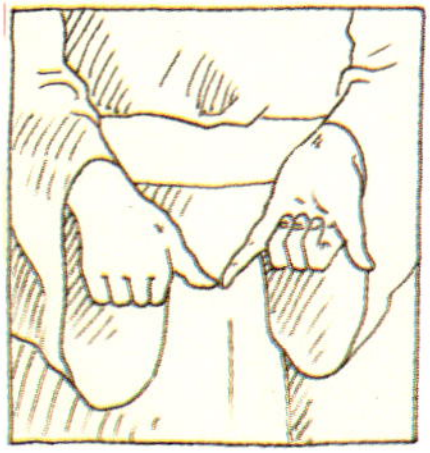

Der hl. Benedikt schreibt den Zisterziensern vor, sich, wenn es nicht anders möglich ist, mit „Gebärden zu verständigen".

und eine Neigung des Oberkörpers, Zeichen des Grußes, signalisiert.

In dieser Sprache finden sich wie in den meisten Codes Zeichen, die in direktem Bezug zu ihrer Bedeutung, dem „Bezeichneten", stehen. Dazu zählen etwa das „Bespritzen" oder das Kreuzzeichen. Daneben gibt es aber auch andere Zeichen, die keinen direkten Bezug zu ihrer Bedeutung haben, sondern, nach Ferdinand de Saussure, beliebig sind. So berührt man etwa die Mitte des Zeigefingers, um „die Hälfte" zu bezeichnen, was in direktem Bezug zur Bedeutung steht. Um aber „ein Viertel" auszudrücken, berührt man die Spitze des Zeigefingers, da es mißverständlich wäre, ein Viertel eines Fingers, der nur aus drei Gliedern besteht, anzudeuten.

Das Gebärdensystem der Trappisten unterscheidet zwischen einfachen und zusammengesetzten Zeichen.

Das Wort „Biene", ein bedeutender Begriff für Trappisten, die häufig Imker waren, setzt sich aus der Gebärde für „Flügel" und der Geste für „süß" zusammen. „Honig" wird durch „Butter" und die zusammengesetzte Gebärde „Biene" ausgedrückt. In anderen Fällen besteht ein Begriff aus zwei zusammengesetzten Bewegungen. So ist das festgelegte Zeichen für „Metall" die Bewegung „Reiben des ausgestreckten Zeige- und Mittelfingers auf dem linken Zeigefinger wie beim Feilen" in Verbindung mit der Bewegung für „hart": „den Mittelfinger kräftig auf den Handrücken pressen".

Die Gebärden bezeichnen Gegenstände, Bewegungen und Ideen, die eng mit dem religiösen, ländlichen Leben der Mönche verbunden sind. Es gibt viele unklare Zeichen, was häufig zu zweideutigen Situationen führt. Dieses System scheint empirisch entstanden zu sein, um den jeweiligen Bedürfnissen der Mönche gerecht zu werden. Das führt zu einigen amüsanten Gebärden, etwa für „Tabak": „Mache das Zeichen Mehl und nähere die Finger der Nase an, wie beim Tabakschnupfen." Die guten Mönche begingen kleine Sünden – sie schnupften Tabak!

Zwei Merkmale sind dabei hervorzuheben: Zum einen ist die Liste der Wörter recht kurz, und man kann bei weitem nicht alles damit sagen. Zum anderen geht es keineswegs darum, mit den Gebärden etwa ein Alphabet zu erstellen: Die Gebärde verweist direkt auf die Bedeutung.

Diese zwei Merkmale geben einen wichtigen Hinweis auf die Probleme, mit denen sich die Gehörlosensprache der Taubstummen auseinandersetzen muß: Sie muß ein Zeichensystem finden, durch das alle

Die Starrheit des hl. Benedikt, die Finger am Mund und das offene Buch drükken die wichtigsten Regeln seines Ordens aus.

Belange artikuliert werden können. Man diskutierte lange, ob das am besten durch ein Zeichenäquivalent zum Alphabet oder durch eine Gehörlosensprache ohne alphabetische Entsprechung zu erreichen sei.

Abt de l'Epée systematisiert die natürlichen Gebärden, die die Gehörlosen für ihre Verständigung verwenden.

Es heißt, daß der Abt Charles Michel de l'Epée (1712 – 1789) eines Tages vor dem Regen in ein Haus flüchtete, in dem zwei taubstumme Zwillingsschwestern lebten. Da sie schon sehr lange zusammen waren, hatten sie, ihren Bedürfnissen entsprechend, ein perfektes, auf Gesten basierendes Kommunikationssystem entwickelt, das den Abt tief beeindruckte und zu seiner Gehörlosensprache anregte.

Zwar ist das Verdienst des Abtes um die Gehörlosensprache groß, doch hatte er nicht verstanden, daß die abstrakte, umfassende Syntax und Linearität der gesprochenen Sprache nicht in Gebärden übertragen zu werden braucht.

Zwei Schulen entwickeln eine besondere Gebärdensprache für gehörlose Kinder: Die eine lehrt die Klänge der gesprochenen Sprache Buchstabe für Buchstabe mit Hilfe eines Handalphabets. Das englische Alphabet (unten) verwendet beide Hände gleichzeitig. Die andere Schule orientiert sich eher an de l'Epée (rechts unten), dessen Idee zu Beginn des 19. Jahrhunderts darin besteht, Bedeutung durch Gestik und Mimik zu vermitteln.

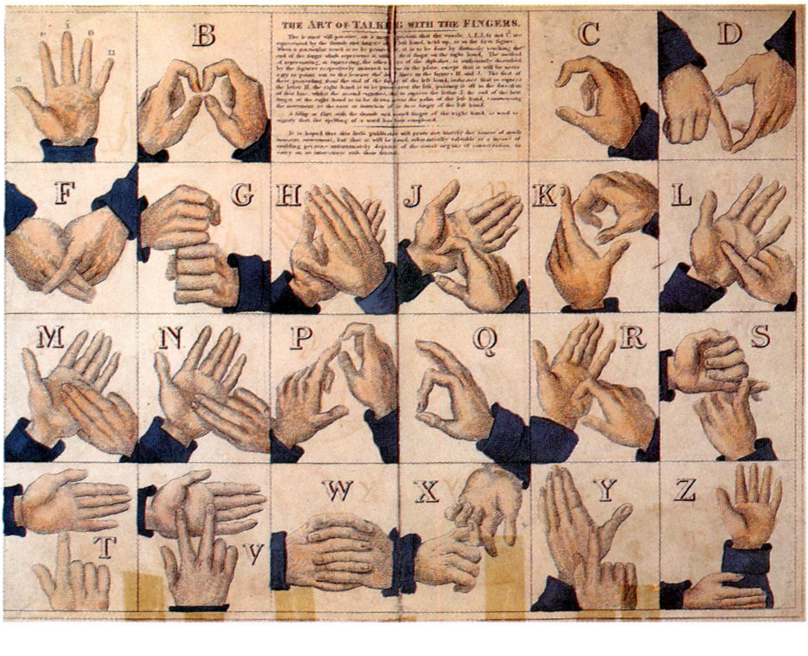

Die Originalität der modernen Gehörlosensprache besteht jedoch in ihrer körperlichen und räumlichen Dimension, die sie von der linearen Struktur der gesprochenen Sprache unterscheidet.

Heute stellt die „Zeichensprache", wie man sie nennt, ein kohärentes Ensemble von Zeichen dar, das effektiv ist und einzigartige theoretische Ansätze bietet. Diese machen deutlich, daß es möglich ist, eine Sprache zu schaffen, die nur aus gestischen und mimischen Zeichen besteht. Auch diese besitzt eine Syntax, eine *Lexik* und eine Stilistik. Sie basiert auf einfachen Codes, da sie aus einer relativ geringen (und somit ökonomischen) Zahl von Parametern besteht.

Die Parameter, die man beispielsweise für das Zeichen „zufrieden" benötigt, sind: die Gestalt (die Form der Hand), die Richtung (der gegen den Körper gerichtete Daumen), die Stelle, an der das Zeichen gemacht wird (der Brustkorb), die Bewegung (kreisförmig) sowie der Gesichtsausdruck (Freude). Auf dieser Grundlage schaffen die Wegbereiter

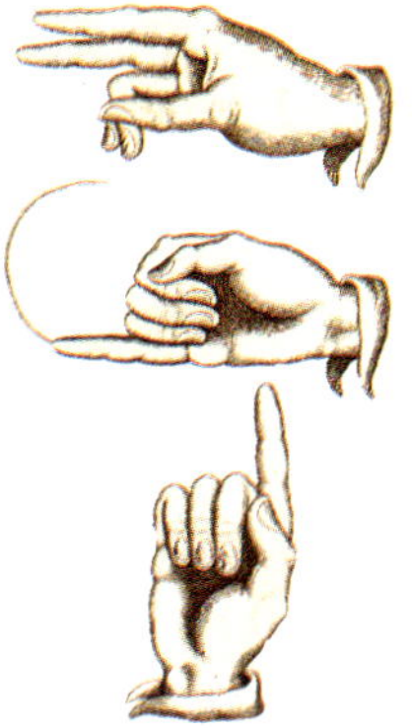

dieser Sprache eine eigene Syntax und ein Wörterbuch der Zeichen. Sie zeigen, daß sie sehr einfach ist, sich zur Vermittlung poetischer Inhalte eignet und auch regionale Unterschiede ausdrücken kann. Ferner weisen sie nach, daß es international gültige Zeichen gibt, die eine universelle Verwendung dieser Sprache ermöglichen.

Die Indianer Nordamerikas haben eine komplexe Zeichensprache entwickelt. Von links nach rechts: „Biber", „Freund", „Hirsch".

Es gibt Menschen, die neben dem gesprochenen Wort eine auf ihre Kultur beschränkte Gebärdensprache benutzen.

Trappisten, Gehörlose oder Taubstumme leben in Stille. Im Gegensatz zu ihnen verfügen die Sioux in Nordamerika über eine natürliche gesprochene Sprache, die sie aber zeitweise zugunsten einer ausdrucksstarken Gebärdensprache aufgeben. Diese Art des Ausdrucks ist offenbar so alt, daß man die Behauptung aufstellte, die Zeichensprache der Sioux sei die älteste Sprache Amerikas.

Die Zeichensprache der Sioux, die von William Tomkins erforscht wurde, umfaßt zwischen 450 und 500 Zeichen, die fast alle mit starren oder bewegten Händen, dem Gesicht und der Kopfstellung ausgeführt werden. Ihr Vokabular, das der Lebenswelt der Krieger und Jäger entstammt, umfaßt Substantive, Adjektive, Verben, Adverbien und Relativpronomen. Im Unterschied zur Gehörlosensprache stellt die Gebärdensprache der Indianer keinen echten Zeichencode dar, sondern ein Zeichenensemble, das dem der Trappisten ähnelt. In beiden Fällen handelt es sich um in sich abgeschlossene Gemeinschaften. Die Gemeinsamkeit der drei beschriebenen Systeme besteht darin, daß sie nicht an ein Alphabet gebunden sind. Die natürliche

Sprache verschwindet gewissermaßen zwischen Zeichen und Bezeichnetem.

Valentin Haüy hat die einfache, aber geniale Idee, Zeichen in Reliefs umzusetzen, die Blinde mit den Fingern ertasten können.

Im Jahr 1791 erfindet der Gelehrte, dessen Spezialität das Entziffern von Handschriften ist, die Reliefdruckkunst und gründet eine Schule für blinde Kinder. Für die Blinden ist dies ein beträchtlicher Fortschritt. Das Lesen seiner Reliefbuchstaben führt jedoch zu zahlreichen Irrtümern und Verwirrungen.

1819 tritt der zehnjährige Louis Braille (1809 – 1852), der durch einen Unfall seit seinem vierten Lebensjahr blind ist, in die Schule für junge Blinde ein. Er hat von der Erfindung eines Kapitän Barbier gehört,

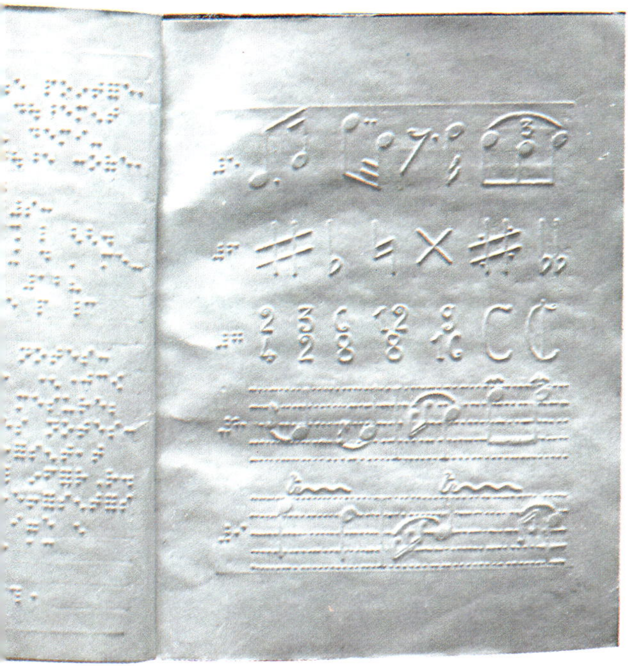

Die beiden Seiten eines Buchs – „Musikalische Leseübung, um blinden Kindern die Form der geläufigen musikalischen Symbole beizubringen" – sind ein bedeutendes historisches Dokument. Braille, Schüler Valentin Haüys (1745 – 1822, oben), ist der Erfinder der Blindenschrift. Er besitzt das Genie, ein Äquivalent zur Schrift zu finden, in dem in festgelegter Anordnung zueinanderstehende Punkte die Buchstaben des Alphabets ersetzen. Zahlen und Noten sind, wie zu erkennen ist, in ihrer natürlichen Form geprägt.

der *Sonographie*, die Klänge in Punkte überträgt. Auf dieser Grundlage schafft er 63 Kombinationen von geprägten Punkten, die das Alphabet, die wichtigsten mathematischen Symbole sowie die Notenschrift umfassen. Die Brailleschrift liest man, indem man die geprägten Punkte des Alphabets mit den Fingerspitzen verfolgt. Die Blinden entwickeln rasch einen feinen Tastsinn und können bis zu

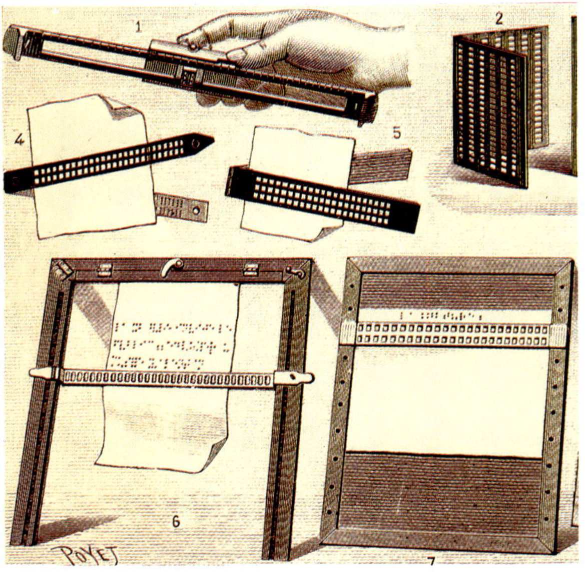

150 Wörter pro Minute lesen. Heute wird seine Blindenschrift auf der ganzen Welt benutzt.

Anfangs war der Druck von Büchern in Brailleschrift aufwendig und teuer. Heute kann man mit Computern, die die Schrift nicht einmal kennen müssen, Texte in Brailleschrift erstellen. Es ist sogar möglich, die Information auf Magnetband zu speichern und sie dann in Brailleschrift umzusetzen. Mit Hilfe des *Optacons*, eines elektrischen Geräts von der Größe und dem Gewicht eines Buchs, das aus einer Miniaturkamera und einer Tastfläche von 144 beweglichen Punkten besteht, kann man sofort lesbare Texte mit einer Geschwindigkeit von 40 Wörtern pro Minute erstellen. Das geprägte Bild wird, wie in der Braille-

Es gibt eine Schrift für Blinde, denn die von Braille geschaffenen Punktekombinationen übertragen Buchstaben in Reliefform. Blinde lesen mit ihren Fingerspitzen, mit dem Bereich, an dem die Haut am empfindlichsten ist. Sie lesen von links nach rechts und Zeile für Zeile. Deshalb braucht man Geräte, um die punktierten Zeichen in Linien anzuordnen. Links sieht man ein Gitter und ein Stanzgerät. Außerdem wird ein Lineal mit beweglichem Aufsatz verwendet. Auch das fest montierte Lineal kann an einem Rahmen auf und ab bewegt werden. Doch das Braille-System weist zwei typische Eigenheiten auf: Man braucht festes Papier, das sich nicht leicht durchlöchern läßt, und so sind Bücher in Brailleschrift sehr umfangreich. Deshalb greift man heute auf die Vervielfältigung von „gesprochenen Büchern“ auf Kassetten zurück. Viele Blinde bevorzugen allerdings nach wie vor das Lesen.

schrift üblich, mit der Spitze des (linken) Zeigefingers ertastet.

Im Unterschied zu den beschriebenen Gebärdensprachen ist die Brailleschrift ein Ersatz für das Alphabet. Im Vergleich zum Alphabet der Sehenden ist es allerdings sehr originell, denn es basiert auf einem einzigen Zeichen: dem Punkt. Deshalb wird es von den Blinden allen anderen Darstellungsformen wie Buchstaben und Zeichen vorgezogen.

Mit Hilfe der Körpersprache, der Hände und der Mimik kommunizieren wir mehr und auf subtilere Weise als mit dem gesprochenen Wort.

Ein beträchtlicher Teil der zwischenmenschlichen Beziehungen ist von Worten und Körpersignalen abhängig. Eine Geste, ein Gesichtsausdruck, ein Blick trügen weniger als Worte, was das meditative Schweigen der Trappisten, das von wenigen Gesten eher untermalt als unterbrochen wird, verständlich macht. Es erklärt aber auch, daß diejenigen, die Gehörlose und Schwerhörige aus ihrer Stille zu befreien suchen, eine reine Gebärdensprache bevorzugt hätten, in der das menschliche Wesen besser zum Ausdruck käme.

Schreibmaschine für die Brailleschrift (unten). Der Blinde dreht eine Scheibe, auf der er mit den Fingerspitzen die einzelnen Zeichen fühlt. Mit Hilfe eines Hebels drückt er das Zeichen nach unten. Auf der Basis dieser Maschine wurden elektrische Maschinen entwickelt. Die Brailleschrift ist international gebräuchlich und kann in jeder Sprache verwendet werden. Blinde erreichen schnell eine Lesegeschwindigkeit, die mit der eines guten, sehenden Lesers vergleichbar ist. Ein Blinder sagte einmal: „Meine Finger sehen das Geschriebene."

DRITTES KAPITEL

DIE ÜBERWINDUNG DER FERNE

Seit jeher suchen Menschen nach tauglichen Mitteln, um im Krieg oder bei Notfällen, die rasches Handeln erfordern, Informationen schnell und über weite Strecken empfangen oder senden zu können. Es war und ist die Aufgabe eines jeden Kommunikationssystems, Zeichen und Signale ohne Veränderung des Inhalts zu übertragen.

Seit dem Altertum wird Feuer als Signal verwendet. Es kann aber auch nur ein Indiz dafür sein, daß Menschen in der Nähe sind. Zur Übertragung von Informationen über weite Strecken braucht man Zeichen, die tags und nachts sichtbar und unmißverständlich sind.

Die Kommunikationstheorie bezeichnet alles, was im Lauf eines Kommunikationsprozesses einen Informationsverlust oder Störungen verursacht, als Lärm. Von dem Zeitpunkt, in dem eine Botschaft ihre Quelle (Sender) verläßt, bis zu dem Zeitpunkt, in dem sie vom Adressaten (Empfänger) empfangen wird, kann Lärm entstehen. Dies kann sowohl während der Übermittlung als auch während der Kodierung und Dekodierung geschehen. Um Störungen zu minimieren und einen guten Empfang zu gewährleisten, wiederholt

Akustische Signale wie die des mittelalterlichen Wachpostens (links), der die Rückkehr der Ritter ankündigt, oder optische Signale wie jene der antiken Soldaten (unten) waren vor allem im Kriegsfall schon immer nötig. Die Feuersignale der Griechen hatten, je nach Stellung der Fackeln hinter den Zinnen, unterschiedliche Bedeutung.

man die Signale mehrmals. Dabei wird am Inhalt der einzelnen Meldungen nichts verändert.

Die ersten Systeme der Fernübermittlung benutzen rudimentäre Codes.

Zur Fernübermittlung von Botschaften benutzten die Indianer Nordamerikas Rauchzeichen. Die verbreitetsten Zeichen etwa der Sioux und Cheyenne waren sehr einfach: Aufsteigender Rauch bedeutete „Achtung", zwei Rauchwolken bedeuteten „Alles in Ordnung" und drei Rauchwolken oder Flammen „Gefahr, jemand benötigt Hilfe". Man deckte das Feuer mit einem Stück Leder ab und entfernte es dann wieder, um eine Rauchwolke zu erzeugen.

Liebhabern von Western sind die Rauchzeichen vertraut. Die Indianer legten Lederhäute über das Feuer und hoben sie dann wieder hoch, um längliche oder runde Rauchwolken zu erzeugen, deren Zahl und Rhythmus Freunde warnen und Feinde bedrohen sollten.

Feuer ist das erste Mittel, mit dem man Informationen über große Distanz überträgt, da bei Tag der entstehende Rauch, bei Nacht der Schein weithin sichtbar ist. Der Talmud ist die älteste Quelle, die ein solches auf Feuerzeichen basierendes Kommunikationssystem beschreibt.

Bestimmte Passagen des Talmud lassen auf die Existenz eines Nachrichtennetzes zwischen Jerusalem und Babylon schließen. Auf Türmen oder an hochgelegenen Stellen wurden Feuer entzündet. Man vermutet, daß sich der verwendete Code aus der Brenndauer, der Größe des Feuers und vielleicht auch der Farbe der Flammen zusammensetzte.

Es liegt nahe, daß die einfachen Zeichen viel Verwirrung stiften können. Sie sind oft zweideutig, und das Erkennen vereinbarter Signale ist zuweilen schwierig. Eine Rauchwolke in der Ferne kann ein von einem Bauern entzündetes Feuer sein, aber auch auf einen durch Unvorsichtigkeit, Brandstiftung oder Blitzschlag entstandenen Brand zurückgehen.

Es dauert noch mehrere Jahrhunderte und bedarf eines beträchtlichen technischen Fortschritts, bis die Fernübertragung über dieses Anfangsstadium hinauskommt und die Kodierungs- und Übertragungsvorgänge entscheidend verbessert werden.

Das Läuten der Glocken ist in den Dörfern seit jeher Signal für den beginnenden Tag. Außer dem Läuten zum Gebet werden Morgen- und Abenddämmerung durch das morgendliche und abendliche Angelusläuten angezeigt. Das Läuten weist auch auf Taufe, Hochzeit, Tod (durch den dunklen Klang des Totengeläuts) und – durch Sturmgeläut – auf Brände, Katastrophen oder Kriege hin.

Der Alphornbläser erzeugt akustische Signale, die wie das Glockenläuten in den meisten Fällen kodiert sind. Alle können sie hören, aber sie sind nur für seine Hirtenkollegen verständlich.

Zur Zeit der Aufklärung ist die Übermittlung von Fernsignalen ein Hauptthema. Die Französische Revolution beschleunigt ihre technische Entwicklung.

Für die Fernübertragung wird seit alters Licht verwendet. Feuer, das in Spiegeln reflektierte Sonnenlicht oder elektrisches Licht, das – wie im Fall des optischen Morsens – kodierte Signale aussendet, sind dafür geeignet.

Der englische Physiker Robert Hooke versucht 1684, ein optisches Telegraphie-System zu entwickeln. 1690 erfindet der Franzose Guillaume Amontons seinerseits ein System, das Bernard de Fontenelle so beschreibt: „Er erfand ein Gerät, das man zwar für ein Spielzeug, aber immerhin für ein sehr geistreiches halten wird. Damit kann man alles, was man will, über große Entfernung, beispielsweise von Paris nach Rom, innerhalb von nur drei bis vier Stunden übermitteln, ohne daß die Neuigkeit im Gebiet zwischen den beiden Orten bekannt würde. Dieser so seltsame wie utopische Versuch wurde auf einem mittelgroßen Gelände durchgeführt, einmal in Anwesenheit eines Herrn, ein anderes Mal in Anwesenheit einer Dame."

Das Geheimnis besteht darin, an mehreren aufeinanderfolgenden Punkten Leute aufzustellen, die mit Hilfe von Ferngläsern bestimmte vom vorhergehenden Posten empfangene Signale an den nächsten Punkt übermitteln. Die verschiedenen Signale entsprechen den Buchstaben eines Alphabets, dessen Schlüssel man nur in Paris und Rom kennt. Die Entfernung der einzelnen Posten, deren Zahl so gering wie möglich sein muß,

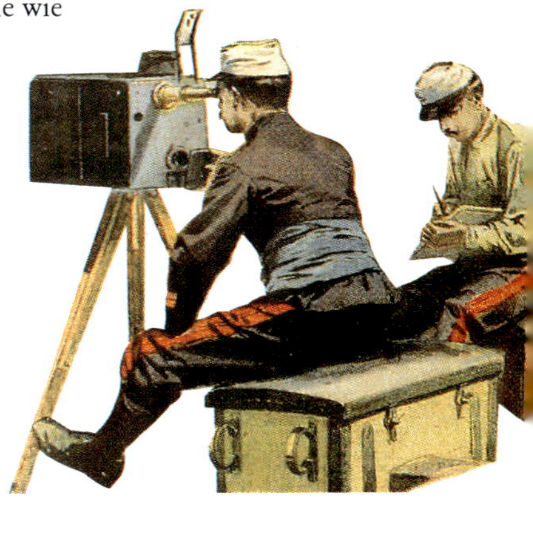

um Fehlerquellen zu minimieren, hängt von der Reichweite der Ferngläser ab: Da die an den dritten Posten gesandten Signale von der Eindeutigkeit der Sendungen der vorangegangenen Posten abhängen, kann die Übermittlung einer Nachricht nach Paris im Grunde genommen ebenso lange dauern wie nach Rom. In zahlreichen Texten dieser Zeit geht es um die Telegraphie. So versucht unter anderen ein gewisser Dupuis 1788 Nachrichten mit einem alphabetischen Telegraphen von Ménilmontant nach Bagneux zu senden. Alle diese Systeme wären ohne die Französische Revolution von 1789 und die darauffolgenden Bürgerkriege im Experimentier- oder Planungsstadium stecken-

Die Signalstationen der Telegraphen von Chappe müssen auf Anhöhen eingerichtet werden. Sie befinden sich auf Hügeln, auf speziell dafür errichteten Türmen oder auf Glokkentürmen. Die optische Telegraphie wird während der Französischen Revolution von den Brüdern Chappe entwickelt und verkürzt die Übertragungsdauer beträchtlich. Das System ist allerdings vom Tageslicht, guten Sichtverhältnissen und den Unbilden des Wetters abhängig.

geblieben. Die französische Revolutionsregierung benötigte ein System, das Schnelligkeit, Geheimhaltung und rasche Antwortmöglichkeiten vereint, um Revolutionsnachrichten möglichst schnell und weit zu übermitteln. Zu viele Kuriere und berittene Stafetten waren abgefangen und festgenommen worden, und mit ihnen waren die Nachrichten, die sie überbringen sollten, verloren.

Abbé Chappe arbeitet ab 1790 an einem neuartigen System telegraphischer Signale, das drei Begriffskomplexe umfaßt.

Das Neuartige an Chappes System sind weniger die Signalstationen und ihre Bedienung, sondern vielmehr der von ihm geschaffene Code. Das aus 196 Zeichen bestehende Codesystem zeugt von einem erstaunlichen *semiologischen* Verständnis Chappes.

Auf Saint-Pierre am Montmartre, einem der höchsten Punkte von Paris, befand sich eine Chappe-Telegraphenstation mit einem Telegraphisten, der den *Semaphor* bediente, und einem Beobachter, der die Signale anderer Posten mit dem Fernglas beobachtete und „las“.

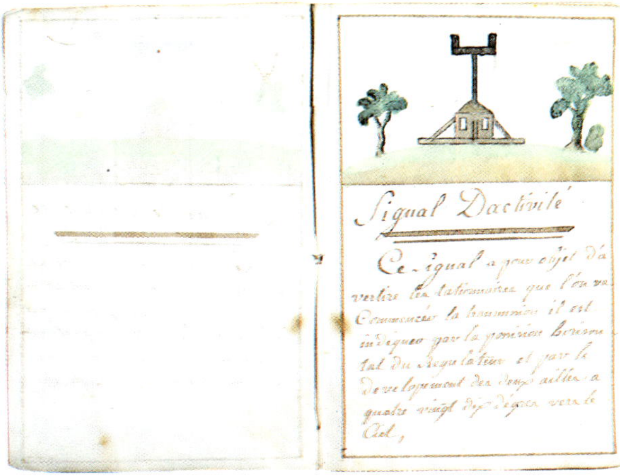

Die Besonderheit des Telegraphen des Abbé Chappe liegt in der Vielzahl der Zeichen, die man mit den verschiedenen Stellungen der Indikatorbalken zum Hauptbalken übertragen kann. Das Gerät wird über Seilzüge und einen Hebelmechanismus bedient, der die Stellung des Semaphors genau nachbildet.

Die Übertragung der Signale geschieht mittels der verschiedenen Positionen des um seine Mittelachse drehbaren Hauptbalkens des Semaphors sowie der an den beiden Enden angebrachten kürzeren Balken, der sogenannten Indikatorbalken.

1794 erstellt der Abbé Chappe ein 92seitiges Wörterbuch mit jeweils 92 Wörtern pro Seite. Das erste vom

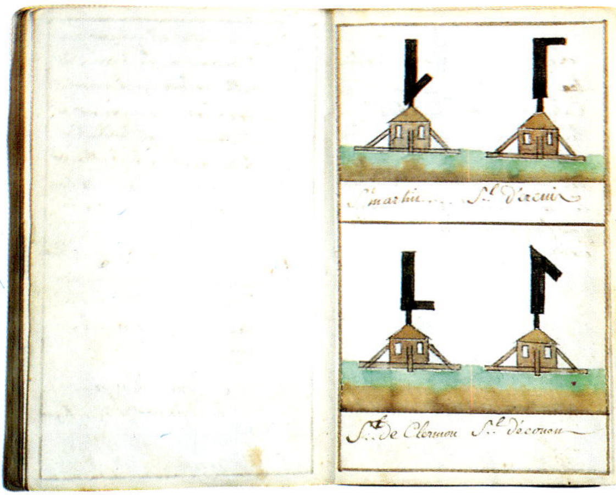

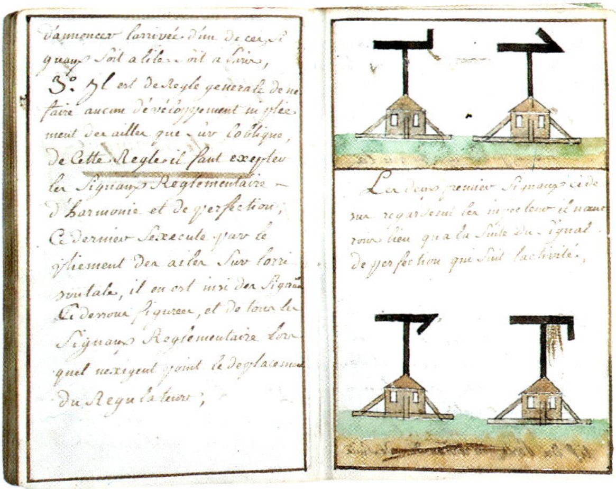

Telegraphisten ausgesandte Zeichen gibt die Seitenzahl an, das zweite verweist auf die Nummer des Worts auf der Seite, das dem Wort in der Depesche entspricht. So kann man mit zwei Signalen insgesamt 8464 Wörter allein aus dem Verzeichnis der Begriffe übermitteln.

Ein zweites Wörterbuch, das Verzeichnis der Sätze, umfaßt wie das Begriffsverzeichnis 92 Seiten. Diese enthalten

Die Einzigartigkeit und Komplexität des Systems von Chappe resultiert aus den zur Verfügung stehenden Möglichkeiten, die eine Übermittlung von Zeichen gewährleisten, die den Buchstaben des Alphabets entsprechen. Es ermöglicht aber auch die Übermittlung von Wörtern oder geheimen Codes wie z. B. beim anfänglich militärischen Gebrauch zur Zeit des Nationalkonvents Ende des 18. Jahrhunderts.

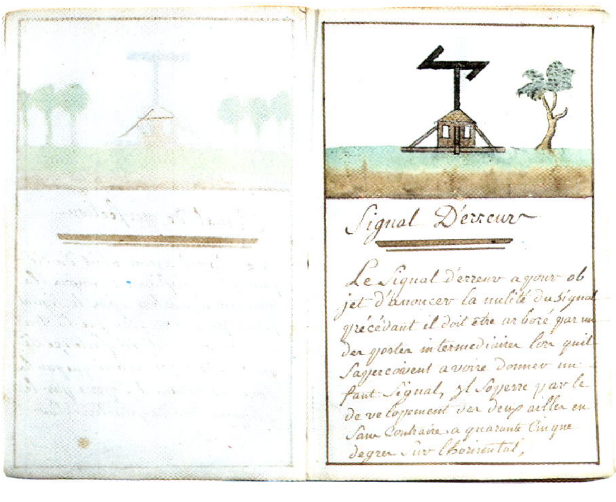

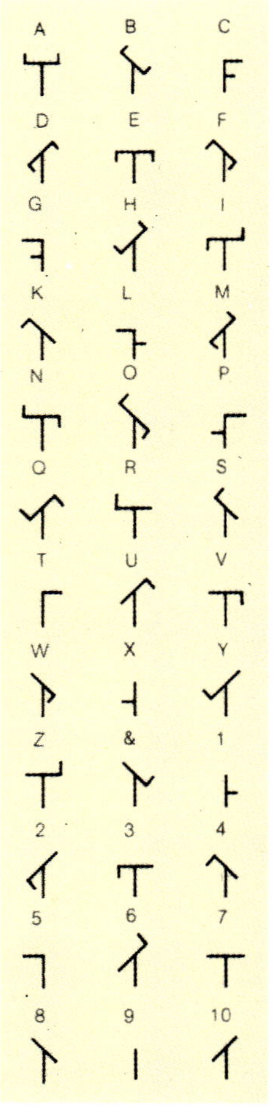

wiederum jeweils 92 Sätze oder Satzglieder, was 8464 Elemente ergibt.

Diese Sätze setzt man vor allem in der Marine und beim Militär ein. Der Telegraphist gibt drei Signale: Mit dem ersten zeigt er an, daß er sich auf das Verzeichnis der Sätze bezieht, das zweite verweist auf die Seite und das dritte auf die Nummer des Satzes. Ein weiteres, ein geographisches Verzeichnis, das nach den gleichen Prinzipien erstellt ist, listet Ortsbezeichnungen auf.

Die Chappe-Telegraphie ist ein Beispiel für einen umfassenden Zeichencode, der ganz spezifischen Erfordernissen, nämlich der geheimen Übertragung eines komplexen Inhalts, entspricht. Das Abhören der durch den Telegraphen des Abbé Chappe übermittelten Nachrichten ist sehr schwierig, da nur der Absender und der eigentliche Empfänger den Code kennen. Der Morsecode und manche Computercodes sind viel leichter zu knacken!

Der erste von Chappe mit dem Lufttelegrafen benutzte Code (Abbildung) umfaßt 36 Signale, mit denen sich jede Botschaft übermitteln läßt.

Die Chappe-Telegraphie führt zum ersten Telegraphennetz.

Das System des Abbé Chappe erfordert eine Infrastruktur mit einem Netz von Signalstationen, die je nach Beschaffenheit des Bodenreliefs 10 – 30 km voneinander entfernt aufgestellt sind. Die Stationen müssen auf Anhöhen (Hügeln, Türmen, Kirchtürmen etc.) errichtet werden, um den Empfang mit Hilfe von Ferngläsern und die Weitergabe von Signalen zu ermöglichen.

Während der Napoleonischen Kriege und der Restauration wird das System weiterentwickelt. 1840 ist das von Chappe und einem Mechaniker namens Bréguet (ein

An der Spitze des drehbaren Mastes ist ein großer, hölzerner Hauptbalken angebracht, der vier verschiedene Positionen einnehmen kann (rechts). An den Enden des Hauptbalkens sitzen zwei kleinere, bewegliche Balken, die Indikatorbalken, die ebenfalls in verschiedene Positionen gebracht werden können.

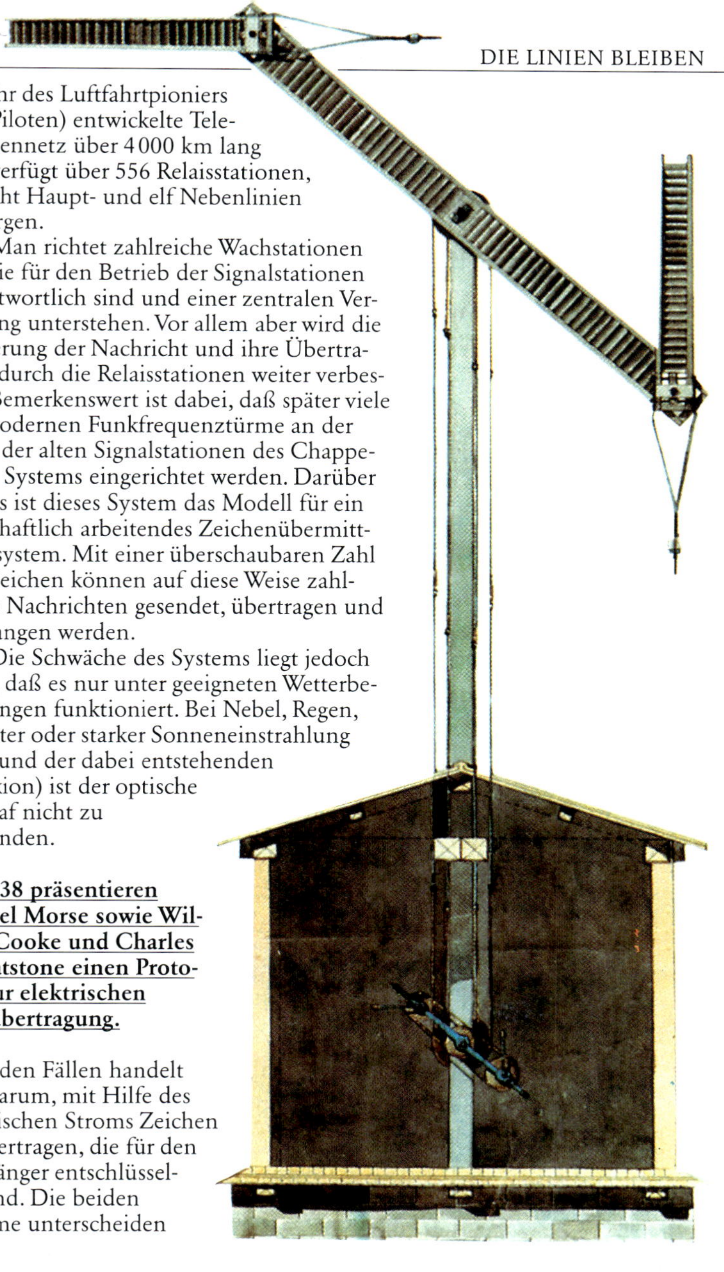

Vorfahr des Luftfahrtpioniers und Piloten) entwickelte Telegraphennetz über 4000 km lang und verfügt über 556 Relaisstationen, die acht Haupt- und elf Nebenlinien versorgen.

Man richtet zahlreiche Wachstationen ein, die für den Betrieb der Signalstationen verantwortlich sind und einer zentralen Verwaltung unterstehen. Vor allem aber wird die Kodierung der Nachricht und ihre Übertragung durch die Relaisstationen weiter verbessert. Bemerkenswert ist dabei, daß später viele der modernen Funkfrequenztürme an der Stelle der alten Signalstationen des Chappeschen Systems eingerichtet werden. Darüber hinaus ist dieses System das Modell für ein wirtschaftlich arbeitendes Zeichenübermittlungssystem. Mit einer überschaubaren Zahl von Zeichen können auf diese Weise zahlreiche Nachrichten gesendet, übertragen und empfangen werden.

Die Schwäche des Systems liegt jedoch darin, daß es nur unter geeigneten Wetterbedingungen funktioniert. Bei Nebel, Regen, Gewitter oder starker Sonneneinstrahlung (aufgrund der dabei entstehenden Reflexion) ist der optische Telegraf nicht zu verwenden.

1837/38 präsentieren Samuel Morse sowie William Cooke und Charles Wheatstone einen Prototyp zur elektrischen Fernübertragung.

In beiden Fällen handelt sich darum, mit Hilfe des elektrischen Stroms Zeichen zu übertragen, die für den Empfänger entschlüsselbar sind. Die beiden Systeme unterscheiden sich jedoch stark hinsichtlich der Art der übermittelten Zeichen. Das englische System arbeitet mit einem beim Sender ausgelösten Ausschlag einer magnetisierten Nadel. Auf einer Empfangsskala wird der übermittelte Impuls als Zeichen wieder angezeigt.

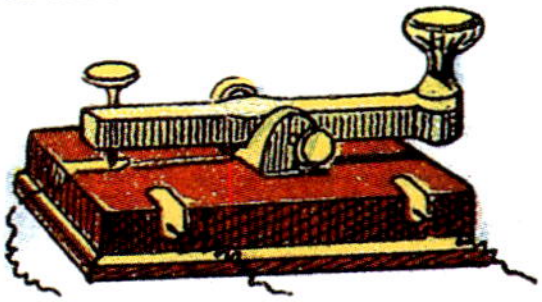

Das amerikanische System des Samuel Morse beruht auf einem anderen Code. Morse verzichtet auf den Ausschlag der magnetisierten Nadel und überträgt seinen Code mittels rhythmischer Stromunterbrechungen. Die Punkte und Striche des Morsesenders können sowohl akustisch wahrgenommen als auch auf einen Papierstreifen übertragen werden.

Die Originalität des Systems liegt in seiner Einfachheit. Die verwendeten Zeichen sind auf zwei Elemente, den Strich und den Punkt, reduziert.

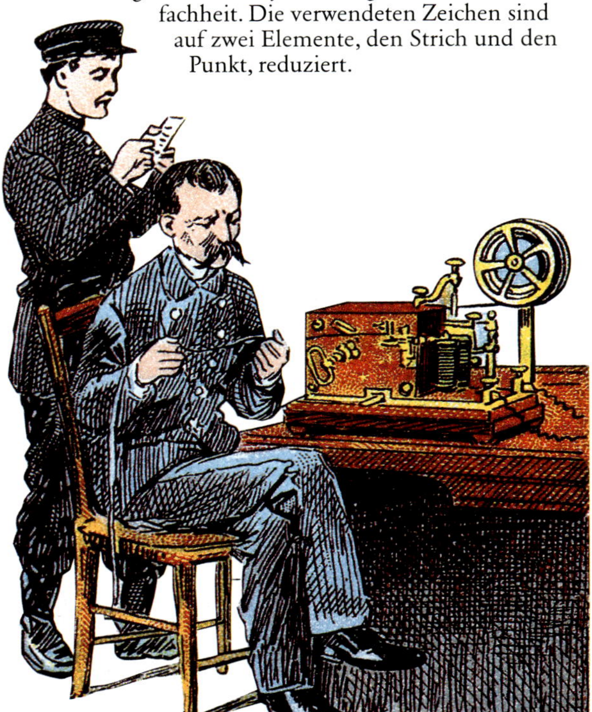

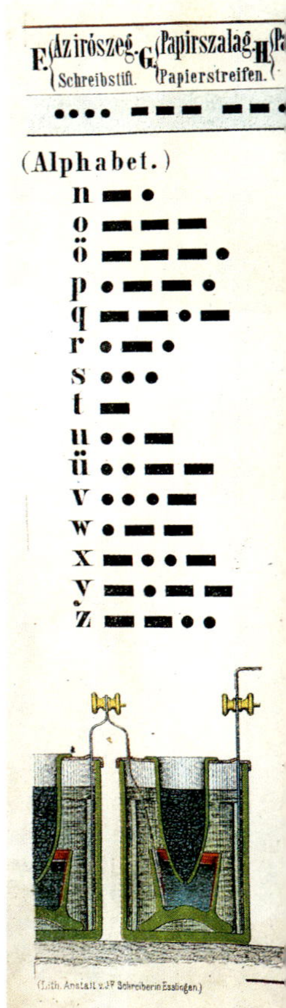

Die Schaltstation des Morsetelegraphen ist ein einfaches Gerät. Ein mehr oder weniger langer Druck übermittelt Striche und Punkte an den Empfänger. Dieser besteht aus einer Papierrolle, auf der ein elektrisch geführter Stift Striche und Punkte aufzeichnet.

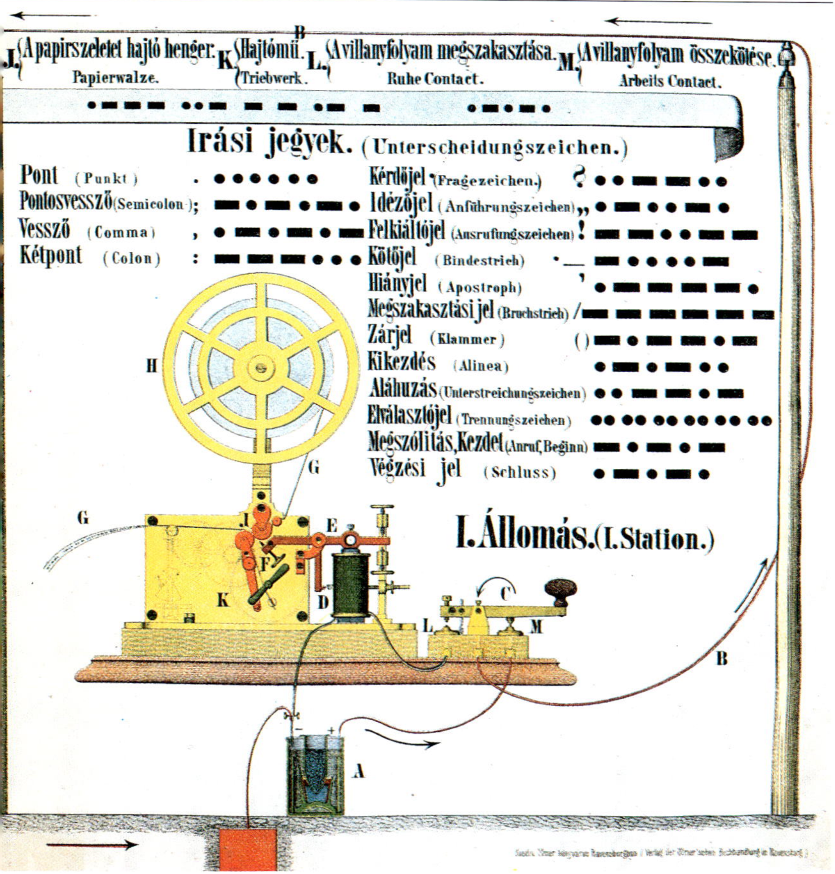

Außerdem können beide gesehen wie auch gehört werden, so z. B. das lange oder kurze Aufblitzen eines Scheinwerfers in der Seefahrt. Akustisch besteht das Morsealphabet aus einer Kombination kurzer und langer Töne, die den Punkten und Strichen auf dem Papier entsprechen.

Seit seiner Erfindung hat man das Morsesystem ständig weiterentwickelt. Es wurden insbesondere Entsprechungen zwischen den Morsezeichen und den Flaggensignalen der Seefahrt entwickelt. In Frankreich ersetzt der Morsetelegraph das optische System des Abbé Chappe erst unter

Das Morsealphabet unterscheidet sich je nach Art der verwendeten Sprache. Die Abbildung oben zeigt das deutsche und das ungarische Morsealphabet. Das Morsesystem besteht aus Zeichen, die lediglich der Kodierung und Dekodierung einer Sprache dienen.

Napoleon III. Der elektrische Telegraph benutzt allerdings noch die Infrastruktur des alten Systems.

Heute haben neue Technologien diese Kommunikationssysteme längst überholt. Wörter und Bilder gehen durch viel ausgefeiltere Hilfsmittel inzwischen rund um die Welt. Allerdings darf man nicht vergessen, daß auch

Es fehlen Leitungen zur Übertragung der Stromstöße. Das bringt Anfang des 20. Jahrhunderts den Durchbruch von Funkwellen, die Informationen übermitteln.

die von den im All schwebenden Satelliten übermittelten Botschaften nichts anderes sind als Zeichen. Diese müssen, sobald sie auf der Erde ankommen, ebenso dekodiert werden wie die der älteren Fernübertragungssysteme, um ihrerseits Bilder zu ergeben, die aufs neue der Interpretation bedürfen.

Die Übertragung von Bildern ist noch erstaunlicher. Die Abbildung unten zeigt einen Apparat aus dem Jahr 1923, den Vorläufer des Faxgeräts.

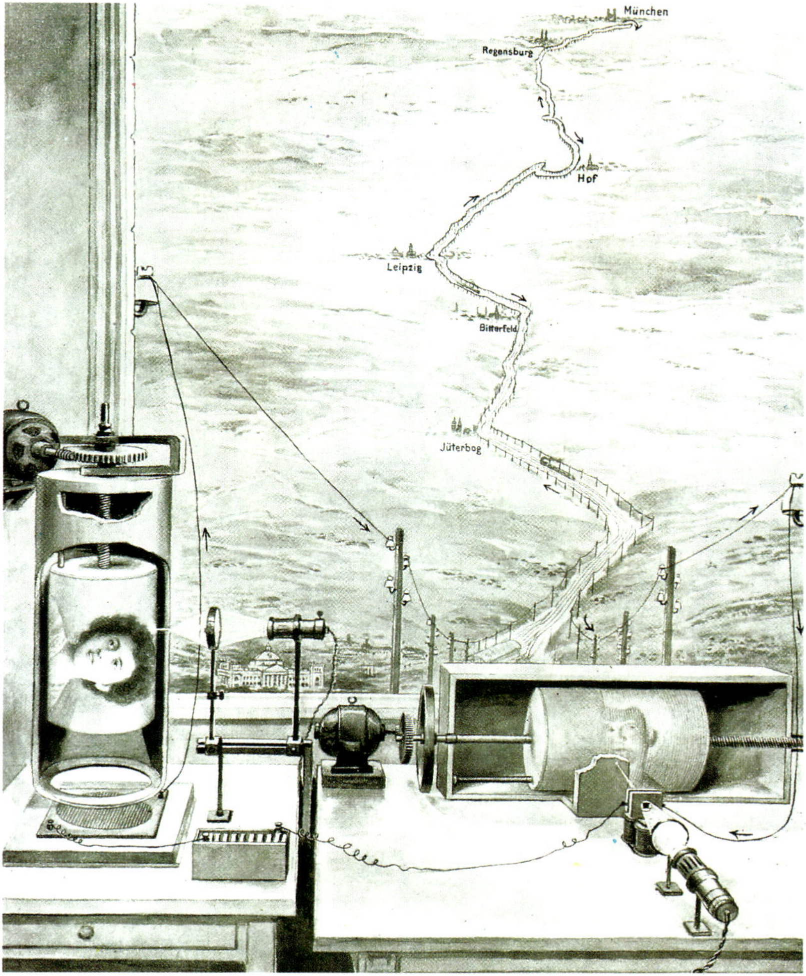

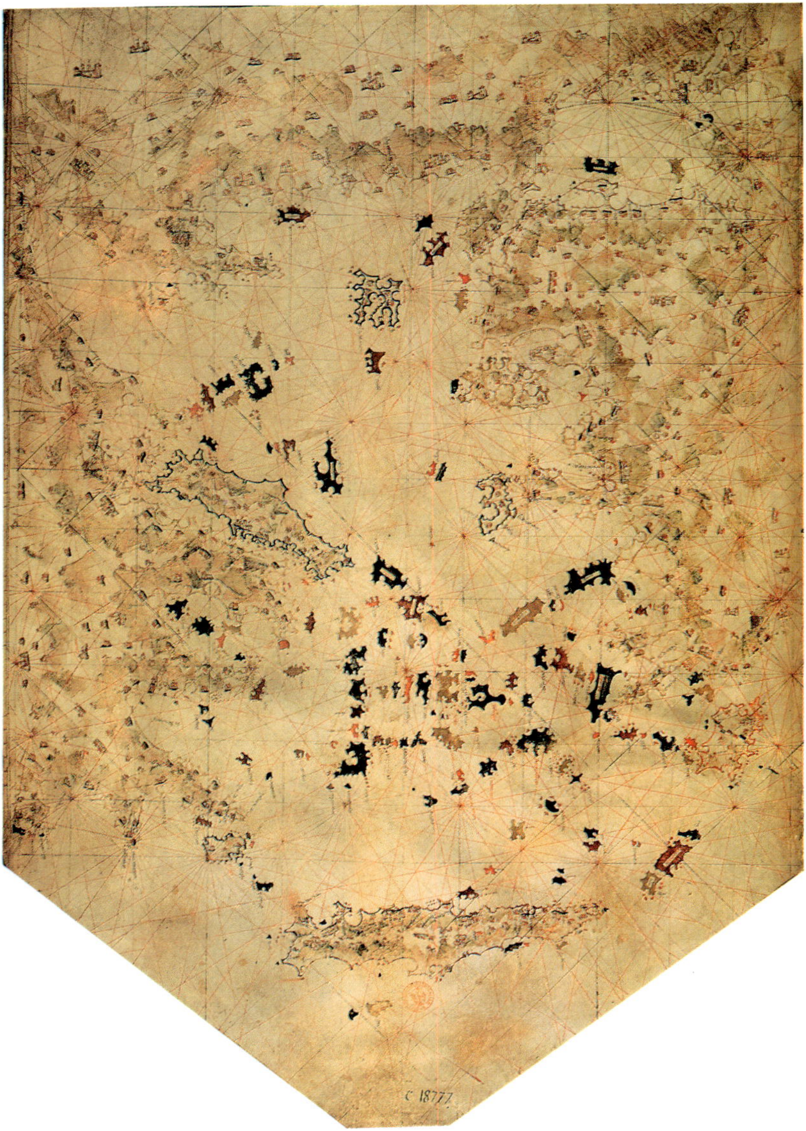
C 18777

VIERTES KAPITEL

LANDKARTEN – FUNDGRUBEN FÜR ZEICHEN

Die Landkarte ist der Ausdruck des steten Expansionsbedürfnisses der Menschen. Als Hilfsmittel entwickeln sie einen komplexen graphischen Code, der durch den wissenschaftlichen und technischen Fortschritt immer abstrakter und genauer wird. Dieser Prozeß läßt sich von den frühesten Karten des Hochmittelalters bis zu den modernen Landkarten verfolgen.

Wenn man einen Gegenstand nur als Platzhalter eines anderen betrachtet, hält man das Zeichen für den Gegenstand selbst. So nimmt man gewöhnlich Landkarten und Gemälde wahr (...). Das bedeutet, daß man, wenn man eine Karte Italiens vor sich hat, ohne Genaueres darüber zu wissen, sagt, daß dies Italien selbst sei.
Logik von Port-Royal

Eine Karte ist ein komplexer Zeichencode, der eine Vielzahl einzelner Zeichen umfaßt. Diese Komplexität führt dazu, daß Menschen Karten immer auf zwei verschiedene Arten wahrnehmen, die sich, auch wenn sie gegensätzlich erscheinen mögen, durchaus ergänzen können: Karten werden entweder betrachtet, oder aber gelesen.

Von Anfang an ist die Landkarte gleichzeitig Instrument und Bild. Als Hilfsmittel hat sie einen genau definierten Zweck: Sie muß nützlich sein. Als Bild hingegen ist sie Symbol und Illustration. Die Landkarte als Hilfsmittel war zunächst der Plan der beschränkten Welt eines Stamms und die mehr oder weniger realistische Darstellung seiner Umgebung. Die bildnerische Gestaltung der Landkarte (links ein Ausschnitt eines Vulkangebiets auf Island) entspringt dem Bedürfnis des Menschen, die räumlichen Gegebenheiten in einem graphischen Schema in Beziehung zu setzen und den Raum als Ganzes darzustellen. Das Zentrum alter Landkartenbilder ist leicht auszumachen: Man erkennt dort Städte, Flüsse und Gebirge, die zur unmittelbaren Lebenswelt des Künstlers gehören. Jenseits der bekannten Gebirge und Flüsse erscheint die Welt von Monstern, Fabelwesen und mythologischen Gestalten bevölkert.

Eine Karte anzusehen bedeutet zunächst, ein Bild zu betrachten.

Sieht man sich eine Karte an, hat man auf den ersten Blick den Eindruck, etwas wiederzuerkennen, ohne daß man Gebirge, Ebenen, Flüsse und Straßen genau identifizieren könnte: So sieht man in großen, blau eingefärbten Flächen sofort ein Meer oder einen großen See. Auch jemand, der kaum Erfahrung im Kartenlesen hat, kann eine Karte im Maßstab von 1 : 80 000 leicht von solchen im Maßstab von 1 : 50 000 oder 1 : 20 000 unterscheiden. Das Lesen einer Karte jedoch erfolgt erst nach der einfachen Betrachtung und erfordert, daß der Zeichencode entziffert wird. Die Wahrnehmung der in allen Karten verwendeten gedruckten Zeichen erfolgt auf zwei, wenn nicht gar drei Ebenen.

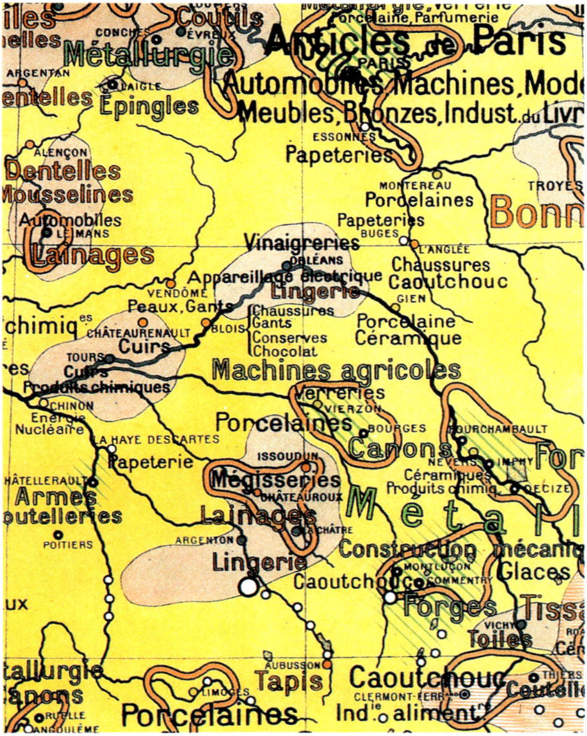

Es kann sogar vorkommen, daß die anderen Bedeutungsebenen einer Karte zur Nebensache werden, wenn man sie nur für die Orientierung verwendet: Ein Autofahrer, der es eilig hat, achtet nur auf seine Route, die Entfernungen, die er zurücklegen muß, und die möglichen Probleme auf seinem Weg. Etwas anderes sieht und liest er nicht. Das Lesen einer Karte bedingt aber fast immer eine zweite Ebene ihrer Entschlüsselung: das Lesen der Legenden.

Zu Beginn bevorzugt man in der traditionellen Kartographie natürliche Zeichen. D. h., der Kartograph fertigt unmittelbar gegenständliche Darstellungen an und bemüht sich, die Natur abzubilden. Sein Anliegen ist, dem Kartenleser das Aussehen der Welt, nicht einen Interpretationsschlüssel dazu zu bieten. Die historische Entwicklung zu einer abstrakteren, wissenschaftlicheren Darstellungsweise hat diese ursprüngliche Absicht nie ganz verdrängt.
Im Grunde ist ein Kartograph ein Autor: Er verleiht der Natur durch seine Anordnung der Zeichen Gestalt, indem er Themen und Ausdrucksformen wählt.
Als Organisator, Geometer, Stilist und Rhetor drückt er letztlich seine „Sicht der Welt“ aus.
Die topographische Karte (links) ist eine Mischform zwischen der bildlichen Darstellung der Natur und der zunehmenden Abstraktion in konventionellen Zeichen. Sie verliert durch ihre realistische, deskriptive und verständliche Darstellung die Vereinfachung und Ungenauigkeit des reinen Bilds, läßt aber durch ihre klare, didaktische Linienführung der Phantasie noch immer ihren Raum.

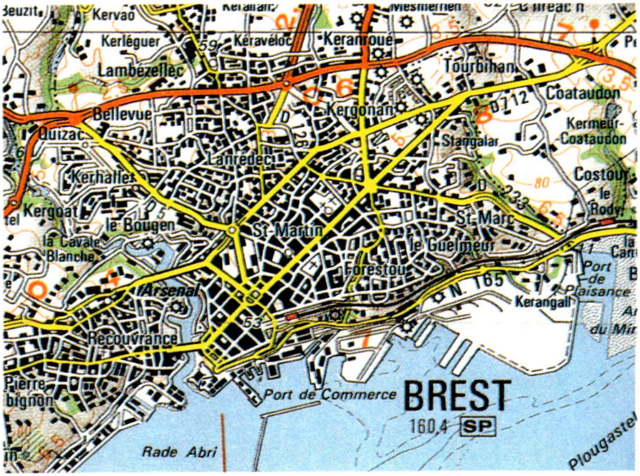

Sie dekodieren noch differenzierter als der Maßstab die konventionellen Zeichen für Städte, Burgen, Dörfer, Flüsse, Gebirge, Straßen, Glockentürme, Bahngleise, Wege und Pfade. Anders könnte man auf einer offiziellen Karte im Maßstab von 1 : 25 000, die die tatsächlichen Gegebenheiten exakt wiedergeben soll, eine Zahnradbahn oder den auf einem Gleis fahrenden Schnellzug TGV nicht unterscheiden. Schließlich gibt es noch eine dritte Form des Kartenlesens: das eigentliche Lesen, das Entziffern, die Interpretation der Zeichen.

Man kann sich vorstellen, wie schwierig die Interpretation sogenannter stummer Karten ist, die keinerlei Text, sondern nur Zeichen enthalten, die die dargestellte Landschaft beschreiben: Berge, Ebenen, Hochflächen, Wüsten, Ozeane und Siedlungen. Dennoch vermitteln sie, wohlverstanden, alles, was der Kartograph zeigen möchte oder was etwa Geographen, Wirtschaftsexperten, Bauern, Soldaten oder Touristen sich von ihr erwarten.

Ohne den Kartentext fehlen alle Informationen über die dargestellten Orte, erfahren wir weder die Namen von Bergen, Flüssen und Städten noch die Höhe über dem Meeresspiegel oder die Tiefe der Gewässer. Dennoch erkennt man bei einer Reliefdarstellung, die aus einer Ansammlung konventioneller Zeichen besteht, beispielsweise, daß wir die Karte eines Gebirgsmassivs vor uns haben.

Vielleicht erinnern wir uns noch an die Schule oder an geographische Kenntnisse, dank derer wir auch ohne

Die ersten modernen Kartographen arbeiteten für das Militär. Den Beginn der topographischen Landschaftsdarstellung, als Pläne und Skizzen kartographischen Charakter annehmen, siedelt man in den Jahren 1620 – 1630 an, in der Zeit des Dreißigjährigen Kriegs.

genauere Bezeichnung die Bedeutung der Zeichen erfassen. Aber letztlich erschließen nur Worte die Zeichen und verleihen ihnen spezifische Bedeutung.

Die mittelalterlichen Weltkarten verlieren ihre Funktion der reinen bildlichen Darstellung von Landschaften.

Gegen Ende des 13. Jahrhunderts entstehen Seekarten, die keinen künstlerischen Zweck mehr erfüllen, sondern Hilfsmittel für die Schiffahrt sind. Die Seekarte erfordert eine möglichst exakte Darstellung der Erdteile. Statt Wunder und Ungeheuer verzeichnen sie nun Küsten, Kaps, Inseln, Buchten, Reeden und Häfen.

Im Gegensatz zu den zivilen Karten (links Ausschnitt einer Karte von Brest im Maßstab 1 : 100 000 des Nationalen Geographischen Instituts Frankreichs), die sich an ein größtmögliches Lesepublikum wenden, gibt es militärische Karten, die Geheimdokumente sind (oben Plan von 1676 mit der Reede von Brest).

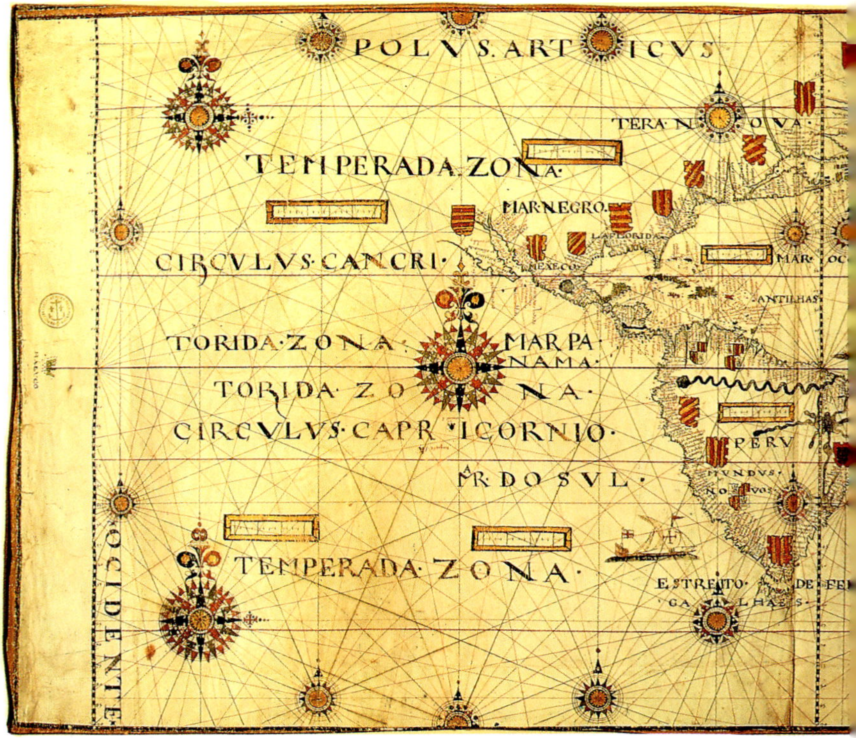

Auf diesen Karten, die vom Liniennetz der Windrose ausgehend aufgebaut sind, finden sich die Symbole der Winde: die Hauptwindrichtungen in schwarzer, die im Winkel von 45° in roter und die im Winkel von 22,5° in grüner Farbe. Fahnen, bildliche Darstellungen oder Wappen weisen auf Ansiedlungen, Städte oder Häfen hin. Außerdem werden seit der Umsegelung Afrikas die Routen der portugiesischen, spanischen und genuesischen Seefahrer und Entdecker auf den Karten verzeichnet. Dabei bedienen sich Seefahrer und Kartographen geheimer Codes, um zu verhindern, daß Uneingeweihte an die darin enthaltenen Informationen kommen: Den Herrschern Spaniens und Portugals liegt daran, die Routen zu den „neuen Sternen" vor ihren Konkurrenten geheimzuhalten.

Diese Darstellung aus einem Schiffahrtsatlas des 16. Jahrhunderts ist typisch für eine Karte aus dem Zeitalter der großen Entdeckungen. Sie ist in erster Linie eine Seekarte: Man erkennt auf ihr anhand der zahlreichen Windrosen deutlich das System der Kompaßstriche (d. h. die Aufteilung des kreisförmigen Horizonts im Verhältnis 1 : 32 000) sowie die ptolemäischen Koordinaten (Äquator, Wendekreise, Längen- und Breitengrade). Daneben finden sich Schiffe und Städtenamen. Doch es handelt sich dabei auch um eine politische Karte, wie man an den mit Wappen gekennzeichneten Routen sieht. Außerdem hat sie beschreibenden Charakter, denn sie zeichnet, wie viele Karten der Zeit, ein umfassendes Bild der Welt. Die vielen Eintragungen auf der Karte erstaunen durch ihre Präzision: Jedes Detail ist aufs genaueste ausgearbeitet.

Doch das funktioniert nicht lange. Zwischen dem 16. und 17. Jahrhundert drucken Flamen und Holländer neue Karten, unter denen die des Mercator eine der berühmtesten ist. Sie entwickeln eine neue Technik, um die Größenverhältnisse der Kontinente nicht zu sehr zu verzerren: die *Triangulation*.

Die Zeichen auf den Landkarten verlieren ihren Schmuckcharakter und stellen reale Gegebenheiten dar.

Im Jahr 1720 stellt Jacques Cassini der Akademie der Wissenschaften in Paris die erste topographische Karte Frankreichs vor. Ein kurzer Blick auf seine Karte genügt, um zu erkennen, daß sie keinerlei rein dekorative Elemente

Das Meeresungeheuer symbolisiert hier gewissermaßen das Ende der Mythologisierung in der Kartographie: Das Unbewußte macht dem bewußten Umgang mit den Realitäten Platz.

mehr enthält. Zu Beginn des 18. Jahrhunderts ist Frankreich wie ganz Mitteleuropa in erster Linie ein bäuerliches Land.

So verwendet Cassini auf seiner Landkarte sehr vielfältige realistische und ausdrucksstarke Zeichen, um das Land und seine Eigenheiten – Bäume, Heide, Moor, Sand – darzustellen; gleiches gilt für die Darstellung der Verkehrswege: gepflasterte Straßen, Alleen, Wege und im Bau befindliche Straßen.

So exakt die Gesamtdarstellung Frankreichs auf seiner Karte auch sein mag, fehlen in den Details doch wesentliche Informationen. Man kann der Karte zwar entnehmen, wie man von einem Ort zum anderen gelangt

Vor 1600 ist eine Karte Frankreichs lediglich eine im stillen Kämmerlein angefertigte Darstellung einer Ansammlung der Provinzen. Ende des 17. Jahrhunderts erkennt Colbert, daß allein Karten das Denken in größeren Maßstäben ermöglichen. Cassini legt das Bild Frankreichs um eine Mittelachse herum an und begründet damit das Prinzip der geometrischen Karte.

und was einem auf diesem Weg alles begegnet, aber sie enthält beispielsweise keinerlei Höhenangaben.

Ohne auf die Entwicklung der auf den Karten verwendeten Zeichen näher einzugehen, muß doch darauf hingewiesen werden, daß die semiologischen Übereinkünfte in diesem Bereich Folge eines vielfältigen wissenschaftlichen und technischen Fortschritts sind. Als Beispiel soll die Entwicklung der Zeichen für die Reliefdarstellung dienen. Auf der Karte Cassinis werden die Berge, von einer horizontalen Linie ausgehend, in ihrer Höhenausdehnung dargestellt. Es entsteht der Eindruck eines Gebirges. Cassini verwendet erstmals dichte Schraffuren, um eine steile Böschung darzustellen, sowie gewischte Flächen und vor allem die Kavaliersperspektive, die von einem im Unendlichen angesiedelten Punkt aus projiziert, um hohe Berge zu verzeichnen.

Die Zeichen auf der Landkarte sollen die topographische Realität suggerieren.

Die Zeichner von Seekarten stellen die Meerestiefe mit Hilfe gebogener Linien dar. Auf diese Weise ist es relativ

Die von Ludwig XV. in Auftrag gegebene Landkarte Cassinis ist die älteste topographische Darstellung Frankreichs (unten Beauvais-Chaumont im Vexin im Maßstab 1 : 86 400). Sie ist außerdem die erste Karte der Welt, die sich auf die *geodäsische* **Triangulation stützt.**

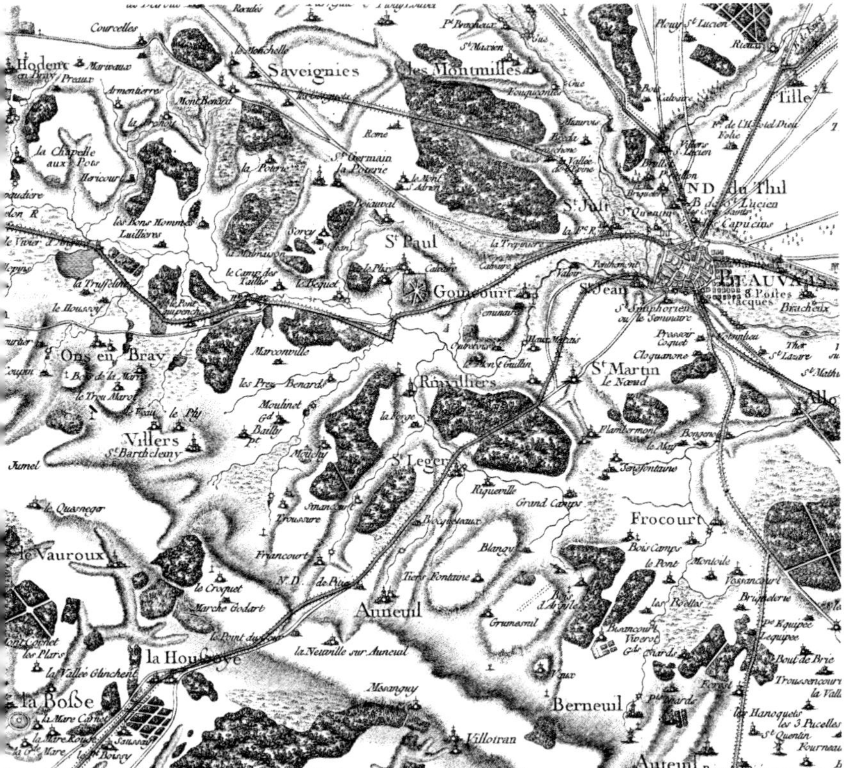

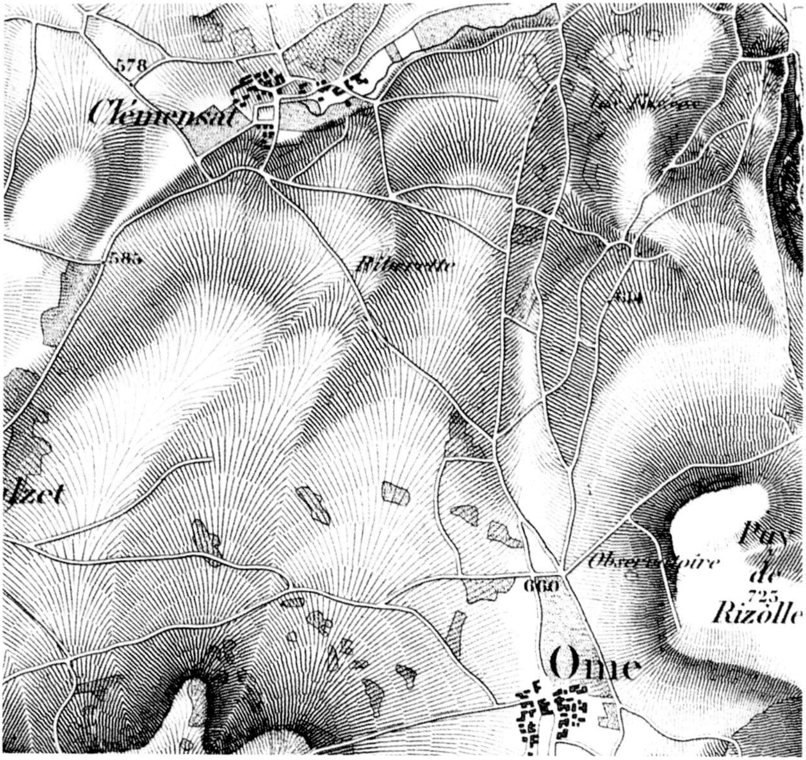

leicht, die Tiefe zu erkennen. Da die Meeresoberfläche eben ist, sind die Zeichen und Kurven, die die Tiefe angeben, leicht auszumachen. Bei Reliefdarstellungen des trockenen Landes verhält sich das etwas anders. Zwar übernimmt man zur Darstellung von Höhen das System der gebogenen Linien, doch als die erste Übersichtskarte Frankreichs im Maßstab 1 : 8000 angefertigt und 1881 fertiggestellt wird, kommt man überein, den Anstieg durch gebogene Linien, die, je steiler der Anstieg, desto enger nebeneinander verlaufen.

Es entsteht auf der Landkarte, die ja tatsächlich flach ist, ein dreidimensionales Bild des Landschaftsreliefs. So sollen die Zeichen auf der Landkarte die topographische Realität wiedergeben. Die Verwendung von engen Schraf-

„Es wäre vorteilhaft, könnte man auf einer Karte alle Erhebungen, die auf dem dargestellten Ausschnitt vorkommen, gleichsam in ihrer Entfernung zum Horizont sehen. (...) Was nützt es zu wissen, daß sich hier und da Berge befinden, wenn nichts auf ihre Größe verweist, wenn ich ihre Höhe nicht einmal erahnen kann?“

Anonym, 1802

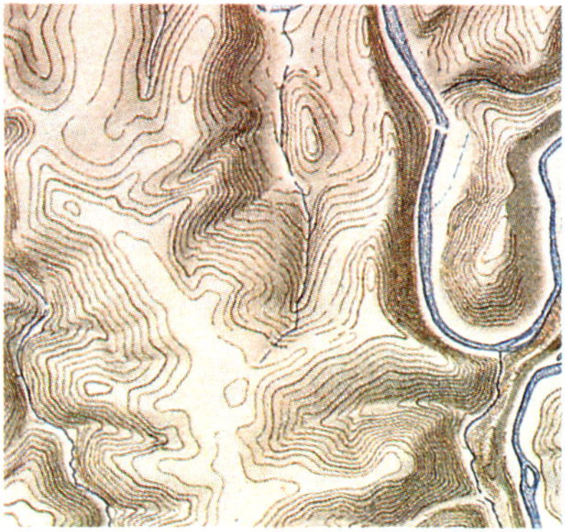

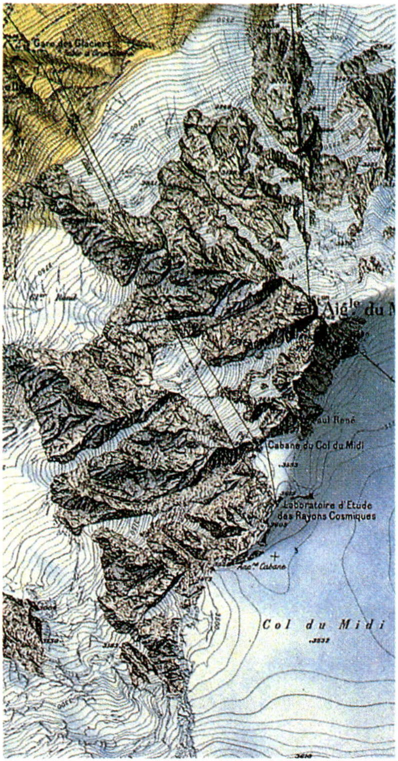

furen, die nicht parallel, sondern im spitzen Winkel zu den gebogenen Linien stehen, verstärkt den Eindruck eines Steilabhangs noch. Auf diese Weise kann man durch immer enger zusammenrückende und kürzer werdende Bogenlinien, die durch Schraffuren noch betont werden, beim Betrachten der Karte schroffe Abhänge und sanfte Böschungen gut erkennbar machen. Auf den Meßplänen im Maßstab 1 : 23 000 werden allerdings präzisere, aber weniger wirkungsvolle Bogenlinien verwendet.

Auf den modernen Karten setzt man verschiedene Mittel ein, um das Relief darzustellen. Der Farbdruck, spezielle Wischtechniken, die Möglichkeiten, die Luft- und Satellitenaufnahmen bieten, sowie die Methoden der computergestützten Kartenerstellung machen die Darstellungen

Im Jahr 1802 kommt die Kommission, die mit der Vereinheitlichung der auf Karten und topographischen Plänen verwendeten Zeichen beauftragt ist, überein, daß alle Höhenangaben in Beziehung zum Meeresspiegel gesetzt werden. Von da an verzeichnet man alles, was „man angeben kann, ohne Verwechslungen von Höhe oder Tiefe hervorzurufen, mit Zeichen zur Höhenangabe".

erheblich detaillierter und präziser. Es stellt sich allerdings die Frage, ob man hier noch von „Zeichen“ sprechen kann, da der Gegenstand sozusagen in Miniaturform unter unseren Augen entsteht.

Die moderne Kartographie ist sehr kreativ im Schaffen neuer Zeichen.

Die Legenden der standardisierten Karten im Maßstab 1 : 25 000 bieten einen reichen Zeichenschatz. Die erste und wichtigste Rubrik der Legende besteht aus Zeichen für Verkehrswege: Autobahnen, Straßen, Wege, Kreuzungen, Privatwege, öffentliche Wege und Alleen. Es folgen die Eisenbahnlinien mit den verschiedenen Gleistypen, den Übergängen und Brücken, den Viadukten, der Drahtseilbahn und den Schnellbahnlinien (in den jüngsten Ausgaben) und zu guter Letzt die elektrischen Versorgungsleitungen.

Der moderne Kartograph muß stets mit den neuesten Entwicklungen vertraut sein. Die Zeichen, die er zu gestalten hat, beziehen sich meist auf die Realität, die sie darstellen. Doppeldeutigkeiten und Verwechslungen darf es nicht geben. Der graphischen Semiologie, der Wissenschaft

Die Touristenkarte (unten, Ammerschwihr im Elsaß im Maßstab 1 : 25 000) stellt die ökologischen Bedingungen der Region dar. Das Zeichen, das der Tourist sieht, muß für ihn unmittelbar zu entschlüsseln sein.

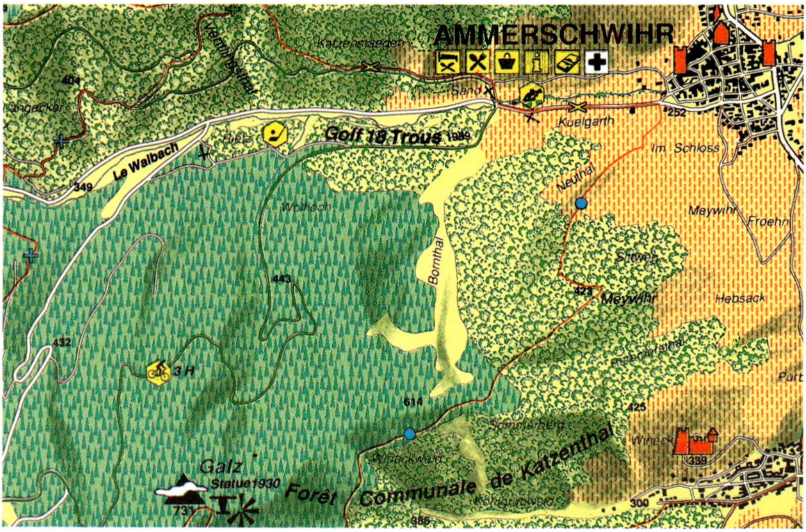

der graphischen Zeichen, bietet sich hier eine vielfältige Forschungsgrundlage: Sie untersucht alle für die Schaffung nützlicher, eindeutiger Zeichen geeigneten Mittel. Interessanterweise gibt es inmitten der Zeichenvielfalt zwei Kategorien nebeneinander, die die Zeichentheorie sorgfältig voneinander abgrenzt. Zum einen sind es die sogenannten schwachen Zeichen, die in keinem proportionalen Verhältnis zum Dargestellten stehen. So treffen die Kreise, die auf Straßenkarten die Städte bezeichnen, keine Aussage über deren topographische Gestalt oder über ihre Einwohnerzahl.

Die sogenannten starken Zeichen stehen dagegen in einem proportionalen Verhältnis zu den auf der Karte dargestellten Gegebenheiten. Dies gilt etwa für die blaue Linie der Flüsse, die von der Quelle bis zur Mündung stärker wird, um die stetige Verbreiterung des Wasserlaufs anzudeuten.

Außer auf demographischen oder Wirtschaftskarten finden sich im allgemeinen mehr schwache als starke Zeichen. Daraus entstehen insofern Probleme, als der Text häufig mehr aussagt, als die Zeichen deutlich machen. So gibt etwa die Buchstabengröße der Ortsbezeichnungen bei Großstädten Hinweise auf ihre Einwohnerzahl. München wird also größer geschrieben als Magdeburg.

Es kommt noch hinzu, daß die visuellen Zeichen häufig die Wirkung der Wörter und Buchstaben beeinflussen, die dann eher die Funktion visueller Zeichen übernehmen, als Einheiten eines graphischen Codes zu sein.

Theoretisch muß die Legende alle in einer Landkarte verwendeten konventionellen Zeichen erläutern. Dieser umfassende Anspruch ist allerdings nicht umzusetzen: In der Praxis erscheint in einer Legende niemals alles, wie auch eine Übersetzung nie jede Facette des Originaltextes wiedergeben kann. Bestimmte Zeichen sind so klar und eindeutig, daß man auf eine „Übersetzung" verzichtet. So taucht in einer Legende so gut wie nie die detaillierte Beschreibung für Flüsse (blaue Schlangenlinien) oder Häuser (schwarze Rechtecke) auf. Sehr häufig wird auch der Unterschied zwischen einer unterbrochenen und einer durchgezogenen Linie (kleine oder größere Straße) nicht hervorgehoben: Die Bedeutung ist für den Leser ausreichend deutlich. Der Kartograph ist gezwungen, sich auf eine Auswahl von Informationen zu beschränken und nur die wesentlichen Teile seiner Darstellung zu benennen. Die in der Karte wie in der Legende ausführlich genannten Zeichen erfüllen diese Rolle.

Steinerne Windmühle

Ital., 15. Jh. · Fr. 1543 · Fl. 17. Jh. · Fr. 17 · 1756 · PB 1771

Kirchengemeinde

Engl. 95 · Fr. 1650–79 · 1675 · 1706 · 1720 · 1736 · 1745 · 1756 · D. 52

Schloß

D. 1538 · 1568 · P.B. 1570 · Engl. 76 · Fr. 1622 · Fl. 1634 · 1647 · Fr. 1653

Dorf

C. de Guyenne 1763 · Engl. 1765 · Deutschland · Dörffer 1746

Weinberg

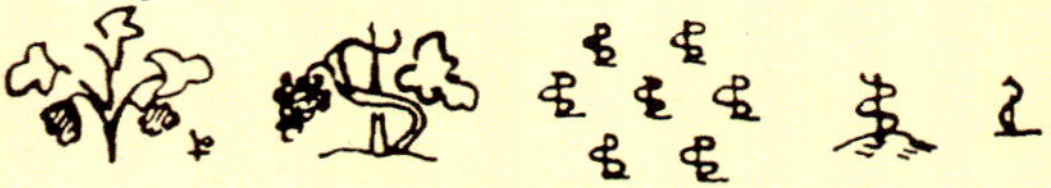

Ital., um 1425 · 1595 · 1721 · D. 1752

Wald

Olaus 1539 · Münster, vor 1545 · Ortelius. 1579 · Mercator 1585

Blaeu, um 1635 · Jansson 17. Jh. · Delisle · Nadelbäume, um 1712

Kastanien · andere Laubbäume · Pappeln · Fichten (Belleyme, 1763)

Die Sprache der Geographen

Ortszeichen sind allgemeine Erkennungsmerkmale, die entschlüsselt werden müssen. Sie entstanden aus der Schematisierung ursprünglich gegenständlicher Zeichnungen, die der reinen Abbildung dienten. Die Entwicklung der Technik, Karten zu stechen, führte zur Abstraktion und Vereinheitlichung der natürlichen Details. Damit wurden die Bilder verdrängt und durch konventionelle Zeichen ersetzt. Eine gewisse Ähnlichkeit blieb allerdings erhalten. Die modernen Zeichen sind klar und aus sich selbst heraus verständlich. Aus den gleichen Gründen bemühten sich die Kartographen bis zum Ende des 18. Jahrhunderts um die Entwicklung neuer Zeichen. Seit dem Ende des 17. Jahrhunderts zeichnete sich allerdings ab, daß sich die vertikale Perspektive durchsetzte und geometrische durch stilisierte Zeichen ersetzt wurden. Diese zweite Phase stand mit den Entwicklungen der französischen Militäringenieure bei topographischen Karten in Zusammenhang, die ihrerseits mit dem Eindringen mathematischer Methoden in den Alltag zusammenhingen.

F. de Dainville, „Die Sprache der Geographen“

Geodäsischer Punkt

Christentum: Kirche / Kapelle / Kreuzweg / Friedhof

Hinduismus: Tempel / Kapelle / Grabmal / Friedhof

Islam: Große, kleine Moschee / Grabmal / Friedhof

Freist. Turm / Windmühle / Windmotor / Schornstein — Tr — Tr — Chem.

Denkmal / Gedenkstein / Ruine — Mon.

Kiosk / Aussichtspunkt / Campingplatz

Sportplatz / Tennisplatz / Wanderweg

Wanderwege — GR R1

Hauptstadt des Départements (= Kreisstadt) — PF

Grenze und Hauptstadt des Landkreises — SP

Grenze und Hauptstadt des Bezirks — CT

Grenze und Hauptstadt der Gemeinde — C

Höhenkurven: Senke / Böschung

Baumwuchs: Wäldchen / Baumgruppe

Schmale Eisenbahnschienen / Rangiergleise

Schienenweg außer Betrieb: stillgelegt

Von Tunnel unterbrochener Schienenweg

Zahnradbahn / Drahtseilbahn

Hauptstraßen — Nebenstraßen

Zweispurige Fahrbahn

Sehr gut ausgebaute Straße (drei- oder mehrspurig)

Gut ausgebaute Straße (zweispurig)

Ausgebaute Straße (Landstraße)

Regelmäßig unterhaltene Landstraße

Bundesstraßen — N 2 — D 10

Straßenbestimmung — Privatweg oder Zugangsbeschränkung

Zufahrtstraße / Waldschneise / Waldrand / Weg / Schneise — Landstr.: regelmäßig überwacht / unregel. überw.

Reste einer ehemals befahrbaren Straße

Im Bau befindliche Straße

Tunnelstrecke: tiefer als 500 m / höher als 500 m

Laubwald — Nadelwald — Mischwald — Gesträuch — Zuckerrohr — Obstgarten, Plantage

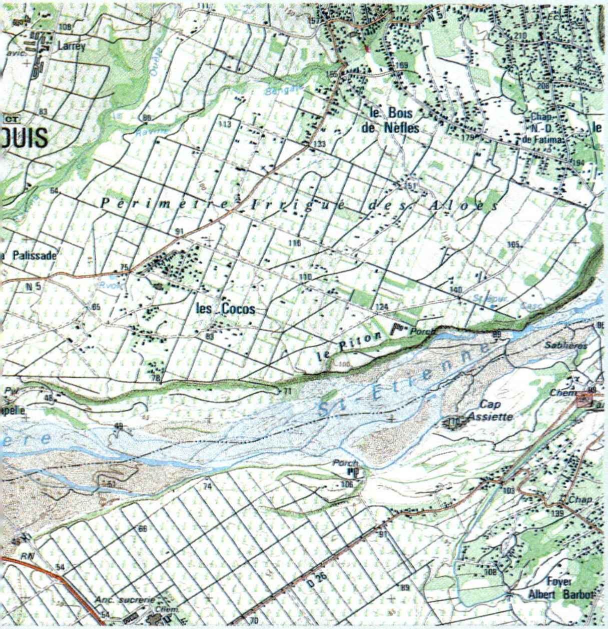

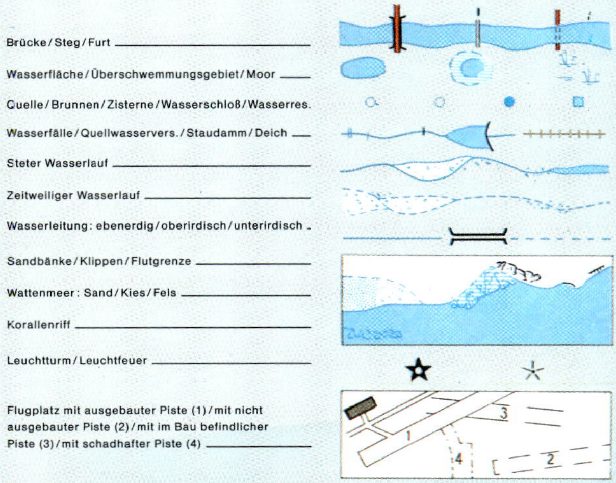

Kartographie und ihre Übersetzung

Die Legende ist meist ein schmales Rechteck in einer Ecke der Landkarte, in dem die meisten Zeichen dargestellt sind. Die Bedeutung der Legende ist größer, als es der ihr zugewiesene Platz vermuten läßt. Sie ist einer der aufschlußreichsten Bestandteile einer Karte. Die links abgebildete Legende gehört zu einer Karte (Maßstab 1 : 25 000) des französischen Nationalen Geographischen Instituts (daher auch die leichten Abweichungen von den auf deutschen Karten verwendeten Zeichen). Es handelt sich um eine topographische Karte für den öffentlichen Gebrauch. Sie bietet ein exaktes, vollständiges, objektives Bild der Landschaft und der Flächenaufteilung Frankreichs (auf dem Ausschnitt links eine Karte der Insel Réunion).

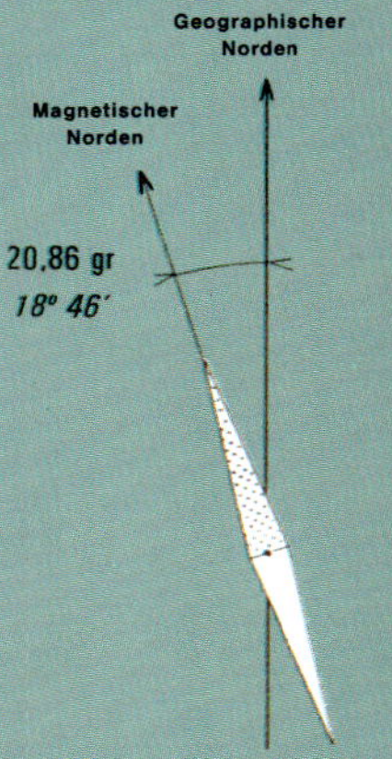

Küstengestalt

Steilküste

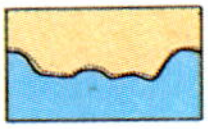

Sandstrand

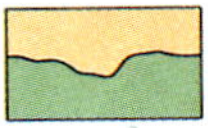

Flutlinie

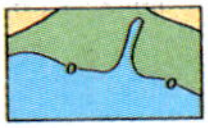

Ebbelinie (hydrographischer Nullpunkt)

Felsküste

Sand und Morast

Höhenlinien

Detailliert — Weniger detailliert

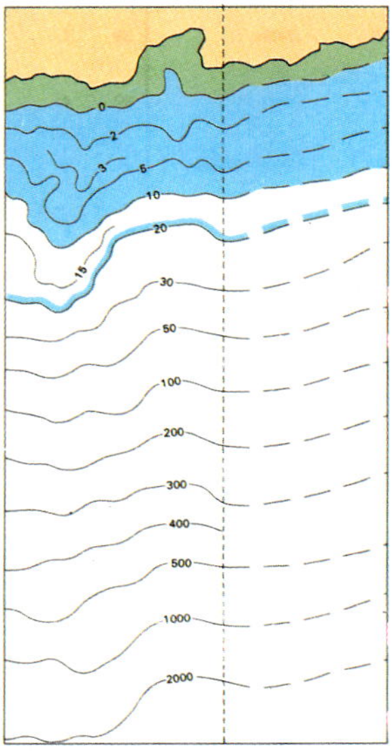

Gelände

Höhenlinien und Höhenstand

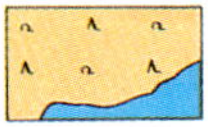

Bewaldetes Gebiet

Moor

Gefahren

Keine Felsen

Zeitweise überflutete Felsen

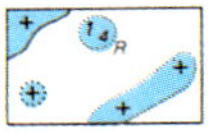

Stets leicht überflutete Felsen

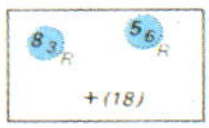

Felsige Untiefe Gefahr bei Überflutung

Häfen

Fischereihafen

Sehenswerter Hafen

Ankergrund

Wasserschutzgebiet

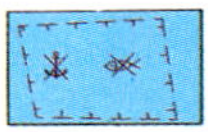

Ankern und Fischen verboten

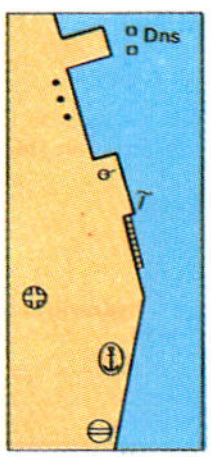

Ankerpfähle

Polder, Kaimauer

Ladekran

Kleine Pfähle, Pfeiler

Treppe

Quarantänebüro

Hafenbüro

Zollstation

Gebäude

Kirche

Kreuzweg, Kruzifix

Turm

Windmühle

Windrad

Wasserschloß

Denkmal

Postamt

Krankenhaus

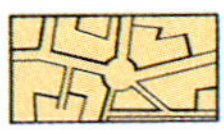

Stadt, größere Siedlung

Bauwerk, Gebäude

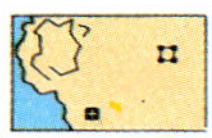

Festungswerk, Festun

Batterie, Bunker, kleines Fort

Verschiedene Grenzziehungen

Straßenflucht

Sicherheitsabstand

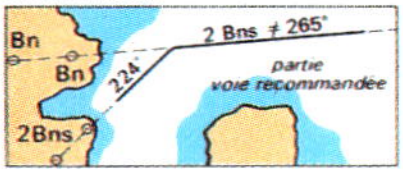

Peilung

Leuchtfeuersektoren, die empfohlene Fahrrinnen angeben

Leuchtfeuer/Warnzeichen

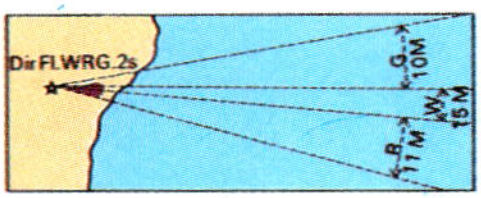

Richtfeuer mit farblich voneinander abgehobenen Sektoren

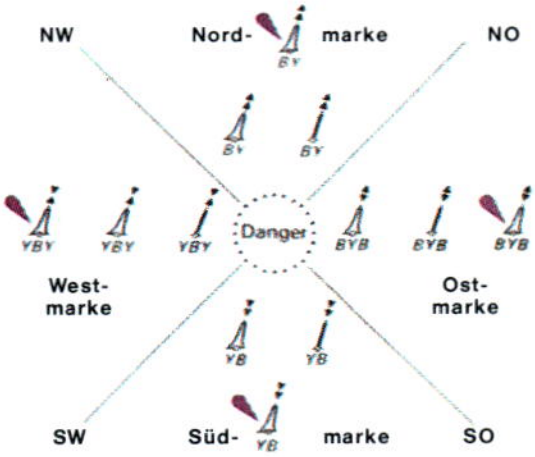

Anlage der Legende

Die Verwendung der Zeichen auf der Karte unterliegt den topographischen Richtlinien: Ein Zeichen muß sich exakt an dem Punkt befinden, der nach dem verwendeten geographischen Meßverfahren mit der Lage des Objekts im Gelände übereinstimmt. Die Flächenkoordinaten lösen das Problem der Verteilung der Zeichen auf der Karte auf einfache Weise. In der Legende ist diese Einfachheit allerdings nicht möglich. Hier müssen die Zeichen und ihre Bedeutung in Linien, Spalten und Tabellen angeordnet werden. Die spaltenweise Anordnung bringt zwangsläufig eine Hierarchisierung der Bedeutungen mit sich, auch wenn diese in der Karte nicht beabsichtigt ist. Das Anfertigen einer Legende erfordert die Anlage von Absätzen und Unterabsätzen, Titeln und Untertiteln. All dies ordnet die Kartenzeichen in einer Weise an, die in der Karte selbst nicht vorkommt. Die besondere Geometrie der Legende – ein Ensemble von Spalten, Tabellen, Titeln und Untertiteln – hat ihre eigenen Regeln, die von denen der Karte abweichen und ihrer semiologischen Landschaft eine zusätzliche Grammatik hinzufügen.

Das in Karten vorgestellte Bild der Welt besteht aus Zeichen, die der Realität entstammen.

Die in Karten vorkommenden Zeichen werden von Forschern und Spezialisten aller Disziplinen verwendet. Heute bringen Computer, die synthetische Bilder schaffen, beliebig viele Zeichen aller Art hervor. Es vergeht kein Tag, an dem nicht Graphiken aller Art im Fernsehen gezeigt werden: Alterspyramiden, Kurven von Börsenkursen oder Inflations- und Arbeitslosenrate. An Wahlabenden strahlt

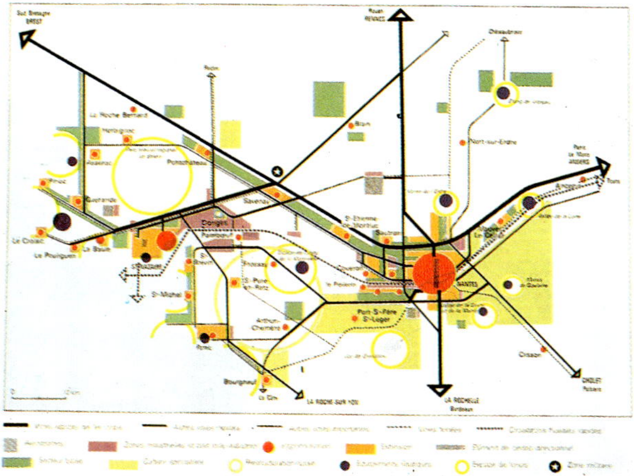

man die Wahlergebnisse in Form von „Torten“ aus, deren unterschiedlich große Stücke die von den politischen Parteien erreichten Wählerstimmen in Prozent wiedergeben.

Lehrbücher und andere Publikationen werden von diesen Zeichen beherrscht. Unzählige Schemata stellen komplexe Systeme vereinfacht dar; es sind Diagramme, ein Wort, das aus dem Griechischen stammt und „Entwurf, Plan“ bedeutet.

Diagramme in unendlich vielfältigen Formen und Verwendungsmöglichkeiten sind schematische graphische Darstellungen, die die Entwicklung eines Phänomens, das Verhältnis zweier Faktoren zueinander oder das relative Verhältnis von Teilen eines Ganzen beschreiben.

Die Entwicklung der wissenschaftlichen Kartographie beruht auf dem technologischen Fortschritt beim Messen, Errechnen, Zeichnen und Drucken von Daten. Die Verwendung des Computers (oben ein vom Computer erstelltes Blockdiagramm des Montblanc) ist ein neues Glied in dieser Kette. Die Informatik verändert die Dimension der Kartographie, erweitert ihren Anwendungsbereich und ermöglicht die schnelle Anfertigung und Publikation graphischer Dokumente. Die Anwendung von Zeichen in der Kartographie ändert sich grundlegend, und die Datenaufbereitung erhält hierbei einen ganz neuen Stellenwert.

Diese Zeichen erläutern oder helfen beim Entdecken und Erfinden. Und sie verdanken ihre semiologische Entwicklung bisweilen der menschlichen Realität. Dies gilt z. B. für alle Graphiken von Verkehrsnetzen, die die Route und die Art der Züge, Busse und U-Bahnen darstellen, und ebenfalls für die baumartigen Graphiken, mit denen man in der Linguistik, der Informatik, der Soziologie und der Ökonomie die Gesamtheit hierarchisch gegliederter Beziehungen aufzeigt. Aber hier berühren wir den unendlich weiten Bereich, wo Zeichen zu einem Teil der allgemeineren Sprache der Mathematik, der Logik und der Wissenschaft werden.

Topographische Karten sind für die Bauplanung unerläßlich. Die präzise, minutiöse Arbeit eines Architekten und Bauingenieurs besitzt eine ästhetische Dimension, die in zahlreichen Stadt- und Verkehrsplänen oder in anderen Netzplänen zum Ausdruck kommt (unten Plan eines Telefonnetzes der USA).

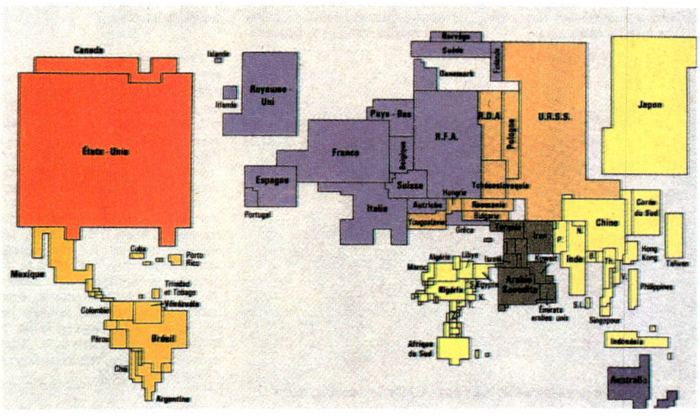

Eine kartographische „Anamorphose“: Die Größe der Felder der einzelnen angegebenen Staaten ist proportional zu ihrem Bruttosozialprodukt. Die Silhouette der Kontinente und, soweit möglich, der einzelnen Staaten wurde weitgehend beibehalten.

Fünftes Kapitel
WEGEZEICHEN

Seit alters orientiert man sich am Himmel: Der Stern von Bethlehem führt die Heiligen Drei Könige, die Seeleute richten sich nach dem Stand der Gestirne, die Inka nach der Sonne. Allein reichen diese Richtzeichen allerdings nicht aus. So schaffen die Menschen zu ihrer Orientierung eigene Zeichen. Den natürlichen Zeichen werden so kulturelle hinzugefügt. Von da an findet sich der Mensch leichter zurecht.

Die als erster „Stern" am Abendhimmel erscheinende Venus, der „bleiche Abendstern" Alfred de Mussets, ist einer der sagenumwobensten Himmelskörper. Seit Jahrtausenden dienen Sonne, Mond und Sterne den Reisenden bei der Orientierung, und die Sternkarte bietet einen unerschöpflichen Schatz von Anhaltspunkten für den Menschen.

Als man zu Beginn des 19. Jahrhunderts in England die ersten Eisenbahnlinien einrichtet, wird gleichzeitig der Grundstein für die heutige Signalgebung gelegt. Dieses Zeichensystem dient nicht nur der Richtungsangabe, sondern auch und vor allem der Sicherheit der Menschen, die sich plötzlich mit diesen feuerspeienden Monstren konfrontiert sehen.

Die Signale der Eisenbahn bestehen aus einem System zweier Elemente: den Verbotszeichen und den Zeichen für freie Fahrt.

Die Signalgebung und Zugkontrolle entwickelt man mit der Installation der ersten Weichenanlagen. Um das Jahr 1844 lassen Bahnwärter, die an Bahnsteigen, Streckenabzweigungen und Bahnübergängen postiert sind, Züge passieren oder weisen sie an, anzuhalten. Bei Tag verwenden sie Fahnen und benutzen drei elementare Zeichen: Die gerade am Körper herunterhängende Fahne bedeutet freie Fahrt, die erhobene „Achtung", und die gesenkte Fahne weist den Lokführer darauf hin, daß die Gleise defekt sind. Damit die Signale auch bei Dunkelheit deutlich erkennbar sind, benutzen die Bahnwärter dann Laternen.

Die Signalgebung auf den Bahnstrecken war lange nur provisorisch und unsicher. Allerdings fuhren damals auch wesentlich weniger Züge als heute, die zudem viel langsamer waren. Neben den Gleisen verliefen Pfade, auf denen Bahnwärter und Eisenbahner entlanggingen und mit der Hand die Signale gaben.

Die bei der Bahn verwendeten Signalzeichen beruhen auf zwei gegensätzlichen Prinzipien: Es handelt sich dabei entweder um Gebots- oder um Verbotszeichen. In der Informatik nennt man ein solches auf Bejahung und Verneinung basierendes System binär. Diese einfache Signalgebung ermöglicht eine unkomplizierte, aber unerläßliche Kommunikation zwischen demjenigen, der das Signal auslöst, und dem, der es wahrnimmt. Dabei ist die Verantwortung desjenigen, der das Signal auslöst, deutlich größer als die des Empfängers, des Lokführers.

Einen entscheidenden Fortschritt in der Signalgebung erreicht man durch den Einsatz von Semaphoren, der zuerst in England, dann in Frankreich und Deutschland erfolgt. In England geht man davon aus, daß das Zeichensystem von der Royal Navy übernommen wurde.

In Wirklichkeit sind die Wurzeln dieser Signalgebung aber wahrscheinlich in der von Claude Chappe entwickelten Luft-Telegraphie zu suchen.

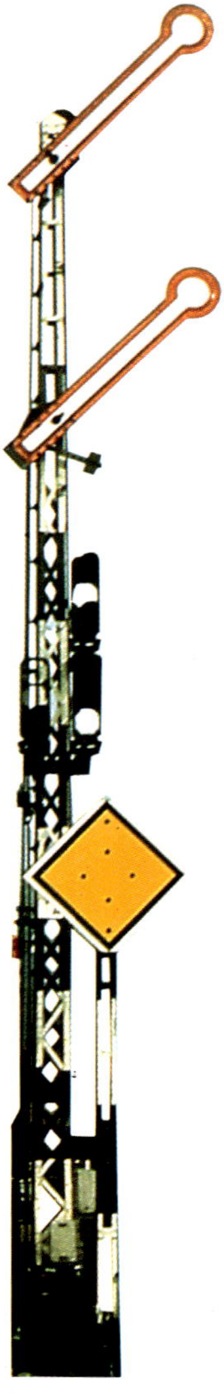

Die Signale der Eisenbahn müssen angesichts der zunehmenden Geschwindigkeit und der wachsenden Verkehrsdichte verfeinert werden.

Aufgrund der technischen Weiterentwicklung und der zunehmenden Verkehrsdichte unterteilt man die Gleise in Streckenabschnitte. Am Anfang und Ende eines jeden Abschnitts wird eine Signalstation aufgestellt. Dieses in Teilen bis heute gebräuchliche Prinzip kann allerdings auf einem bestimmten Streckenabschnitt nur einen Zug sicher leiten. Daher sorgt man dafür, daß die Signale zwischen zwei aufeinanderfolgenden Zügen in einem Zeitintervall ausgelöst werden, das mit der Entfernung zwischen ihnen korrespondiert. Die Möglichkeit, auseinanderliegende Signale und Weichen gleichzeitig auszulösen, stellt dabei einen entscheidenden Fortschritt dar.

1852 führt man in England erstmals ein Verfahren ein, das das gesamte Signalsystem der Bahn revolutioniert: Beim Passieren am Anfang und Ende jedes Streckenabschnitts drückt ein Zug ein an der Innenseite der Schiene angebrachtes Pedal herunter und löst mechanisch ein optisches Signal an der Weiche aus (heute geschieht dies durch das Schließen eines Stromkreises). Es ist der Vorläufer des berühmten „Krokodils“, mit dessen Hilfe moderne Züge automatisch Signale stellen, die nach dem Durchfahren eines Zugs auf Rot schalten.

Für die im Straßenverkehr verwendeten Signale müssen zwei Dinge berücksichtigt werden: die Anlage des

Die vertikale Stellung der vom Telegraphen von Chappe inspirierten Signale zeigt „freie Fahrt“ an, die horizontale Stellung signalisiert „Durchfahrt verboten“. Mit der Zeit weichen diese Signale komplexen Lichtzeichen. Heute sind manche Signale im Innern der Lokomotive ablesbar, etwa im französischen TGV.

Straßennetzes und die Bewegungsfreiheit seiner Benutzer. 1885/86 entwickeln Carl Benz und Gottfried Daimler unabhängig voneinander die ersten mit einem Benzinmotor ausgestatten Kraftwagen, die am Anfang der Entwicklung der modernen Autos stehen. In den ersten Jahren sind die eher einer Kutsche als einem Auto ähnelnden Gefährte noch ziemlich langsam. 1894 errechnet man die Durchschnittsgeschwindigkeit eines auf der Strecke Paris – Rouen fahrenden Autos auf etwa 21 km/h, bereits 1901 aber auf der Strecke Paris-Berlin 74 km/h!

Doch schon in den ersten Jahren des motorisierten Straßenverkehrs kommt es zu so schweren Verkehrsunfällen, daß man Ende des

Ampeln an Kreuzungen sind die wichtigsten Signale im Straßenverkehr. Sie regulieren den Verkehr an den zentralen Knotenpunkten. Zwischen dem grünen Licht für „freie Fahrt" und dem roten für „Halt" bedeutet das gelbe „Achtung"; das gelbe Blinklicht besagt „Übergang ohne Gewähr". Seit langem und teilweise noch heute regeln Verkehrspolizisten mit ihrem schwarzweißen oder leuchtenden Stab den Verkehr. Ihre Bewegungen sind dabei genau festgelegt.

19. Jahrhunderts in ganz Mitteleuropa Zertifikate einführt, die die Verkehrstauglichkeit von Kraftwagenfahrern nachweisen. Nicht viel später werden nationale Führerscheine ausgegeben.

In dieser Zeit werden die ersten Straßenverkehrszeichen eingeführt. Der erste Erlaß zur Straßenverkehrsordnung datiert in das Jahr 1897. Seitdem erfährt das System der Verkehrszeichen keine grundlegenden Veränderungen mehr, wird aber mit dem technischen Fortschritt und der zunehmenden Verkehrsdichte im Lauf der Jahre immer komplexer.

Die Wiederholung gleicher Formen und Farben ermöglicht das schnelle Erfassen der Bedeutung jedes Signals.

Die Signalgebung im Straßenverkehr hat die Aufgabe, auf besondere Verkehrssituationen hinzuweisen und die Regeln der Straßenverkehrsordnung deutlich zu machen. Auf einer anderen Ebene kombiniert sie beliebige konventionelle Bedeutungseinheiten mit Zeichen, die in

Die Abbildung oben zeigt ein Schild des italienischen Touring Clubs aus dem Jahr 1908. Fußgängerüberwege an Kreuzungen waren früher durch Nägel markiert; heute sind es, je nach Land, weiße oder gelbe sogenannte Zebrastreifen auf der Fahrbahn.

teilweiser oder vollständiger Übereinstimmung mit dem Bezeichneten stehen.

Die Interpretation der grundlegenden Codes der Verkehrszeichen beruhen auf Vereinbarungen: Dreieck = Gefahr, Kreis = Vorschrift, Rechteck = Hinweis, rot = Gefahr, blau = Gebot oder Hinweis, Kreuz = Kreuzung (mit Variationen). Neben diesen elementaren Bedeutungseinheiten gibt es eine Reihe von Sonderzeichen, die für spezielle Umstände oder Streckenabschnitte gelten.
Die Kombination dieser kleinen Gruppe konventioneller, elementarer Bedeutungseinheiten mit einer Reihe spezieller, eher realistischer Zeichen ist die Basis der Gestaltung

von Verkehrsschildern, die auch von Fahrern schneller Fahrzeuge sofort zu erkennen sind. Auch richtungweisende Verkehrszeichen sind für Autofahrer sehr nützlich. Letztlich ist es aber die Aufgabe des Verkehrsteilnehmers, die Situation einzuschätzen und das Fahrverhalten darauf abzustimmen.

Wie bei der Eisenbahn setzt man für die Signalgebung im Straßenverkehr Lichtzeichen ein, die den Verkehrsteilnehmern freie Fahrt gestatten oder Halt

Heute sind Form und Farbe der Verkehrsschilder international einheitlich geregelt. Dies war nicht immer so. Man unterscheidet drei Hauptgruppen von Verkehrsschildern: abstrakte Zeichen mit sofortiger Wirkung (Abbiegeverbot nach rechts oder links), rein konventionelle Elemente (Farben) und Zeichen, die in direkter Beziehung zum Bezeichneten stehen (Schulkinder, Tiere etc.).

signalisieren. Allerdings weist das Straßenverkehrssystem einen entscheidenden Unterschied zum Eisenbahnsystem auf: Es gibt kein Kontrollsystem, das die Bewegungen jedes einzelnen Fahrzeugs registriert und aufzeichnet. Deshalb hat die Straßenverkehrsordnung auch die Aufgabe, den Fahrern bei bestimmten Verkehrssituationen Hilfestellung zu geben, indem sie für verschiedene Verkehrskonstellationen allgemein verbindliche Verhaltensmaßregeln, die Verkehrsregeln, vorgibt.

Die Signalgebung für den Straßenverkehr verfügt, um diese spezielle doppelte Funktion erfüllen zu können, über eine Anzahl von Signalen, die den Fahrern etwa die Beschaffenheit des folgenden Streckenabschnitts ankündigen. Zu dieser Gruppe von Signalen gehören

z. B. Schilder, die eine gefährliche Kurve, eine Straßenverengung, eine Kreuzung mit Neben- und Hauptstraßen ankündigen. Eine zweite Gruppe von Verkehrsschildern regelt das von den Straßenverkehrsvorschriften vorgesehene Fahrverhalten. Es sind Schilder, die ein Verbot oder eine Einschränkung signalisieren, so etwa Geschwindigkeitsbegrenzungen, Parkverbote, Überholverbote oder vorgeschriebene Fahrtrichtungen. Zudem gibt es für jeden Verkehrsteilnehmer fest vereinbarte Konventionen, z. B. daß in einer gefährlichen Kurve nicht überholt werden darf oder daß mit dem Ortseingangsschild eine Geschwindigkeitsbegrenzung verbunden ist.

Trotz aller Bemühungen, die Verkehrsschilder international zu vereinheitlichen, gibt es nationale Varianten. Es kommt z. B. auch vor, daß ein Schild durch einen zusätzlichen Hinweis präzisiert wird, etwa: „Gefahr, Uferstraße in 50 m“.

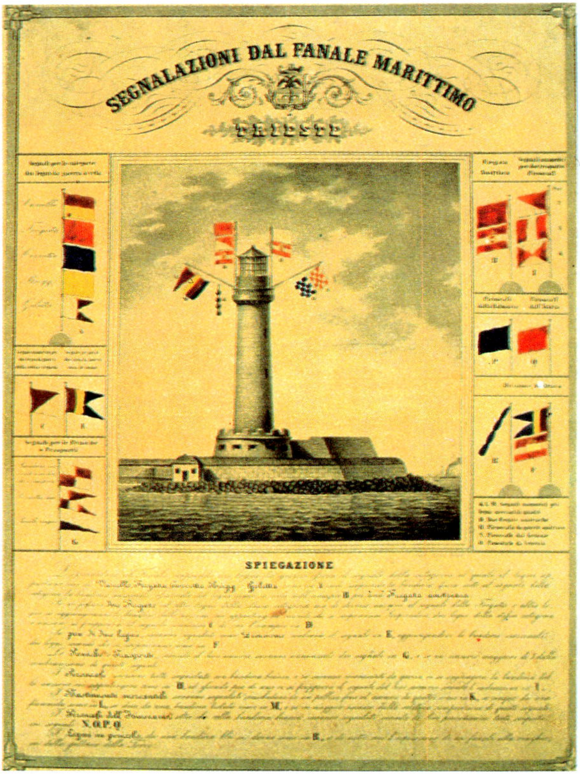

Wie dieses Bild mit verschiedenen Wimpelarten zeigt, gibt es zahlreiche in Form und Farbe unterschiedliche Fahnen. Zahlreiche auf einem Schiff gehißte Wimpel bedeuten festliche Beflaggung, Gruß oder Willkommen.

Die Signalgebung für die Schiffahrt ist die älteste der Welt: Seit jeher setzt man Leuchttürme und Flaggen ein.

Der Leuchtturm von Alexandria war eines der Sieben Weltwunder der Antike und wurde im 3. Jahrhundert v. Chr. auf der Insel Pharos errichtet. Der Leuchtturm ist das älteste und bedeutendste Schiffahrtssignal. Als fest an Land installiertes Signal weist er auf einen Hafen, die Nähe eines Hafens, auf eine Insel, eine Durchfahrt oder eine besondere Gefahr hin. Es gibt mehrere Arten von Leuchttürmen: Landungsfeuer signalisieren die Nähe eines Küstenstrichs und strahlen in der Regel am stärksten; andere, weniger

Fig. II. Djursten 1765.

Fig. III. Neufahrwasser 1758.

Fig. V. Isle of May 1635.

Fig. VI. Spurn-Point 1776.

Fig. VII. Cordouan.

helle Leuchtfeuer erleichtern die Navigation längs der Küste; die schwächsten Leuchttürme oder -feuer markieren eine Hafeneinfahrt, einen Ankerplatz oder eine gekennzeichnete Fahrrinne etc.

Ebenfalls seit Jahrtausenden setzt man Flaggen ein, um Schiffe zu identifizieren und um ihnen Zeichen zu geben. So fand man etwa in ägyptischen Gräbern antike Banner, die aus der Zeit Ramses' II. (13. Jahrhundert v. Chr.) stammen. Insignien des gleichen Typs wurden auf ägyptischen Schiffen gehißt. Die ersten Hinweise auf ihre Verwendung in der Seefahrt gehen ins 9. Jahrhundert v. Chr. zurück. Seit dem Ende des 16. Jahrhunderts, der Elisabethanischen Zeit, und noch heute kennzeichnen Flaggen in verschiedener Farbe (rot, blau und weiß) die verschiedenen britischen Flottenverbände.

Die Signalgebung in der Schiffahrt ist vermutlich die älteste der Welt. Leuchttürme und Laternen weisen seit der Antike auf Schiffahrtsrouten, Zufluchtsorte und Gefahren für Schiffe hin. Flaggen und Wimpel oder, bei Dunkelheit, Leuchtfeuer identifizieren nicht nur die Schiffe, sondern die Seeleute können sich damit auch untereinander verständigen.

Verschiedene Bojentypen sind feste Seefahrtszeichen.

Eine Boje ist ein Signal, das dem Seemann hilft, seine Route einzuhalten und Gefahren zu erkennen. Die Entwicklung der

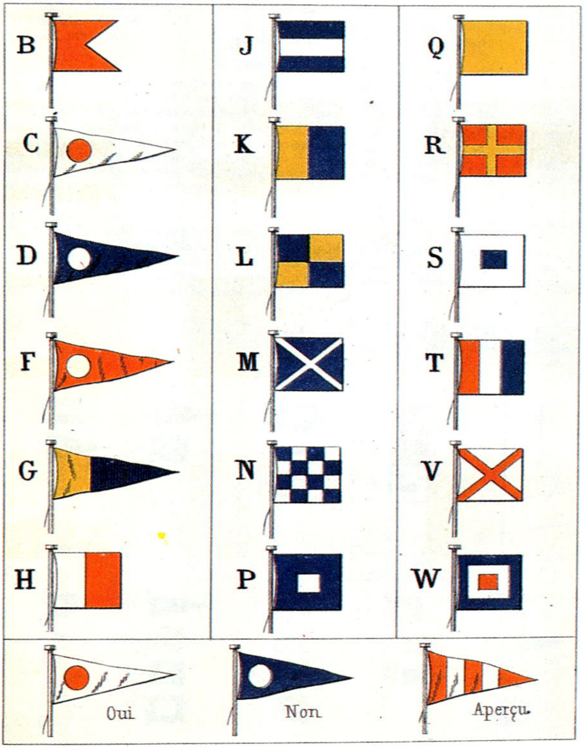

Signalgebung durch Bojen hat gewisse Parallelen mit der Signalgebung der Eisenbahn: Bis ins Jahr 1976 existierten weltweit über 30 verschiedene Bojensysteme. Daraus ergaben sich, besonders bei Nebel oder in der Nacht, zahlreiche Verwechslungsgefahren: So sahen sich Seeleute plötzlich einer Boje gegenüber, deren Bedeutung für sie nicht unmittelbar deutlich war. Verwechslungen dieser Art konnten besonders dann gefährlich werden, wenn die

Die Kommunikation in der Schiffahrt kann sowohl über Armstellungen und -bewegungen als auch über die Form und Farbe der Flaggen erfolgen. In manchen Codes entspricht eine Flagge jeweils einem Buchstaben. Es handelt sich dabei um eine Art Morsesystem.

Die Abbildungen der Matrosen zeigen die ebenfalls zur Kommunikation verwendete Kombination von Flaggen und unterschiedlichen Armbewegungen, die an das Semaphor-System nach Chappe erinnert (hier die Buchstaben Y, E und X). Dieses Verständigungssystem wurde durch die modernen Formen der Nachrichtenübermittlung wie Rundfunk, Radar, Funk oder die Kommunikation über Satelliten abgelöst – nicht zuletzt deshalb, weil dieses System nur bei klarer Sicht und relativer Nähe zueinander funktioniert.

betreffende Boje eine neu aufgetretene Gefahr wie etwa ein auf der Seekarte noch nicht verzeichnetes Wrack signalisierte. Es bestand zudem keine internationale Übereinkunft über die Positionierung von Bojen und Leuchtfeuern. Manche Staaten entschieden sich für die seitliche Anbringung von Bojen, so daß das Schiff zwischen den Leuchtfeuern oder Bojen hindurchmanövriert werden mußte, die seine Route markieren. Andere Staaten benutzten ein System mit Hauptmarkierungspunkten. Diese Orientierungspunkte bestanden aus einer oder mehreren Bojen, die auf Gefahren hinwiesen und es ermöglichten, den Standort des Schiffes – bezogen auf den Haupt-

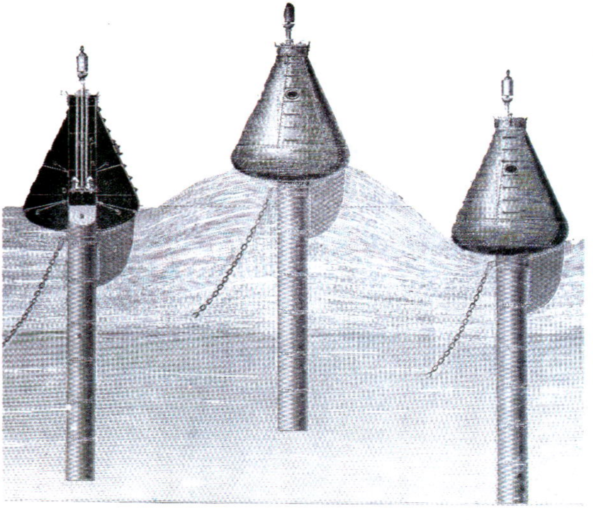

Die nebenstehende Abbildung zeigt Klangbojen nach Courtenay. Die Bewegungen der Brandung setzen ein akustisches System im Innern der Boje in Gang.

markierungspunkt – zu bestimmen. Erst 1980 wird ein international einheitliches Bojenmarkierungssystem geschaffen: Man unterteilt die Weltmeere in den Bereich des „Systems A“ (Europa, Afrika, Asien u. a.), die z. B. die Farbe Rot verwenden, um die Backbordseite der Fahrrinne zu bezeichnen, und in den Bereich des „Systems B“ (Nord- und Südamerika, Japan, Korea u. a.) die die gleiche Farbe für die Bezeichnung der Steuerbordseite der Fahrrinne verwenden. Diese Entwicklung zeigt, in welchem Maß Zeichen und ihre Bedeutung von Konventionen, also von einem frei gewählten Code abhängen.

Die Eigenart des Signalsystems in der Schifffahrt liegt darin, daß Schiffe selbst Zeichenträger sind.

Oben links und rechts Seitenbojen des Systems A. An Backbord befindet sich eine zylindrische rote Boje.

Nachts oder bei schlechter Sicht kann man anhand von Stärke und Position der Beleuchtung eines Schiffes Bootstyp und Fahrtrichtung erkennen. Die festgelegte Beleuchtung gewährleistet z. B. die Unterscheidung eines Segelschiffs von einem Motorschiff. Segelschiffe haben an der Mastspitze ein weißes Licht, je nach Länge ein oder zwei Lichter an Backbord, grüne Lichter an Steuerbord und deutlich sichtbare Lichter am Bug. Motorschiffe tragen rote und grüne Lichter, die vom Hauptmast abwärts angebracht sind, und unabhängig von der Länge des Schiffs ein oder mehrere Lichter; grün an Steuerbord, rot an Backbord.

Das auf den vorangegangenen Seiten kurz angedeutete Zeichensystem weist einige Besonderheiten auf: Die Zahl seiner Zeichen ist relativ begrenzt. Doch ist das System – außer bei der Umkehrung der Farbsignale in den Zonen A und B – komplexer als das Zeichensystem des Straßen- und weniger verfänglich als das des Bahnverkehrs. Abgesehen von den Flaggen sind es nur wenige Elemente, die die Zeichen konstituieren: Farbe und Form bei Tag; Farbe und Rhythmus des Lichts bei Nacht. Die Zweckmäßigkeit und Effizienz eines Zeichensystems läßt sich folglich auch an der begrenzten Zahl der Elemente, aus denen es besteht, bestimmen.

Heute werden optische, akustische und funktechnische Geräte zur Navigation eingesetzt, die früher Ermessenssache war.

Zunehmende Verkehrsdichte und Geschwindigkeit erfordern seit der Jahrhundertwende ein Navigationssystem, dessen wichtigste Parameter Sicherheit, Schnelligkeit und Präzision sind. Die fernmeldetechnischen Systeme entsprechen diesen Erfordernissen. Einige ihrer Komponenten, darunter beispielsweise Funkfeuer oder Funkpeilung, sind nur in Verbindung mit Empfangsgeräten zu verwenden. Dazu zählt auch das Radarsystem, das seit dem Zweiten Weltkrieg eine ungeheure Entwicklung genommen hat.

Es erlaubt die Orientierung noch bei schwierigsten Sichtverhältnissen und mindert auf diese Weise Gefahrensituationen. Einige Funkfeuer sind, in Verbindung mit einem akustischen Über- oder Unterwassersignal, in der Lage, über kurze Reichweiten Informationen zu senden oder Entfernungen zu messen.

Glocken, Pfeifen, Druckluftsirenen und Nebelhörner sowie elektromagnetische Summer sind akustische Signale bei Nebel. In der Schifffahrt verwendet man bei Tag Flaggen, Wimpel und Warndreiecke und bei Nacht Warnlichter, farbige Lichtzeichen und Leuchtraketen.

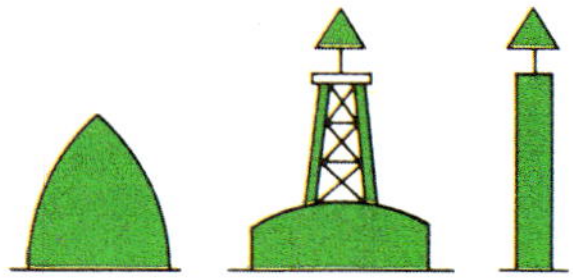

Oben die Steuerbordboje, eine konische und eine einfache grüne Boje.

Die dynamische Entwicklung des Luftverkehrs macht ein effizientes Signalsystem erforderlich, in dem Elektronik und Informatik eine zentrale Rolle spielen.

Das Signalsystem des Luftverkehrs besteht, wie auch das der Schiffahrt, aus Zeichen (Landeverbot, Warnhinweise, „Rollen außerhalb der Startbahn möglich") und Ortungsinstrumenten für den Piloten. Er orientiert sich anhand einer Karte und bestimmt damit seine Route. Start- und Landebahnen sind Tag und Nacht mit weißen Banden gekennzeichnet, die die Mitte, den Rand und das Ende der Piste markieren. Weitere Markierungspunkte geben in Zehntelgraden die Richtung zum magnetischen Norden an.

Die Luftfahrt zählt zu jenen Bereichen, in denen die optischen und akustischen Signalsysteme als Resultat der raschen Entwicklung im Telekommunikationsbereich den schnellsten Veränderungen unterworfen sind. Dennoch werden auch in absehbarer Zeit Zeichen, die über die Augen und mit den Ohren wahrgenommen werden, ihre Bedeutung behalten. Bis heute können bestimmte Flugzeugtypen, die nur auf Sichtflug ausgelegt sind, nicht ohne weiteres

Flughäfen sind mit Bodenmarkierungen aus roten und weißen Lichtern entlang der Pisten gekennzeichnet, die die früher verwendeten blendenden Scheinwerfer abgelöst haben. Lotsen leiten die Piloten am Ende der Piste durch Winkbewegungen mit einer Kelle.

bei Nebel auf einem Flugplatz landen. Selbst die Perfektionierung der Elektronik und Informatik können nicht verhindern, daß es im Fall eines technischen Defekts, eines Ausfalls der hochentwickelten Instrumente oder eines Irrtums des Piloten zu kritischen Situationen kommt.

Die Entwicklung der Telekommunikation nimmt inzwischen unmittelbaren Einfluß auf dieses Signalsystem und trägt entscheidend zu seiner Vereinheitlichung bei. Doch auch die „handwerklichen" Techniken, etwa das Navigieren oder das Abschätzen von Entfernungen, haben in der Luft- und Seeschiffahrt noch heute ihre Bedeutung.

Es ist zu hoffen, daß Sonne, Mond und Sterne, die Zeichen, die bereits den ersten Menschen zur Verfügung standen, für all unsere zukünftigen realen oder imaginären Reisen weiter bestehen werden.

Beim Landeanflug wird der Pilot von Sektorenlichtern geleitet, um im richtigen Winkel zur Piste anzufliegen. Die Lichter sind in einer genau festgelegten Ordnung angebracht: Weiß auf Weiß – das Flugzeug fliegt zu hoch an; Rot auf Rot – das Flugzeug fliegt zu tief an; Weiß auf Rot – das Flugzeug hat die richtige Anflughöhe.

SECHSTES KAPITEL

VOM ZEICHEN ZUM SYMBOL

Eine Reihe von Zeichen hat im Lauf der Geschichte ihre Bedeutung nicht nur bewahrt. Mit der Zeit erhielten sie einen bestimmten Sinn und wurden zu Symbolen. Einige gerieten in Vergessenheit und tauchten als konventionelle Zeichen wieder auf. Im Lauf der historischen Entwicklung erweist sich, ob ein Zeichen sich in der Geschichte eines Volks verankern kann oder sich als Symbol in unser kollektives Gedächtnis einschreibt.

Zeichen werden bisweilen zu Allegorien. Links das Zeichen der Heiligen Dreifaltigkeit: das Auge Gottes, das Lamm Christi und die Taube des Heiligen Geistes. Sie schützen gewissermaßen den Globus, die Schöpfung, in der Bildmitte. Die Waage rechts, Symbol der Gerechtigkeit, wird hier durch das Sternbild der Waage dargestellt.

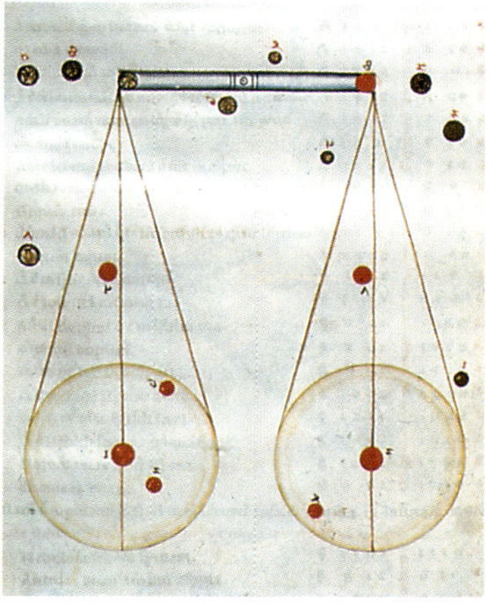

Zeichensysteme bestehen aus empirischen Codes und haben eine bestimmte Funktion: So erhalten die kartographischen Zeichen nur im Kontext der Landkarte einen Sinn, und der Code des Signalsystems im Straßenverkehr regelt nur den Straßenverkehr. Die verschiedenen Zeichencodes sind nicht austauschbar; würden die in den Landkarten verwendeten Zeichen, die in diesem ihnen eigenen Kontext Bedeutung haben, auf einer Seekarte angewandt, so verlören sie Gültigkeit und Sinn.

Zeichensysteme können in verschiedene Familien eingeteilt werden.

Es gibt verschiedene Zeichenfamilien: Familien von Piktogrammen, Markenzeichen, Signets. Die Familie der Richtungszeichen beispielsweise ist universell anwendbar und besitzt seit alters Gültigkeit. Sie reicht von den kleinen schwarzen Füßen auf den alten Handschriften der Azteken bis zu den modernen Piktogrammen, die mit einer Hand oder einem Richtungspfeil anzeigen, daß es „in diese Richtung" geht. Sie gehören wohl zu einer der ältesten Zeichenfamilien der Welt. Auch ihre Gefühle drücken die Menschen seit jeher bevorzugt mit einem Piktogramm aus. Das weinende Auge an den Felswänden in den Höhlen Nordamerikas symbolisiert Trauer. Die gleiche Bedeutung hat es auch in den ägyptischen Hieroglyphen.

Ebenfalls universell ist die uralte Familie der furchteinflößenden oder warnenden Zeichen. Ein Beispiel dafür ist der piktogrammartige Totenkopf auf den Flaggen von Piratenschiffen. Er wird noch heute auf Behältern mit giftigen Substanzen verwendet.

Drei Darstellungen von Richtungszeichen: Die Abbildung oben zeigt einen der Heiligen Drei Könige, dessen erhobene Hand auf den Stern von Bethlehem weist. In der Mitte sieht man ein Zeichen, das in der Buchkunst verwendet wurde; es ist eine Hand, deren ausgestreckter Zeigefinger bedeutet „bitte weiterblättern". Sie wurde zu einem Piktogramm der Richtung. Es ist dies der Übergang von der figürlichen Darstellung zum reinen Zeichen.

Wörter können Zeichen beschreiben und sie interpretieren – aber sie können sie nicht ersetzen.

Das Bildzeichen dient wie das Schriftzeichen vor allem der Bewahrung und Übertragung von Informationen. Ob es sich aber um körperliche Zeichen (Gesten) handelt oder um Zeichen, die sich auf real existierende Dinge beziehen wie die in der Kartographie verwendeten Zeichen – sie sind auf ein Minimum reduziert und damit knapper und verständlicher als jedes andere Mittel der Kommunikation.

Die Gestalt des Zeichens simuliert die Präsenz des dargestellten Objekts (Piktogramme in öffentlichen Einrichtungen) oder verleiht ihm, wenn es sich um die Verbildlichung einer Idee handelt, Gestalt: In diesem Fall erhält es Symbolcharakter.

Der Totenkopf ist ein Zeichen, dessen Bedeutung je nach Kontext variiert. Die Totenköpfe über den gekreuzten Knochen auf dieser Flagge machen deutlich, daß man hier von einem Piratenschiff bedroht wird. Auf einer gestickten Vanitas-Darstellung aus dem 17. Jahrhundert (Mitte) erscheint der Totenkopf im Zentrum des Bildes. Hier wird das Zeichen zum metaphysischen Symbol und gemahnt daran, daß das Leben und all seine Pracht sich angesichts des Todes verlieren und, wie die Kirche lehrt, „alles eitel ist". Das moderne Piktogramm, das von einem Dreieck umfaßt wird, bedeutet „Achtung" oder „Eintritt verboten" und verwendet ebenfalls den Totenkopf und die gekreuzten Knochen, die aussagen, daß das Ignorieren des Verbots Lebensgefahr bedeutet. In allen drei Fällen bewahrt das Zeichen seinen Symbolcharakter.

Die Gerechtigkeit wird beispielsweise als eine Frau mit einer Waage in den Händen dargestellt, deren Waagebalken sich weder zur einen noch zur anderen Seite neigt. Die königliche Herrschaft symbolisiert ein Zepter, das die magische Autorität des Königs verdeutlicht, und seit alters ist das Herz das Symbol für die Liebe. Eine nackte, aus einem Brunnen steigende Frau symbolisiert die Wahrheit, und die Sense steht für die unaufhaltsam verstreichende Zeit. Besonders das letztere Symbol regt mehr als alle anderen das Gemüt und die Phantasie an.

Das Bildzeichen ist wegen seiner Klarheit, seiner allgemeinen, unmittelbaren Lesbarkeit, seinem knappen Bedeutungsgehalt und seiner Unmißverständlichkeit seit jeher von Bedeutung und findet auch in unserer heutigen Kommunikationsgesellschaft zunehmend Verwendung.

Die Figur der Brüderlichkeit aus der Zeit der Französischen Revolution hält in einer Hand ein Herz und beschützt ein schwarzes und ein weißes Kind. Die Prozession rechts ist wegen der Verwendung der Symbolfarbe Schwarz, in der christlichen Kultur die Farbe der Trauer, bemerkenswert. In China allerdings ist Weiß Symbolfarbe der Trauer.

Riten und Gebräuche können als symbolartige Systeme interpretiert werden.

Die Familie der Zeichen schließt noch einen weiteren Komplex ein: Riten und Gebräuche, die ihrem Wesen nach archaische Zeichen sind. Zu Beginn der Zivilisation gab es für profane und sakrale Riten die gleichen Gesten, da noch keine Unterscheidung einer profanen und einer sakralen Welt vorgenommen wurde. Der Ursprung dieser Riten ist heute uns, wie auch denjenigen, die sie seit jeher praktizieren, unbekannt. Sie werden als Zeichenkomplexe überliefert und von Generation zu Generation ohne weitere Erklärung ihrer Bedeutung oder ihres Ursprungs weitergegeben. Riten werden durch die Nachahmung bestimmter Handlungen der vorausgegangenen Generationen überliefert.

Die Symbolik der Hände

Auf beiden Bildern mit Symbolen der Ehe, ob es sich um die kirchliche Eheschließung handelt (rechts) oder um das Portrait des Ehepaars Arnolfini, gemalt von Jan van Eyck (links), konzentriert sich die Symbolik für die Verbindung des Paars auf ihre Hände, besonders auf die rechte Hand. In beiden Fällen ruht die rechte Hand der Frau in der des Mannes. In christlichen Ländern bittet der Bräutigam „um die Hand" seiner Erwählten. Beide tragen – ein weiteres Symbol – im Fall der Heirat den Ehering. In beiden Bildern hält die Frau den Blick gesenkt, während der des Mannes erhoben ist – Symbol der traditionellen Unterwerfung der Frau?

Die Geste des Ehebunds

Das Wort „Verlobter" ist entfernt mit dem Wort „Glauben" verwandt. „Sich verloben" heißt, seinen Glauben an die Ehe, das Symbol der liebenden Vereinigung von Mann und Frau, zu bekunden. Links sind die Hände, aber auch die Blicke wichtige Symbole. Der Mann steckt der jungen Frau den Verlobungsring, das Symbol des Eheversprechens, auf den Zeigefinger, während er ihren Arm hält. Der Ringfinger ist, wie sein Name andeutet, für den Trauring bestimmt. Dieser ist das Zeichen eines freiwilligen Bündnisses, und dies verleiht ihm seine Bedeutung als christliches Sakrament. Die Tradition verlangt, daß Verlobte die Ringe tauschen und stellt so eine umgekehrte Dialektik her: Jeder der beiden Partner wird durch den symbolischen Akt im übertragenen Sinn Meister und Sklave des anderen.

Gesten und Zeremonien

Die muslimische Eheschließung (links) auf Sumatra ähnelt in vielen Punkten, besonders in der Gestik der Hände, der christlichen Symbolik. Im Gegensatz dazu verneigt sich der künftige Ehemann bei den Mandingu in Westafrika (rechts oben) unter den Augen der Frau vor dem Priester. Eine weitere symbolische Zeremonie, die verbreiteter ist, als man annehmen mag, ist die Namengebung des Kindes, hier bei den Mandingu, wie auf der Abbildung unten aus dem 19. Jahrhundert. Die Zeremonie erinnert an die christliche Taufe und ist vielleicht davon inspiriert.

Riten sind tausendfach gezeigte und wiederholte Gesten. Diejenigen, die wesentlichen Bedürfnissen oder wichtigen Ereignissen entsprechen, prägen die menschliche Existenz (Taufe, Heirat, Trauer) und begleiten das tägliche Leben (Rituale des Essens, des Waschens, der Liebe etc.). Riten sind Botschaften, die fest im kollektiven Unterbewußten verankert sind. Riten erlauben es einer Gemeinschaft, sich einer anderen gegenüber abzugrenzen, eine Selbstidentifikation zu erreichen und das kollektive Gedächtnis zu bereichern.

Die Riten der traditionellen Stammesgemeinschaften sind von größerem Gewicht, spektakulärer und demonstrativer als unsere modernen. Claude Lévi-Strauss schreibt: „Sowohl bei den Maori als auch bei den Einheimischen an der Grenze Paraguays findet die Gesichts- und Körpertätowierung in einer halbreligiösen Atmosphäre statt. Die Motive sind nicht nur Schmuck, Embleme, Zeichen des Adels oder des Rangs innerhalb der sozialen Hierarchie. Sie sind auch spirituelle Zwecke erfüllende Botschaften und Lektionen. Das Tätowieren dient den Maori dazu, alle Traditionen und die Philosophie ihrer Rasse nicht nur in das Fleisch, sondern auch in den Geist einzuschreiben." (Strukturelle Anthropologie, Band I).

Riten prägen sich tief in die Geschichte jedes Volks und jeder Kultur ein. Sie sind mehr als bloße Tradition,

Die Tätowierung hat eine soziale und eine religiöse Bedeutung. Bei den Maori auf Neuseeland ist die Moko-Tätowierung den Kriegern vorbehalten. Jeder von ihnen trägt ein bestimmtes Moko im Gesicht, das in gewisser Weise sein Wappen darstellt.

sondern man kann sie als ihr Gedächtnis und den Garanten ihrer Existenz ansehen. Verlieren sie ihre praktische Bedeutung, so werden sie zum Symbol.

Die Wurzeln der Freimaurerei reichen bis ins 11. Jahrhundert zurück. Zu jener Zeit bilden sich die ersten Zünfte oder Gilden, in denen die Handwerkskunst und -bräuche

Unten zwei Mohawk-Indianer, die völlig mit Tätowierungen „bekleidet“ sind.

durch Zuwahl oder Überlieferung weitergegeben werden. Seit dem 13. Jahrhundert werden die Steinmetze zu „freien Handwerkern“, die nicht mehr der herrschaftlichen Dienstbarkeit unterstehen. Ausgehend von den Zeichen und Riten des eigenen Berufsstands entsteht allmählich ein den humanistischen Idealen entstammendes spirituelles System, in dem die Werkzeuge (Winkel, Zirkel, Wasserwaage und Lineal) zu Bedeutungsträgern eines grundlegenden Symbolismus werden.

In wenigen Bereichen, etwa in der Heraldik, existiert eine Doppelfunktion von Zeichen und Symbol.

Ursprünglich ist das Wappenschild ein Identifikations- und Erkennungszeichen. Es hat eine ganz besondere

Es gibt Embleme, die für eine Gruppe, eine Zunft oder eine Partei stehen. Die Abbildung oben zeigt das Dachsbeil eines Zimmermanns, umgeben von Maurerwerkzeugen, z. B. Kelle und Zirkel. Links werden die emblematischen Werkzeuge der Maurer zu Symbolen auf dem Umhang des Freimaurers. Die den Tempel Salomos umgebenden Gegenstände versinnbildlichen, weit über ihre materielle Bedeutung hinaus, moralische Werte. Es gibt zahlreiche Freimaurersymbole, die je nach Funktion der Loge variieren. Die Triade ist ein häufiges Symbol der Freimaurerei: drei Bäume, drei Tempelöffnungen, drei Gruppen von drei Sternen.

Bedeutung, denn es demonstriert als Zeichen in symbolischer Weise alle ihre Eigenschaften und ihren Wert.

Im 12. Jahrhundert, als die ersten Wappenschilder verwendet werden, dienen sie der Identifizierung des Gegners, dessen Gesicht durch einen Helm verdeckt ist. Im Hochmittelalter weist das Wappen die Adelsfamilien aus. Das Wappenbuch des Goldenen Vlieses, das 1429 von Philipp dem Guten von Frankreich geschaffen wird, enthält eine Vielzahl von Illustrationen zu Ehren der Heiligen Jungfrau und des hl. Andreas. Die Harmonie der Farben und die auffallend präzise Arbeit machen es zu einem außergewöhnlichen Kunstwerk. Die Wappenkunst kommt in ihrer Blütezeit einem allseits bestehenden Bedürfnis nach:

In diesem Keramikmedaillon stellt der Künstler den Wolllieferanten (das Schaf) dar. Es ist die Standarte der Zunft der Wollwarenhändler und Tuchmacher. Der italienische Bildhauer greift aber auch eines der am häufigsten gebrauchten Zeichen der christlichen Ikonographie auf: das Lamm Christi.

Links ein Fresko von Piero della Francesca („Der Sieg des Heraklios über Chosroes“). Wichtig sind hier die Fahnen mit den Emblemen der in die Schlacht verwikkelten Nationen: der Löwe Venedigs und der Adler des Heiligen Römischen Reiches deutscher Nation.

Wappenschilder fungieren als Kennzeichen, anhand derer sich Gemeinschaften (oben das Stadtwappen von Nancy) oder Adelsfamilien (unten das Wappen der Familie Albret) erkennen. Die Wappen bestehen aus Kombinationen von Formen, Farben und symbolischen Figuren.

Gefühle und Gedanken nach außen zu tragen und in allen Formen zu symbolisieren. Die Wappenkunst, die weltliche Dinge durch Zeichen darstellt, verwendet eine symbolische und piktographische Sprache. Wasser z. B. wird durch Wellenlinien dargestellt, und ein mit einer Tür versehener Turm deutet auf eine Stadt hin. Die Unsterblichkeit wird durch einen Vogel auf einem Rechteck symbolisiert. Die mittelalterlichen Tierbücher wimmeln von Symbolen, die auf Wappen verwendet werden: der Adler, König der Vögel; der alle 500 Jahre aus seiner Asche wiedererstehende Phönix; der Salamander, der angeblich im Feuer lebt; die heilsame Alraune, eine Wurzel, die zwei menschlichen Figuren ähnelt; der Löwe als König der Tiere. Die von ihrem Instinkt geleiteten Tiere sind im mittelalterlichen Denken die aussagekräftigsten Symbole für menschliche Eigenschaften. In der Wappenkunst wird uns ein ganzes Universum von Symbolen vor Augen geführt, das die Geschichte und Verwandtschaftsverhältnisse von Familien, Geschlechtern, Städten und ganzen Regionen darstellt.

Zahlreiche Symbole stammen aus der Tierwelt: das Lamm Christi, das Stachelschwein Ludwigs XII. von Frankreich, der Feuersalamander Franz' I. von Frankreich.

Bildzeichen dienen zur Symbolisierung konkreter Aussagen.

Bildzeichen haben einen direkten Einfluß auf körperliche oder physiologische Prozesse. Man könnte sie also als Gedanken des handelnden Körpers bezeichnen. Sie korrespondieren mit unseren Erfahrungen und Erinnerungen, so daß jedes Zeichen Signalcharakter erhält und eine entsprechende Reaktion hervorruft: Warten, Kampf, Flucht und Unterwerfung oder – im Gegenteil – Sympathie, zärtliches Mitteilen und Vereinigung.

Aus diesem Grund verwenden viele Religionen zahlreiche Symbole. Diese Art von Zeichen führt Gewohnheiten und Traditionen fort, mit denen die Menschen seit jeher leben. Die religiösen Symbole lösen in uns Gefühle und Gedanken aus, ohne daß wir uns unmittelbar mit der ihnen innewohnenden Logik auseinandersetzen müßten. Das zeigt sich etwa, wenn wir uns an unsere Gedanken und Gefühle erinnern, als wir als kleine Kinder zu beten lernten.

Indem wir beten, also eine symbolische Handlung ausführen, nehmen wir an den unsere Gesellschaft verbindenden Ritualen teil und kommunizieren in einem komplexen spirituellen Sinn mit ihr.

Die christliche Religion fußt auf der Heiligen Dreifaltigkeit. Sie besteht aus dem häufig durch ein Auge symbolisierten Vater, seinem Sohn Jesus Christus und dem als Taube dargestellten Heiligen Geist.

Auf der Grundlage dieser Beteiligung an den gemeinsamen Ritualen und den Gefühlen, die sie in uns auslösen, verfolgen wir unsere Untersuchung der Symbole und der religiösen Mysterien weiter.

Religiöse Symbole kennzeichnen Erfahrungsbereiche, die der menschlichen Gefühlswelt unmittelbar zugänglich sind.

Der Ursprung des Symbols der Taube als Verkörperung des Heiligen Geistes liegt indirekt in der Angst des Menschen, ein göttliches Gesetz zu übertreten. Die Christen haben das Bild Gottes, dessen Darstellung verboten war, durch das Symbol der Taube des Heiligen Geistes ersetzt. Sie ist ein Bild des göttlichen Atems, der Gegenwart Gottes. Das Lamm Gottes, ein weiteres Symbol der Reinheit und Unschuld, ist in der gesamten christlichen Ikonographie zu finden.

Die Lilie schließlich ist ein uraltes Symbol der Jungfräulichkeit, des Glanzes und der Herrlichkeit, auf halbem

Alle Religionen verfügen über eine gewisse Zahl von Zeichen mit symbolischem Wert. Dazu gehören Gewänder, etwa das Gewand des Druiden oder das der katholischen und orthodoxen Priester, dessen Farbe je nach Zeit des Kirchenjahrs wechselt. Dazu gehören auch die symbolträchtigen Gesten (der Segensgestus des Papstes, der das rituelle Zeichen des Kreuzes nachzieht; die Muslime berühren während der drei rituellen Kniefälle mit ihrer Stirn die Erde, indem sie sich bei Sonnenauf- und -untergang gen Mekka richten). Auch Priester und Könige verfügen über symbolische Gegenstände: Dazu zählen Tiara und Krummstab des Papstes sowie Mitra und Krummstab des Bischofs. Der Kaiser hält einen Globus in der Hand; der französische König (ganz rechts Ludwig XI.) trägt in der einen Hand eine Lilie als Symbol der Monarchie, in der anderen die symbolische Hand der Gerechtigkeit, die besagt, daß er seinem Volk Gerechtigkeit widerfahren lassen muß.

Weg zwischen spiritueller und vergänglicher Welt. Die prächtige Lilie bedeutet dem Christen den Glanz Gottes im Gegensatz zum weltlichen Glanz, der durch den Reichtum König Salomos symbolisiert wird. Das Emblem der Lilie wird auch als Zeichen für die französische Königswürde aufgenommen, und die ersten christlichen Könige verbinden es mit ihrer Krönungszeremonie.

In der religiösen Handlung ist alles Symbol: sowohl die priesterlichen Gewänder als auch die Gesten des Priesters während der Zeremonie. Alle Details der traditionellen Ikonographie, die sich, in Variationen, bei künstlerischen, religiösen Darstellungen wiederfinden, lassen sich hier einordnen.

Die Zeichen- und Symbolsprache unterscheidet sich von Religion zu Religion. So sind die Symbole des römisch-katholischen Glaubens andere als die äußerst

komplexen Symbole des christlich-orthodoxen Glaubens. Es gibt eine islamische, eine jüdische, eine buddhistische oder eine schintoistische Symbolik. Jede Symbolik beruht auf einem speziellen, äußerst präzisen und in sich geschlossenen Code.

Vom Mittelalter bis ins 17. Jahrhundert zögern Maler religiöser Bilder nicht, das Übernatürliche darzustellen, um ihren Vorstellungen Gestalt zu verleihen. So stellt Piero della Francesca die beiden Hauptfiguren im Vordergrund seines Gemäldes „Jungfrau und Kind" (nebenstehend) unter einem Straußenei dar. Dieses kosmische Ei, ein universelles Symbol der Geburt, ist in so unterschiedlichen Kulturen wie der der Alten Ägypter, der Griechen, der Tibeter, der Japaner oder der Dogon zu finden. Es ist aber auch der Destillierkolben der Alchimisten, in dem sich ihr großes Werk vollendet.

Der Bereich der sogenannten Geheimwissenschaften bietet eine reichhaltige Fundgrube für Symbole.

In den Geheimwissenschaften ist die Verwendung der Symbole außerordentlich subtil: Das Symbol ist nicht nur das Zeichen des Gegenstands oder der Idee, die es repräsentiert, es ersetzt sie sogar. Es wird zum Gegenstand selbst. So beruht die Alchimie, deren Ursprung sich im Beginn der Geschichte verliert, auf einer äußerst komplizierten Symbolik, und alle Stoffe und Vorgänge, die zur Vollendung des großen Werks und zur Suche nach dem Stein der Weisen beitragen, werden durch

graphische Zeichen repräsentiert, deren Bedeutung weit über ihren realen Wert hinausgeht.

Eine weitere reiche Fundgrube für Symbole bietet die Astrologie. Von ihren verschiedenen Sternzeichen bis hin zu den komplexen Darstellungen der Himmelssymbolik eröffnet die Symbolwelt der Astrologie über ein perfekt kodiertes System völlig andere Perspektiven, nämlich die der Interpretation und der Subjektivität.

Auch die volkstümliche weiße und schwarze Magie, ärmere Verwandte der Geheimwissenschaften, besitzen ein perfekt kodiertes System symbolischer Zeichen. Seit jeher verwenden Weise, Zauberer und Wahrsager todbringende und heilsame Zeichen. Sie kennen Zeichen, die Blitz oder Krankheit herbeirufen, aber auch Zeichen, die fruchtbar machen oder ein geliebtes Wesen zurückbringen.

Das Ei ist in allen Kosmogonien das Bild der Ganzheit und verfügt über die verschiedenartigsten Kräfte. Dies gilt auch für das Christentum, wie diese „Geburt Christi" von Piero della Francesca deutlich macht (links). Unten eine Hexe, die sich über einem Rinderherz in Trance versetzt.

Bewahrt ein Symbol im Lauf der Geschichte seine Gültigkeit, so wird es fest in einer Kultur verankert.

Eine Untersuchung der Gemeinsamkeiten und Unterschiede alter Symbole und unserer modernen Piktogramme wäre ein gesondertes Kapitel wert. Die Welt der Symbole hat eine reiche Geschichte. Sie verläuft parallel zur Geschichte der Zeichen und hat die gleichen Wurzeln an dem Punkt, als die

Die durch den christlichen Glauben erfolgte Enthüllung zerstörte nicht die vorchristliche Bedeutung der Symbole. Sie verlieh ihnen lediglich einen neuen Wert.

Mircea Eliade, „Das Heilige und das Profane"

Menschen zu denken beginnen. Die heutigen Piktogramme hingegen sind pragmatischer Natur. Sie sind auf eine klare und auf das Notwendigste reduzierte Mitteilung eines Bedeutungsinhalts ausgelegt.

An einem bekannten Zeichen, das zum Symbol des Arztes und, in abgewandelter Form, zu dem des Apothekers wurde, soll hier der Frage nach der Wirkung der Geschichte auf die Zeichen und Symbole nachgegangen werden. Der Äskulapstab, ein Zeichen einer um einen Stab (Mediziner) oder um eine Schale (Apotheker) gewundenen Schlange, ist bereits mehrere Jahrtausende vor unserer Zeitrechnung in Mesopotamien zu finden. Es erscheint ebenso als Schmuckelement an griechischen und römischen Statuen, in der Ikonographie des europäischen Mittelalters und selbst in der chinesischen Kunst. Schlangen sind, in der Verbindung mit Asklepios, ein Symbol für die Kraft der Medizin.

Die Sage berichtet, daß Hermes zwei kämpfende Schlangen mit einem Stock trennte.

In Verbindung mit Hermes sind sie dagegen ein Symbol der Handelsmacht. Im Christentum symbolisieren sie die Versuchung.

Bis auf den heutigen Tag erkennt man Arztwagen und Apotheken am Äskulapstab.

„Das Zeichen ist ein Spalt, der sich stets nur auf das Gesicht eines anderen Zeichens öffnet.“
Roland Barthes, „Herrschaft der Zeichen“

Im Lauf der Zeit werden Symbole wieder zu konventionellen Zeichen.

Es scheint, daß Symbole nach einer gewissen Zeit wieder zum reinen Sprachmaterial werden können. Man vergißt ihre Geschichte und die häufig verborgenen oder geheimen Verbindungen, die sie zu jenen Gegenständen, Ideen oder Vorstellungen hatten, die sie verkörperten. So stellt man häufig fest, daß Zeit und Geschichte Symbole verändern. Ihr gegenständlicher, realistischer Charakter schwindet, und sie werden zu einfachen Elementen der Sprache.

Auf diese Weise wurden die ersten sumerischen und chinesischen Piktogramme oder die Hieroglyphen der Alten Ägypter zu konventionellen Schriftzeichen. Das Bemerkenswerte daran aber ist, daß dieser Bedeutungswandel aus Symbolen mit vielfältigen Aussagen einfache Buchstaben werden ließ, was nun wiederum als außerordentlicher Fortschritt zu bewerten ist. Es ist ein Sprung nach vorn, mit dessen Hilfe die Menschheit in die Dimensionen von Zeit und Geschichte eindringt.

ZEUGNISSE UND DOKUMENTE

Die Wissenschaft von den Zeichen

Die Vorstellungen darüber, was denn ein Zeichen ist, sind bis in die Gegenwart teilweise sehr unterschiedlich. Dies ist bei einem solch komplexen Begriff auch nicht verwunderlich.

Prähistorische Felszeichnung aus der Höhle von Cogul, Spanien

So verstehen die Linguisten unter einem Zeichen durchaus etwas anderes als die Wahrnehmungspsychologen, die Philosophen, die Mathematiker oder die Kommunikationswissenschaftler. Doch lassen sich auch gemeinsame theoretische Grundlagen ausmachen. Zu den ersten Gelehrten, die sich Fragen der Zeichensysteme zuwandten und dazu beigetragen haben, ein semiotisches und zeichentheoretisches Bewußtsein zu entwickeln, gehörte neben dem Engländer J.-R. Peirce der Schweizer Sprachwissenschaftler Ferdinand de Saussure. Für ihn ist die Sprache . . .

. . . ein System von Zeichen, die Ideen ausdrücken, und insofern der Schrift, dem Taubstummenalphabet, symbolischen Riten, Höflichkeitsformen, militärischen Signalen usw. usw. vergleichbar. Nur ist sie das wichtigste dieser Systeme. Man kann sich also vorstellen eine Wissenschaft, welche das Leben der Zeichen im Rahmen des sozialen Lebens untersucht; diese würde einen Teil der Sozialpsychologie bilden und infolgedessen einen Teil der allgemeinen Psychologie; wir werden sie Semeologie [sic!] (von griechisch **σημεῖν**, „Zeichen") nennen. Sie würde uns lehren, worin die Zeichen bestehen und welche Gesetze sie regieren. Da sie noch nicht existiert, kann man nicht sagen, was sie sein wird. Aber sie hat Anspruch darauf, zu bestehen; ihre Stellung ist von vornherein bestimmt. (. . .)

Das sprachliche Zeichen vereinigt in sich nicht einen Namen und eine Sache, sondern eine Vorstellung und ein Lautbild. Dieses letztere ist nicht der tatsächliche Laut, der lediglich etwas Physikalisches ist, sondern der psychische Eindruck dieses Lautes, die Vergegenwärtigung desselben auf Grund unserer Empfindungswahrnehmung; es ist sensorisch, und wenn wir es etwa gelegentlich „materiell“ nennen, so ist damit eben das Sensorische gemeint im Gegensatz zu dem andern Glied der assoziativen Verbindung, der Vorstellung, die im allgemeinen mehr abstrakt ist. (...)

Das sprachliche Zeichen ist also etwas im Geist tatsächlich Vorhandenes, das zwei Seiten hat und durch folgende Figur dargestellt werden kann:

Diese beiden Bestandteile sind eng miteinander verbunden und entsprechen einander. Ob wir nun den Sinn des lateinischen Wortes arbor suchen oder das Wort, womit das Lateinische die Vorstellung „Baum“ bezeichnet, so ist klar, daß uns nur die in dieser Sprache geltenden Zuordnungen als angemessen erscheinen, und wir schließen jede beliebige andere Zuordnung aus, auf die man sonst noch verfallen könnte.

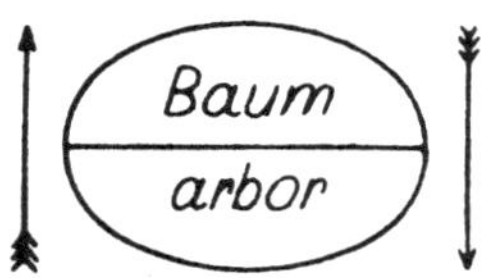

Mit dieser Definition wird eine wichtige terminologische Frage aufgeworfen. Ich nenne die Verbindung der Vorstellung mit dem Lautbild das Zeichen; dem üblichen Gebrauch nach aber bezeichnet dieser Terminus im allgemeinen das Lautbild allein, z. B. ein Wort (arbor usw.). Man vergißt dabei, daß, wenn arbor Zeichen genannt wird, dies nur insofern gilt, als es Träger der Vorstellung „Baum“ ist, so daß also diese Bezeichnung außer dem Gedanken an den sensorischen Teil den an das Ganze einschließt.

Die Mehrdeutigkeit dieses Ausdrucks verschwindet, wenn man die drei hier in Rede stehenden Begriffe durch Namen bezeichnet, die unter sich in Zusammenhang und zugleich in Gegensatz stehen. Ich schlage also vor, daß man das Wort Zeichen beibehält für das Ganze, und Vorstellung bzw. Lautbild durch Bezeichnetes und Bezeichnung (Bezeichnendes) ersetzt; die beiden letzteren Ausdrücke haben den Vorzug, den Gegensatz hervorzuheben, der sie voneinander trennt und von dem Ganzen, dessen Teile sie sind. Für dieses selbst begnügen wir uns mit dem Ausdruck „Zeichen“, weil kein anderer sich dafür finden läßt.

Ferdinand de Saussure:
Grundfragen der allgemeinen Sprachwissenschaft

Neben der Erkenntnis, daß der „Kosmos" der Zeichen nur in einem bestimmten System funktioniert, ist das Verständnis seiner inneren Zusammenhänge von großer Bedeutung. Umberto Eco, einer der großen Systematiker der Zeichentheorie, lieferte hierzu ein aufschlußreiches Modell. Die verschiedenen Arten der Zeichen und die Zeichendefinition erstellte Eco mit Hilfe einiger Lexika, aus denen er die unterschiedlichen Bedeutungen des Begriffs „Zeichen" zusammentrug.

Wenn ein Code die Elemente eines übermittelnden Systems den Elementen eines übermittelten Systems zuordnet, so wird das erste zum Ausdruck des zweiten und das zweite zum Inhalt des ersten. Eine Zeichen-Funktion entsteht, wenn ein Ausdruck einem Inhalt korreliert wird, wobei die beiden korrelierten Elemente die Funktoren einer solchen Korrelation sind.

Wir sind jetzt in der Lage, den Unterschied zwischen einem Signal und einem Zeichen zu erkennen. Ein Signal ist eine relevante Einheit eines Systems, das ein einem Inhalt zugeordnetes Ausdruckssystem, aber ebenso auch ein (dann von der Informationstheorie in engerem Sinn als solches untersuchtes) rein physikalisches System ohne jeden semiotischen Zweck sein kann; ein Signal kann ein Reiz sein, der nichts bedeutet, aber etwas bewirkt; es kann aber, wenn es als erkanntes Vorgängiges zu einem vorhergesehenen Nachfolgendem benutzt wird, als Zeichen betrachtet werden, insofern es (für den Sender oder den Empfänger) für sein Nachfolgendes steht. Ein Zeichen korreliert immer Elemente einer Ausdrucksebene mit Elementen einer Inhaltsebene.

Immer wenn eine von einer menschlichen Gesellschaft anerkannte Korrelation dieser Art besteht, liegt ein Zeichen vor. Nur in diesem Sinn ist es möglich, Saussures Definition, wonach ein Zeichen die Entsprechung zwischen einem Signifikanten und einem Signifikat ist, zu akzeptieren. Aus diesem Ansatz ergeben sich einige Konsequenzen: (a) Ein Zeichen ist keine physische Entität, denn diese ist höchstens das konkrete Exemplar des relevanten Ausdruckselements; (b) ein Zeichen ist keine fixe semiotische Entität, sondern eher ein Treffpunkt unabhängiger Elemente (die aus zwei unterschiedlichen Systemen zweier verschiedener Ebenen kommen und aufgrund einer Codierungskorrelation assoziiert werden). (...)

Eine Zeichenfunktion kommt zustande, wenn zwei Funktive (Ausdruck und Inhalt) in wechselseitige Korrelation zueinander treten; dasselbe Funktiv kann auch in eine andere Korrelation eintreten, wodurch es ein anderes Funktiv wird und eine neue Zeichenfunktion entstehen läßt. Zeichen sind also das vorläufige Ergebnis von Codierungsregeln, die transitorische Korrelationen von Elementen festsetzen, wobei jedes dieser Elemente – unter vom Code bestimmten Umständen – auch in andere Korrelationen eintreten und so ein neues Zeichen bilden kann. (...)

Um in dieser Richtung fortzuschreiten, ist es unbedingt notwendig zu zeigen, daß es (I) verschiedene Zeichenarten bzw. Arten der Zeichenerzeugung gibt; (II) viele dieser Zeichen eine innere Struktur und eine Beziehung zu ihrem Inhalt haben, die anders sind als bei den Verbalzeichen; (III) eine Theorie der Zeichenerzeugung alle diese unterschiedlichen Zeichenarten durch Rekurs auf einen einheitlichen Kategorienapparat definieren kann und muß.

Das ist die Aufgabe der folgenden Abschnitte. Ich werde nicht versuchen, das ganze Feld abzudecken, sondern den Versuch machen, unterschiedliche Zeichentypen zu definieren, ihre konstitutiven Unterschiede zu analysieren und sie in den Rahmen einer Theorie der Zeichen-Funktionen und Codes einzufügen. Das Ergebnis dieser Exploration – das läßt sich antezipieren – wird lauten, daß die Verbalsprache zweifellos das leistungsfähigste vom Menschen erfundene semiotische Medium ist; daß aber dennoch auch andere Medien existieren, die große Bereiche eines allgemeinen semantischen Raumes abdecken, die die Verbalsprache nicht erreicht. So daß diese, obwohl sie am leistungsfähigsten ist, eben auch nicht alles sagen kann; sie muß, um so leistungsfähig zu sein, sich oft von anderen semiotischen Systemen aushelfen lassen. Es fällt schwer, sich eine Welt vorzustellen, in der menschliche Wesen ohne Verbalsprache kommunizieren und sich nur durch Gesten, gezeigte Gegenstände, ungeformte Laute und Tanz verständigen; aber es ist ebenso schwer, sich eine Welt vorzustellen, in der die Menschen sich nur auf Worte beschränken; bei der Behandlung der für das Hinweisen auf Sachverhalte, das heißt die Zuordnung von Zeichen zu Dingen (bei der Wörter eng mit gestischen Zeigern und als

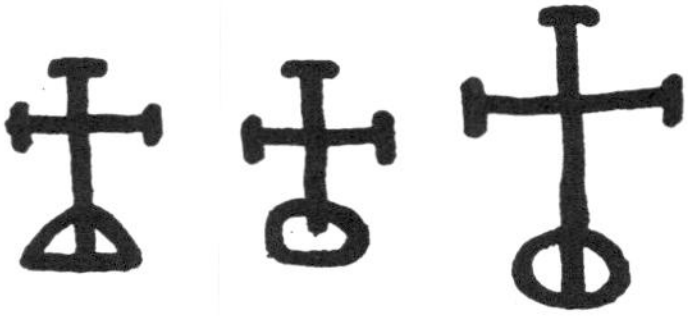

ostensiven Zeichen benutzten Gegenständen verbunden sind) erforderlichen Arbeit ist klargeworden, daß es in einer Welt, in der nur Wörter zur Kommunikation zur Verfügung stünden, unmöglich wäre, sich auf Dinge zu beziehen. In diesem Sinn könnte eine breitere semiotische Behandlung der verschiedenen gleich legitimen Zeichentypen auch die Theorie der Bezugnahme weiterbringen, von der man so oft gemeint hat, sie habe es nur mit der Verbalsprache als dem privilegierten Vehikel des Denkens zu tun. (...)

Umberto Eco:
Semiotik – Entwurf einer Theorie der Zeichen

Zunächst beschränken wir uns auf eine eingehendere Betrachtung des alltäglichen Sprachgebrauchs, wobei wir entdecken werden, daß seine verschiedenen Verwendungsformen dort trotz der scheinbaren Unterschiedlichkeit völlig angemessen, korrekt und technisch akzeptierbar sind, wobei „technisch" bedeutet: vom Standpunkt der Disziplin aus, die die mögliche Verwendungsvielfalt der Zeichen untersucht, also der Semiotik oder Semiologie.

Sehen wir uns den allgemeinen Sprachgebrauch anhand einer autorisierten Quelle, nämlich eines Wörterbuchs der italienischen Sprache an. Um Einseitigkeiten zu vermeiden, konstruieren wir ein Idealstichwort „segno“ [Zeichen], das wir aus den verschiedenen Bedeutungen, die wir in drei guten italienischen Wörterbüchern: dem Devoto-Oli von Le Monier (10 Bedeutungen), dem Zanichelli (17 Bedeutungen) und dem Garzanti (9 Bedeutungen) fanden, zusammensetzen.

Segno (von lat. signum, Merkmal, Kennzeichen);
A. 1. Symptom, Anzeichen, offenbarer Hinweis, aus dem man Schlüsse usw. in bezug auf etwas Verborgenes ableiten kann. Charakteristisches Merkmal für eine Krankheit. **2.** Körperliche Unregelmäßigkeiten, insbesondere leichte wie Muttermale, Narben usw., die das Identifizieren eines Menschen erleichtern und deshalb in den Ausweispapieren erwähnt werden. **3.** Jede sichtbare Spur oder jeder Eindruck, den ein Körper auf einer Oberfläche hinterläßt. **4.** Geste, Handlung usw., die einen bestimmten Zustand oder ein bestimmtes Tun usw. offenbart, z. B. Zeichen der Freude äußern usw. **B. 5.** Gebärde, durch die man etwas mitteilen oder ausdrücken möchte, z. B. einen Befehl, einen Wunsch und ähnliches. **6.** Markierung, unterscheidendes Element, das man auf jemandem oder auf etwas anbringt, um es wiedererkennen zu können. **7.** Linie, Figur usw., die man zeichnet, um den Punkt zu markieren, bis zu dem man gelangt ist; oder einen Bezugspunkt (Zielscheibe); oder eine bestimmte Richtung oder Position (wiederum Zielscheibe). Alle Zeichen dieser Kategorie kann man auch als „Signale“ bezeichnen (offenbar ein Synonym von S.). **8.** Jeder graphische Ausdruck (Punkt, gerade oder gekrümmte Linie und ähnliches), der konventionell dazu dient, einen abstrakten Gegenstand darzustellen. Jede graphische Entität, die im gleichen Sinne dazu dient, einen abstrakten Gegenstand darzustellen, wie Zahlen, chemische Formeln, algebraische Ausdrücke, logische Operatoren und ähnliches. Diese werden in bestimmten Zusammenhängen auch als Symbol bezeichnet, was nicht zu verwechseln ist mit dem Homonym der Bedeutungen Nr. 12 oder Nr. 13. **9.** Jedes visuelle Verfahren, das, wie etwa die Zeichnung eines Tieres, konkrete Gegenstände wiedergibt, um dadurch die entsprechenden Gegenstände oder Begriffe zu vermitteln. **10.** (In der Linguistik) Prozeß, durch den ein Begriff (oder Gegenstand) durch ein akustisches Bild (wie die „Wörter“ und ähnliches) wiedergegeben wird. Zuweilen auch jede untergeordnete Komponente dieses Prozesses. **11.** Jeder einzelne Teil eines visuellen Verfahrens, das auf eine Lautäußerung, einen Begriff, einen Gegenstand, ein Wort verweist: wie die Buchstaben des Alphabets (oder Grapheme), die graphischen Hilfssymbole (diakritische Zeichen), die Zeichen der musikalischen Notation, des Morsealphabets, der Blindenschrift und ähnliches. **12.** Symbol, bildliche oder gegenständliche Entität, die konventionell oder aufgrund ihrer formalen Merkmale einen Wert, ein Ereignis, ein Ziel und ähnliches darstellt: wie Kreuz, Hammer und Sichel, Totenschädel (häufig auch als

Synonym für – auch das heraldische – Emblem verwendet). **13.** Symbol, bildliche oder gegenständliche Entität, die in dunkler und andeutender Weise auf einen nicht genau bestimmten Wert, ein Ereignis, ein Ziel verweist (häufig im Sinn von „dichterisches Wort" verwendet). **C. 14.** (selten und literarisch) Wappen, Fahne. **15.** (veraltet) plastisches oder gemaltes Bild, Statue. **16.** (veraltet) Gestirn. **17.** Sternbild, Tierkreiszeichen. **18.** (veraltet) zu untersuchende Urinprobe. **19.** In per filo e per segno: genau und ordentlich, ganz genau. **20.** Jedes Naturereignis, das man als Manifestation eines verborgenen Willens, einer göttlichen Absicht, des Schicksals, magischer Kräfte betrachtet.

Ich muß darauf hinweisen, daß die betreffenden Wörterbücher, um dem konkreten Gebrauch Rechnung zu tragen, die verschiedenen Bedeutungen sehr viel ungeordneter bringen, als es hier geschah. Ich habe mich bemüht, sie so zu gliedern, daß:
1. unter (A) die Zeichen zusammengefaßt werden, die unabsichtlich ausgesandt werden und sozusagen Naturereignisse darstellen, die wir benutzen, um etwas zu erkennen oder auf sein Dasein zu schließen, z. B. wenn wir aus der Rauchfahne auf einer Anhöhe auf das Vorhandensein eines Feuers schließen; unter (B) dagegen die sogenannten „künstlichen" Zeichen, die von Menschen zum Zwecke der Kommunikation mit anderen Menschen gesetzt werden;
2. die Grundbedeutungen von den metaphorisch oder durch Extension abgeleiteten unterschieden werden, die wir in Klammern neben die Grundbedeutungen gesetzt haben;
3. unter (C) einige veraltete oder poetische Bedeutungen zusammengefaßt werden, die wiederum durch Extension abgeleitet wurden. (...)

Überblickt man diese Definitionen, so stellt man fest, daß sie sich herleiten entweder aus Merkmalen, die allen Zeichenarten gemeinsam sind, oder aus solchen, die die Zeichen in unterschiedliche Kategorien aufzugliedern scheinen. Auf diesen gemeinsamen oder unterscheidenden Merkmalen beruhen, vom Altertum bis heute, viele Definitionen und Klassifikationen des Zeichens. Diese Definitionen und Klassifikationen haben, auch wenn sie von Sprachforschern und Philosophen stammen, eine uns ganz offensichtlich scheinende Eigenschaft – sie gehen aus vom allgemeinen Sprachgebrauch. Entweder wiederholen sie Definitionen und Klassifikationen, die die Sprechenden (oder die Wörterbücher) schon immer gemacht haben, oder sie arbeiten zwar andere aus, aber immer so, daß der gesunde Menschenverstand sie akzeptieren kann.

Umberto Eco:
Zeichen. Einführung in einen Begriff und seine Geschichte

Uns umgibt ständig eine Welt voller Zeichen in unterschiedlichsten Formen. Sie können visuell oder akustisch, einfach oder komplex sein. Die Botschaften dieser Zeichen reichen von leichtverständlichen Informationen, die durch Zeichen übermittelt werden, bis hin zu überaus schwer entschlüsselbaren Zeichensystemen. Und in diesem Reich der Zeichen ist Roland Barthes zu Hause. Signale, Codes und verdeckte Botschaften. Er hat ihre Funktion, aber auch ihre Macht analysiert.

Die Welt ist voll von Zeichen, aber nicht alle diese Zeichen besitzen die schöne Einfachheit der Buchstaben des Alphabets, der Verkehrstafeln oder der militärischen Uniformen: Sie sind weitaus verwickelter.

Meistens halten wir sie für „natürliche" Informationen; in den Händen kongolesischer Rebellen wurde ein tschechisches Maschinengewehr gefunden: Diese Information ist unbestreitbar; erwähnt man allerdings nicht gleichzeitig die Zahl der amerikanischen Waffen auf seiten der Regierungstreuen, so wird die Information zu einem sekundären Zeichen, sie plakatiert eine Entscheidung für eine Politik.

Nebelhorn an der englischen Küste, 19. Jahrhundert. Nicht nur visuelle, sondern auch Tonzeichen umgeben uns.

Die Zeichen der Welt entziffern heißt immer auch mit einer gewissen Unschuld der Gegenstände ringen. Wir alle verstehen das Französische auf so „natürliche Weise“, daß es uns nie in den Sinn kommt, daß die französische Sprache ein sehr kompliziertes und nicht sehr „natürliches“ System von Zeichen und Regeln bildet: Genauso bedarf es einer ständigen Erschütterung der Beobachtung, wenn man nicht den Inhalt der Mitteilung ins Auge fassen will, sondern ihre Machart: Kurz, der Semiologe wie auch der Linguist muß den „Machenschaften des Sinns“ nachspüren.

Das ist ein gewaltiges Unterfangen. Warum? Weil sich ein Sinn nie isoliert analysieren läßt. Lege ich fest, daß die Bluejeans das Zeichen eines gewissen jugendlichen Dandytums ist und der in einer Luxuszeitschrift photographierte Eintopf das Zeichen einer ziemlich theatralischen Rustikalität, ja selbst wenn ich diese Evidenzen sammle und Zeichenlisten ähnlich den Spalten eines Wörterbuchs anlege, so habe ich nicht das geringste entdeckt. Zeichen entstehen durch Unterschiede.

Am Beginn des semiologischen Programms hat man gedacht, Saussure zufolge bestünde die Aufgabe darin, das Leben der Zeichen innerhalb des gesellschaftlichen Lebens zu untersuchen und folglich semantische Gegenstandssysteme zu rekonstruieren (Kleidung, Nahrung, Bilder, Rituale, Etiketten, Musikformen usw.). Das muß noch durchgeführt werden. Aber in der Erfüllung dieses bereits gewaltigen Programms stößt die Semiologie auf neue Aufgaben: zum Beispiel auf die Untersuchung dieser mysteriösen Operation, durch die eine beliebige Mitteilung von einem sekundären, unscharfen und im allgemeinen ideologischen Sinn durchdrungen wird, den man als „konnotierten Sinn“ bezeichnet: Lese ich in einer Zeitung folgende Überschrift: „In Bombay herrscht eine Stimmung der tiefen Gläubigkeit, die weder Luxus noch Siegesgewißheit ausschließt“, so erhalte ich gewiß eine wortwörtliche Information über die Stimmung beim Eucharistischen Kongreß; aber ich nehme auch eine bestimmte Satzstereotype wahr, die aus einem subtilen Auspendeln der Negationen besteht und mich dadurch auf eine Art ausgleichende Weltanschauung verweist; diese Phänomene sind konstant, man muß sie nunmehr unter Aufbietung aller Mittel der Linguistik näher untersuchen.

Die Aufgaben der Linguistik wachsen deshalb ständig, weil wir in uns die Wichtigkeit und das Ausmaß der Bedeutung in der Welt immer deutlicher erkennen; die Bedeutung wird zur Denkweise der modernen Welt, etwa die vormals die „Tatsache“ die Denkeinheit der positivistischen Wissenschaft bildete.

Roland Barthes:
Das semiologische Abenteuer

Die Zeichen und ihre Geschichte

Schon immer waren Zeichen und Symbole Hilfsmittel der menschlichen Kommunikation. Und so ist es auch nicht überraschend, festzustellen, daß sich aus der Frühzeit der menschlichen Entwicklung piktogrammartige Zeichen erhalten haben, die auf eine zum Teil ausgeprägte Sprache in Bildern schließen lassen, einer Bildsprache, die sich, je nach dem Stand der kulturellen Entwicklung, bis heute fortgeschrieben hat.

Aztekischer Kalender aus dem Codex Hamburgensis

Über die prähistorischen Höhlenmalereien etwa von Lascaux gibt es Erklärungen, die die Tier- und Jagddarstellungen auf Rituale der Jagdvorbereitung, auf Fruchtbarkeitsrituale oder andere magische Praktiken zurückführen. Ob diese Theorien tatsächlich zutreffend sind, ist sehr schwer zu beweisen. Warum jedoch Symbole so früh in der Menschheitsgeschichte auftraten, liegt sicher in der geistigen Struktur des Menschen selbst begründet. Symbole waren dem Menschen Hilfsmittel zur Orientierung in einer ihm oft unbekannten Welt.

Auf keinem anderen Gebiete war die Imagination des urzeitlichen Menschen so blühend wie in der Erfindung symbolischer Formen. Einige von ihnen werden ihr Geheimnis für immer behalten, die Bedeutung anderer ist vielfältig. Ihre überwältigende Mehrheit dreht sich um das brennende Verlangen nach Fruchtbarkeit und Zeugung.

Da sind die Hände und runden Formen: napfähnliche Aushöhlungen im Felsen, allein oder in Verbindung mit Tieren und anderen Objekten; Punktuationen: Sie formen ihre eigenen Muster oder umgeben andere Konfigurationen und Perforationen, wie in den bâtons de commandement, den durchbohrten Stäben.

Offen bleibt noch, ob alles oder die meisten Symbole mit dem Verlangen nach Fruchtbarkeit identifiziert werden können. Keine Zweifel entstehen bei Darstellungen der Vulva, des Phallus und der weiblichen Brust, die durchgehend mit der Fortpflanzung der Arten verbunden sind.

Höchstes Fruchtbarkeitssymbol war die Darstellung der Bisexualität:

die Vereinigung der beiden Geschlechter in einem als Symbol kontinuierlicher Erneuerung. Diese Symbole sind oft so abstrakt gehalten, daß ihre Interpretation zweifelhaft werden kann.

Diese Symbole der Fruchtbarkeit und Zeugung dürfen nicht mit dem Ausdruck lüsterner Wünsche verwechselt werden. Sie sind genau so heilig und ebenso mit feierlichen Riten verbunden wie der Lingam im Hinduismus. Von den frühesten protohistorischen Statuen des Fruchtbarkeitsgottes Min bis zu seinem Relief im großen Tempel von Luxor, wo er Alexander dem Großen von Angesicht zu Angesicht gegenübersteht, wird der Gott immer ithyphallisch dargestellt. Er ist ein Symbol der Potenz, ausstreuender Fruchtbarkeit: erst für die Tiere, später für die Felder. Min ist eine direkte Fortsetzung der ithyphallischen Darstellungen der Urzeit. (...)

Einer der tiefgehendsten Umstürze in der Beziehung des Menschen zur Welt begann am Ende der Urzeit: die Entthronung des Tieres. Bis dahin betrachtete sich der Mensch als dem Tiere unterlegen, machtloser und unschöner als die von ihm verehrte brüderliche Kreatur.

Mit der Domestizierung gewisser Tiere und der späteren Errichtung einer strengen gesellschaftlichen Hierarchie begann das Tier aus seiner majestätischen Stellung entthront zu werden. Von da an betrachtete sich der Mensch selber als den auserwählten Meister der Schöpfung.

Die Darstellungen der Tiere bieten sowohl das Hauptobjekt der Urkunst wie ihre größte Vollendung. Sie geben eine Möglichkeit, die wesentlichen Qualitäten prähistorischer Gravur, Skulptur und Malerei näher zu begreifen. Kurze Bemerkungen in bezug auf die Chronologie mögen folgen, die manchmal von der vorherrschenden Lehre abweichen.

Die Analyse der urzeitlichen Kunst geht hier von der Behandlung des Umrisses aus. Das kontinuierliche Suchen nach der Meisterung der Umrißlinie bildet, glauben wir, den gemeinsamen Nenner der urzeitlichen Kunst von ihren ersten Anfängen bis zum Ausgang des Magdalénien. Die polychrome Malerei entfaltete sich während des späteren Magdalénien, sie diente zwar als ein Mittel, die Oberfläche des Körpers zu modellieren, verlieh aber außerdem der Umrißlinie eine größere Kraft.

Das Tier wurde zuerst als ein höherstehendes Wesen betrachtet: das heilige Tier, das Objekt größter Verehrung. Während der zoomorphen paläolithischen Periode wurde das Tier zum Idol. Das erklärt die große Liebe und die Gefühlsintensität, die von tierischen Darstellungen ausstrahlt.

Wie der urzeitliche Mensch sein eigenes Abbild an die Höhlenwände oder auf Knochen projizierte, scheint in unseren Augen kaum menschlich. Er war weit entfernt vom Narzismus eines Geschöpfes, das in seine eigene Schönheit verliebt ist, wie später die Griechen es lehrten, uns selbst zu sehen. Der urzeitliche Mensch erscheint in seinen Abbildern keineswegs selbstsicher, selbstvertrauend und überlegen.

Während der ganzen prähistorischen Zeit erscheint der Mensch als ein Wesen, das von einem ewigen Minderwertigkeitskomplex gegenüber dem Tiere bedrängt wird. Über die Gestalt, die ihm die Natur verlieh, scheint er beschämt zu sein. Er verbirgt sein Gesicht, behandelt seinen Körper nebensächlich.

In den äußerst seltenen Fällen, in denen die Gesichtszüge gezeigt wurden, sind diese auf amulettgroßen Köpfen von wenigen Zentimetern: niemals auf großen Reliefs. Dies soll keineswegs heißen, daß der urzeitliche Mensch unfähig war, die menschliche Gestalt zu modellieren, falls er es gewünscht hätte.

Entsprechender Nachdruck wird solch seltenen Fällen wie dem stark plastischen Relief der Venus von Laussel oder den flachen Reliefs zurückgelehnter weiblicher Gestalten von La Magdeleine (Tarn) gegeben. Aber selbst wenn der menschliche Körper mit derselben intensiven Plastizität wie bei Tierskulpturen geformt wurde, bleibt der Kopf ohne menschliche Züge: Er wird durch eine unbestimmte Umrißlinie um ein rohes Stück Felsen angegeben. Der Kopf, als Sitz der Befehlsstelle des Körpers, nimmt tierähnliche Züge an. Diese Tendenz zeigte sich bei Mischformen in hybriden Gestalten. Seit dem Aurignacien wurde der Mensch nie müde, hybride Geschöpfe zu erfinden. Dies kann uns dem ununterbrochenen Suchen des urzeitlichen Menschen, seinem religiösen Empfinden eine bestimmte Form zu geben, näherbringen. (...)

Vor der Kunst erschuf der Mensch das Symbol. Der Name kam spät, das Symbol früh. Es erschien am Urbeginn des menschlichen Bedürfnisses nach Ausdruck. In seiner ersten rudimentären Form taucht das Symbol im Moustérien auf als die erste Spur des Neandertalmenschen, die über die rein materiell gebundene Existenz hinausgeht. Außerdem wurden Knochen mit eingravierten parallelen und diagonalen Linien oder roten Kreisen gefunden, doch sind sie so fragmenthaft, daß keine sicheren Schlüsse daraus gezogen werden können. Anders ist es mit den „Cupules", den künstlichen, halbrunden Höhlungen, die in die Steine versenkt wurden. Die frühesten Symbole dieser Art befinden sich auf einer kleinen dreieckigen Grabsteinplatte aus dem Felsobdach von La Ferrassie (Dordogne). Sie bestanden in den Cupules der Platte, die mit der Oberseite nach unten über einen Kinderkörper gelegt war. Diese Cupules, die praktisch keine Aufgabe hatten, sind ein weitverbreitetes Phänomen der paläolithischen Kunst. Ihre symbolische Bedeutung steht nicht präzis fest.

Die magischen Symbole, die am zahlreichsten und über die längsten Perioden der Prähistorie erscheinen, sind sehr einfach. Sie bestehen aus Bruchstücken, bei denen der Teil für das Ganze steht: eine Hand z. B. stellt den ganzen Menschen dar, das Genital bedeutet Fruchtbarkeit. Schwieriger ist es, die Bedeutung des Kreises zu umschreiben. Er erscheint in verschiedenartigen Formen, klein und groß, als schalenförmige Aushöhlung im Stein (cupules), als farbiger Kreis von sehr verschiedener Größe (ponctuations) und ebenso als Perforation sehr unterschiedlicher Größe.

Das Symbol stand in der Urzeit manchmal allein. Gewöhnlich waren

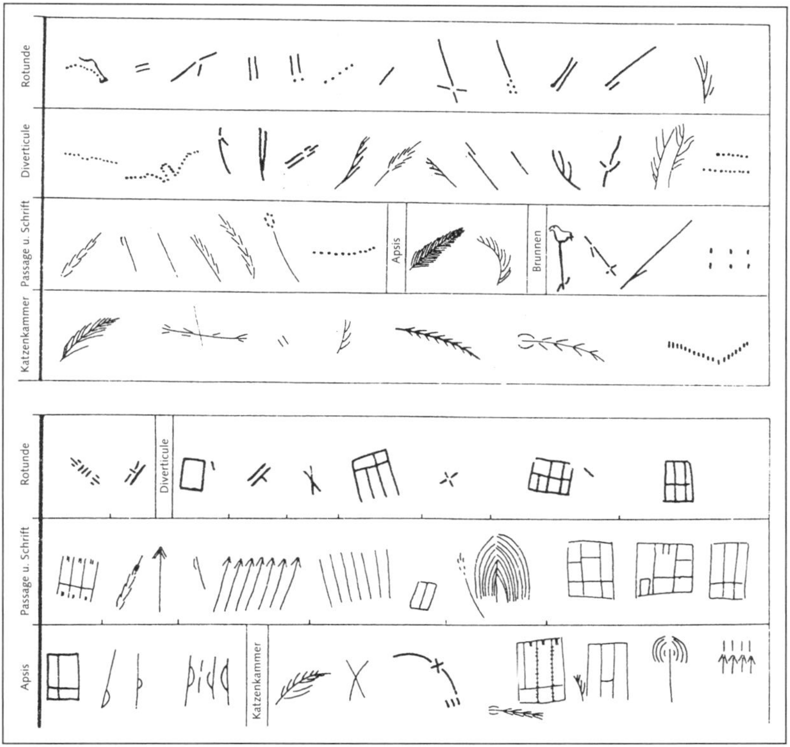

Tafel der „männlichen" und „weiblichen" Zeichen in der Höhle von Lascaux, Frankreich

aber mehrere vereinigt und zueinander in Beziehung gesetzt; z. B. waren Punkte mit Händen, Tieren oder abstrakten Symbolen in Verbindung gesetzt, und Cupules wurden in Reihen angeordnet, einzeln mit einem Tier verbunden oder auf das Tier selbst gemalt.

Jedes der Symbole umschließt zahlreiche Bedeutungen. Bei einigen konnte aus den mannigfaltigen Bedeutungen eine herausgeschält werden wie das Verlangen nach Fruchtbarkeit … Zeichnungen, in denen verschiedene Symbole kombiniert werden, um eine spezielle Bedeutung zu verstärken, nennen wir „Kompositsymbole".

Neben den einfachen, eindeutigen Symbolen entwickelte die Urzeit auch zahlreiche komplexe, völlig abstrakte Formen. Die menschliche

Erfindungsgabe schien auf diesem Gebiet unerschöpflich zu sein, doch die Bedeutungen werden dadurch noch undurchdringlicher.

Die Namen, die man diesen vielschichtigen symbolischen Formen gab, sind nur Etiketts – Tectiformen, Claviformen und Naviformen. Im Gegensatz zu den einfacheren Symbolen wurde hier der Imagination freies Spiel gelassen. In vielen Fällen ist bis jetzt nur ein einziges Beispiel eines bestimmten Typs bekannt. Diese Symbole sind meistens in den unzugänglichsten Teilen der Höhlen, wie in Altamira, El Castillo und La Pasiega. Ihre Unzugänglichkeit steht in Verbindung mit ihrer besonderen magischen Kraft. Noch heute üben diese Gestaltungen einen merkwürdig starken Eindruck aus, wie das blutrote Symbol, das so groß wie die benachbarten Bullen ist.

Das Symbol erwuchs aus dem Bedürfnis, dem Unsichtbaren eine sichtbare Form zu geben. Das Symbol taucht auf, als der Mensch einen Ausdruck für die beunruhigende, greifbare Beziehung zwischen Leben und Tod suchte.

Neben den sogenannten „weiblichen Zeichen“, das sind Dreiecke, Ovale, Rechtecke und claviforme Zeichen, und den männlichen Zeichen, den Hakenzeichen, Strichzeichen (Stäbchen) und Punktlinien, ist die Kreisgestalt eines der Ursymbole der Menschheit.

Der Kreis ist die erste vollkommen regelmäßige Figur, die in der Urkunst auftaucht, und zugleich die langlebigste. Die Sonnenscheibe als Lebenswecker und Lebenserhalter ist der nächstliegende Ausgangspunkt für das Kreissymbol. Doch auch hier muß man sich hüten, ihren Sinn genau fassen zu wollen. Aus der Art der Kombination mit anderen Figurationen mag die eine oder andere Bedeutung naheliegen.

In der Kreisgestalt verquicken sich Sonne und Fruchtbarkeit. Befragen wir daraufhin, rückblickend, die ägyptischen Hieroglyphen, in denen gelegentlich Bedeutungen der Urkunst erhalten blieben, so weisen sie auf eben diese Verquickung zwischen Sonne und Fruchtbarkeit.

Eine dieser Hieroglyphen zeigt einen Dreschboden in Form eines Kreisringes mit zwei Getreidekörnern und am Rand die Andeutung einer Hand, die nach Körnern zu greifen scheint. Eine andere Hieroglyphe besteht gleichfalls aus einem kreisrunden Dreschboden, der mit Getreidekörnern bedeckt ist.

In Formen des Ackerbaus wird hier die Kreisform als Fruchtbarkeitssymbol angedeutet. Es dürfte hier eine ähnliche Tradition zugrunde liegen und ebenso eine ähnliche Wandlung, wie sie etwa von den Venusstatuetten des Aurignacien, Périgordien-Magdalénien zu den Fruchtbarkeitsgöttinnen der Kupfersteinzeit (Chalkolithikum) im nahen Orient besteht, die von

Fruchtbarkeitsgöttinnen der Jagdvölker zu Fruchtbarkeitsgöttinnen der Ackerbauern wurden.

Die Kreisgestalt als Ganzes darf in ihrer Bedeutung keineswegs zu eng begrenzt festgelegt werden. Es kommt ganz darauf an, wie sie in Beziehung zu anderen Gebilden steht, mit denen sie zusammen auftritt. Dazu kommt die erstaunliche Mannigfaltigkeit, mit der die Kreisgestalt in der Urzeit Verwendung findet.

Die Kreisgestalt als Kugel: Sorgfältig ausgearbeitete Kugeln, vorab aus Kalkstein, tauchen in den Schichten des Moustérien auf. In Analogie zu den lassoartigen Bolas der südamerikanischen Indianer werden sie für ein an langem Seil befestigtes Fanggerät gehalten. Dies klingt nicht gerade befriedigend. Erst in letzter Zeit geben neue afrikanische Funde eine wahrscheinlichere Deutung.

Die Kreisgestalt als Aushöhlung: Als erstes Symbol erscheint im Moustérien die künstliche halbkugelförmige Aushöhlung im Stein. Ihre Dimensionen sind sehr verschieden, ebenso die Kombinationen, mit denen sie auftreten. Besonders häufig sind sie im Aurignacien, verschwinden mehr und mehr im Magdalénien, aber nie völlig. In primitiven Völkerschaften leben sie bis heute weiter. Wir werden in der Folge für die Kreisgestalt in Form halbkugeliger Aushöhlung den Namen „Cupule“ gebrauchen.

Die Kreisgestalt als Perforation: Auffallend ist seit dem Aurignacien die Vorliebe für Perforationen in kleinen Gegenständen (wie die Kommandostäbe) sowie im gewachsenen Fels. Es handelt sich dabei keineswegs um einfache zylindrische Durchbohrungen. Im Schnitt sieht so eine Perforation aus wie zwei Cupules, deren Scheidewand durchbrochen ist.

Künstlicher Ring: In vielen Abris des Aurignacien und frühen Magdalénien finden sich Perforationen dieser Art im Fels. Sie haben einen Durchmesser von ungefähr zwei Zentimetern.

Perforationen in runden Blöcken: Einiges Kopfzerbrechen hat die Verwendung runder Blöcke von mühlsteinartiger Form gemacht, die sich in Moustérienschichten fanden und auch im Neolithikum auftauchen, dann allerdings von beträchtlichem Umfang. Die perforierten Blöcke der Aurignacienzeit deutete man als massive Pflöcke zum Anbinden der Tiere. Aber ähnliche Steine der neolithischen Zeit im nördlichen Europa und besonders kreisrunde Steinaltäre im ägäischen Gebiet deuten auf ihre ursprüngliche rituale Funktion.

Perforierte Stäbe: Bâtons de commandement: Am häufigsten findet sich die Perforation in den zahlreichen Gegenständen der art mobilier, vorab in den durchbohrten Stäben, den bâtons de commandement, die gewöhnlich aus Rentiergeweih bestehen, dessen Formen entsprechend ausgenützt werden. Für die werden die verschiedensten Auslegungen gebraucht, von denen einige in der Folge aufgezählt werden. Doch handelt es sich, in den Beispielen wenigstens, die hier Platz finden, um Kultgegenstände, die im Aurignacien auftauchen und im Magdalénien ihre künstlerische Vollendung finden. Die Perforation sitzt gewöhnlich mehr an der Stelle, an der sich bei einem

Geweih die Sprossen mit dem Hauptstamm vereinigen.

Die Kreisgestalt als Scheibe und Punktuation: Die Kreisgestalt als rote Scheibe oder als rote Punkte ist ein Begleiter der Urkunst. Ähnlich wie die Cupules tritt sie in Massen von Punkten auf, deren Durchmesser sehr variiert. Für diese kleineren Farbkreise möchten wir gleichfalls den französischen Namen ponctuation verwenden. Auch vereinzelt als größere Scheibe bis zu zehn Zentimetern taucht sie auf. Doch gewöhnlich in Verbindung mit anderen Symbolen.

Zum Schluß: Möchte der Kreis in noch so vielen Verkleidungen in der Urkunst verborgen sein – Kugeln, Höhlungen, Perforationen, Punkten –, er übte eine ganz ungewöhnliche Faszination aus. Seine Bedeutung war sehr vielfältig, doch war er immer mit dem allgemein menschlichen Wunsch nach Fortpflanzung und Fruchtbarkeit verbunden. Seine Form konnte gut von der Sonne inspiriert worden sein, von der alles Leben abhing. Die Form dieses Himmelskörpers wurde zum Symbol des Lebens überhaupt. Der Kreis, den Platon als die vollkommenste aller Formen bezeichnete, übte seine magische Herrschaft sogar in den Urzeiten aus.

Sigfried Gidion:
Die Entstehung der Kunst

Im alten Ägypten war die Bilderschrift eines der wichtigsten Verständigungs- und Ausdrucksmittel. Lange Zeit nahm man an, daß Hieroglyphen eine reine Bilderschrift und jedes Zeichen ein geheimnisvolles Symbol sei. Erst viel später stellte sich heraus, daß die Schriftzeichen auch Worte oder Silben darstellten oder eine ganz bestimmte Eigenheit bezeichneten.

Es gibt dreierlei Möglichkeiten, Vorstellungen durch die Schrift zum Ausdruck zu bringen. Die eine ist die reine Bilderschrift, bei der man wieder die eigentliche Bilderschrift oder Piktographie und die symbolische Bilderschrift oder Ideographie unterscheiden kann. Die Piktographie ist die einfachste und natürlichste Form; sie wird bereits von jedem Kind gehandhabt. Wenn es Worte wie „Blatt", „Zimmer", „Teller" wiedergeben will, so zeichnet es ein gestieltes Oval, ein Viereck, einen Kreis. Aber bei vielen, besonders bei den abstrakten Begriffen erweist sich diese Übertragungsweise als unzulänglich. Hier muß die symbolische Bildersprache aushelfen. Sie ist auch in unserer Welt noch nicht ganz ausgestorben. Sie findet zum Beispiel bei Aushängeschildern noch bisweilen Verwendung: eine Kanne bezeichnet ein Wirtshaus, eine Schüssel eine Rasierstube, ein Schlüssel eine Schlosserwerkstatt; ferner in Wörterbüchern: dort bedeutet ein Komet, daß ein Wort selten ist, ein Galgen, daß es der Gaunersprache angehört, eine Münze, daß es ein kaufmännischer, ein Anker, daß es ein nautischer Fachausdruck ist. Jedermann bekannt sind auch die Zeichen in Kursbüchern. Viele Völker haben mit Ideogrammen ihr Auskommen gefunden, unter anderen die Azteken, aber auch die Chinesen besitzen viele: So bedeutet zum Beispiel Mund + Vogel: „singen", Flamme + tanzen: „Irrlicht", ja manche Zusammensetzungen sind geradezu humorvoll, wie Hand + Stock = Vater, zwei Weiber = Zank, Tugend + Weib = Geschwätzigkeit (die Tugend des Weibes).

Die zweite Methode kann man als Rebusschrift bezeichnen. Sie arbeitet mit Phonogrammen, die den bloßen Lautwert einer Silbe darstellen. Nach diesem System vermag ein aufgezeichneter Arm auch die Vermögenslage „arm" zu bedeuten oder ein gebückter Mann am Stabe: (das Zeichen für „alt") auch die Stimmlage Alt. Solche Phonogramme besitzen die Chinesen ebenfalls in großer Anzahl, und außerdem benützen sie Determinative oder Deutzeichen, die angeben, zu welcher Begriffsgruppe ein Wort gehört. Die Silbe *ma*, „Pferd", zum Beispiel bedeutet mit dem Deutzeichen für Edelstein „Achat", mit Wurm „Blutegel", mit Holz „Brett", mit Mund „schelten".

Die dritte Stufe ist die Buchstabenschrift. Sie beruht auf der Wahrnehmung, daß alle menschliche Rede sich aus einer beschränkten Anzahl einfacher Laute zusammensetzt und daß, wenn man für jeden von ihnen ein festes Zeichen einführt, alle erdenklichen Worte mit verhältnismäßig sehr geringen Mitteln schriftlich zum Ausdruck gebracht werden können. Diese geniale Entdeckung, durch die sie die Wohltäter der ganzen späteren Menschheit geworden sind, haben die Ägypter gemacht. Gleichwohl wäre es irrtümlich, zu glauben, sie hätten jemals eine reine Buchstabenschrift besessen. Vielmehr haben sie immer alle drei Systeme nebeneinander gebraucht. Zunächst hat das Ägyptische aus der Zeit her, wo es nur solche kannte, reine Piktogramme: ein Skarabäus: bedeutet „Käfer", ein Enfaceköpfchen: „Gesicht", ein Kreis mit einem Punkt in der Mitte: ☉ „Sonne", fünf Zacken: ★ bezeichnen einen Stern, die Silhouetten von Schwalbe, Stier, Kröte, Fisch: zunächst diese Tiere. Neben den eigentlichen gibt es natürlich auch symbolische Bilder: das Zeichen für 100 000 ist eine Kaulquappe: (vermutlich wegen der großen Menge, in der sie vorkommt), das für eine Million ist ein Mann, der verwundert die Hände über dem Kopf zusammenschlägt: , das für das Gehen die schematische Zeichnung zweier ausschreitender Beine: . An der Hieroglyphe für „zurückgehen": sehen wir, daß für den Ägypter, im Gegensatz zu uns, die Normalrichtung von rechts nach links ging. Es ist übrigens interessant, daß die Taubstummensprache sich nicht selten mit dem Ägyptischen berührt: „Gehen" zum Beispiel wird von ihr ganz ähnlich ausgedrückt, indem Zeige- und Mittelfinger die Beinbewegungen nachahmen.

Phonogramme, bei denen das Bild auch jedes andere lautgleiche Wort bezeichnen kann, kommen im Ägyptischen ebenfalls sehr häufig vor, zum Beispiel kann die Hieroglyphe der Gans: auch „Sohn" bedeuten, die Schwalbe „groß", der Käfer „werden", das Auge: „tun", das Dreieck: „bereiten", der Krugständer: „vorn", der Korb: „jeder", das

Hieroglyphen mit Weihinschrift an den Fruchtbarkeitsgott Amun-Min in der „Weißen Kapelle" in Karnak (Ägypten)

Brettspiel: 𓏠 „bleiben". Hierbei kann es sich sowohl um Wörter als auch um Wortteile handeln. Es können also zum Beispiel die Lautbilder für *wr* Schwalbe, *hr* Gesicht, *mn* Brettspiel, *wn* Hase: 𓃹, *rw* Löwe: 𓃭, *pr* Haus: 𓉐 auch Silben innerhalb jedes beliebigen Worts bilden. Die Gleichsetzung wird im Ägyptischen dadurch erleichtert, daß Vokale nicht geschrieben werden, also nur die Konsonanten berücksichtigt werden müssen. Es verdient auch hier wieder eine Analogie angemerkt zu werden: die Sprache der schreibenden Pferde und Hunde, die meist nur auf Konsonanten reagiert: Pferd wird von ihnen *frt*, Zucker *zkr* geschrieben. Um uns die ägyptischen Wörter überhaupt aussprechbar zu machen, müssen wir uns, soweit das Koptische keine Anhaltspunkte für Vokale bietet, damit helfen, daß wir zwischen die Konsonanten ein e einschalten. Wir sprechen also, wie gesagt, kein einziges ägyptisches Wort richtig aus, oder genauer ausgedrückt: wenn wir es tun, so ist das der reine Zufall. Das vorhin erwähnte Land Punt zum Beispiel wird *pwnt* geschrieben (w ist ein Halbvokal); man kann es daher mit ebenso guter Berechtigung Pewenet nennen. Das Ignorieren der Vokale ist es auch wahrscheinlich, das die Ägypter auf die Buchstaben geführt hat, denn diese konnten sehr leicht aus einkonsonantigen Silben entstehen. Es wurde aus dem Zeichen für *ta*, Brot, : t; aus dem für *ro*, Mund, : r; aus *nu*, Wasser, : n; aus *schi*, See, : sch; aus *dot*, Hand,  das eine, aus *dot*, Schlange,  das andere ägyptische d (das t ist bloß Endung). So entstand das ägyptische Alphabet von vierundzwanzig Konsonanten. Unter diesen fehlt das l. Da die grammatische Form durch die Endungen angegeben wird und diese meist vokalisch sind, so werden in ägyptischer Schrift Substantiv und Adjektiv, Nomen und Verbum, auch Modi und Tempora, soweit sie im Ägyptischen überhaupt vorhanden sind, sehr oft durch dieselbe Buchstabenfolge angegeben. *Nefer*, die Laute, , das Zeichen für „schön", kann zum Beispiel ebensogut „Schönheit" oder „schön sein" bedeuten. Es ist dies ungefähr so, wie wenn in unserer Schrift nur die drei Konsonanten *brg* dastünden (oder das Rebuszeichen für „Berg"): dies könnte dann außer „Berg" auch noch *Berge, berge, bärge, barg, birg*, aber eventuell auch *borge, Burg, Bürge* heißen.

Auch von Determinativen wurde ein sehr reichlicher Gebrauch gemacht. Sie hatten einen doppelten Zweck: die Worttrennung durchzuführen (da die Ägypter, wie fast alle Völker des Altertums, den Text unabgeteilt schrieben, wodurch die größten Mißverständnisse möglich waren) und gleichlautende Wörter zu unterscheiden. Dies konnte wiederum auf zweierlei Weise geschehen: entweder indem man zu den Buchstaben noch überdies das Bild hinzusetzte, zum Beispiel zu den Konsonanten, die das Wort „Krokodil" bilden, die Hieroglyphe dieses Tieres, , oder indem man das Deutzeichen für die Begriffsgruppe beifügte, zu welcher das Wort gehört, wodurch ebenfalls Verwechslungen vermieden wurden. Steht bei einem Wort eine Papyrusrolle, , so bedeutet das, daß es sich um ein Abstraktum handelt; ein Baum, , gibt an, daß von den verschiedenen Bedeutungen der Lautgruppe nur „Sykomore" in Betracht kommt, ein Auge, daß der Begriff mit dem Sehen zusammenhängt; schießen aber aus dem Auge drei Strahlen, so hat er mit Weinen zu tun. Ein Männchen, das die Arme hängen läßt, , bedeutet „ruhen", „Müdigkeit"; eines, das die Hände emporhebt, , „preisen, anbeten", eines, das einen Topf auf dem Kopf hält,  „tragen, beladen, arbeiten". Die Laute heißt mit Deutzeichen des Pferdes „Fohlen", mit Mann „Jüngling", mit Frau „Jungfrau", mit Krieger „Rekrut", mit Flamme „Feuer". Wenn  das Zeichen für „Himmel" ist, so kann  offenbar nur „Regen" bedeuten. Daß die Zeichen  und  „trinken" und „bauen" andeuten, wird man vielleicht jetzt schon erraten. Dabei finden sich manche Usancen, die auf uns befremdend wirken. So trägt zum Beispiel der Ägypter kein Bedenken, in gewissen Fällen ganz ungeniert einen Phallus aufzuzeichnen, und wenn er „Vogelwelt" andeuten wollte, so malte er einfach eine Gans, auch wenn es sich um eine Taube oder eine Ente, ja sogar um einen Käfer

Der Totengott Osiris

oder eine Heuschrecke handelte, denn auch dies waren für ihn Vögel. (...)

Das Schreiben war in Ägypten eine Kunst und Spezialität wie bei uns Uhrmachen oder Orgelspielen. Aber auch die Texte der gelernten „Schreiber" sind oft voll von grammatischen und orthographischen Fehlern, auch absichtlichen: Buchstaben sind aus spielerischen oder dekorativen Gründen umgestellt; nicht selten sind auch infolge der bereits erwähnten Furcht, sie dadurch in die Realität zu zaubern, gewisse Wörter ausgelassen oder nicht ausgeschrieben, ja sogar regelmäßig wiederkehrende Buchstaben inkomplett, zum Beispiel f, die Schnecke: , und d, die Schlange: . Da der Phrasenschatz des Ägypters ziemlich eng umgrenzt war und er es liebte, bestimmte Situationen und Empfindungen immer wieder auf sehr ähnliche Weise wiederzugeben, so störten ihn diese Mängel nicht, weil er das meiste leicht erraten konnte.

Den Namen Hieroglyphen (heilige Eingrabungen) verdienen im vollen Sinne eigentlich nur die gemeißelten und gemalten Schriftzeichen, die vollendete Kunstwerke sind, von feinster und exaktester Ausführung nicht bloß in allen ihren Einzelheiten, sondern auch in ihrem Verhältnis zueinander und zum Rahmen. Sie sind scharf geprägt wie Gemmen; bunt und wirkliche Bilder, der Malerei ebenbürtig; ihre Anordnung ist ornamental. Sie dienen ebensosehr der Dekoration wie der Mitteilung und bilden, als Legende des Gemäldes, mit diesem ein Gesamtkunstwerk. Das rein künstlerische Prinzip äußert sich auch darin, daß bei zwei Inschriften, die Pendants bilden, nur die eine in normaler Richtung geführt wird (diese läuft im Ägyptischen, wie gesagt, von rechts nach links), die andere in der umgekehrten. Dies wäre etwa so, wie wenn wir aus Schönheitsgründen Spiegelschrift anwenden wollten. Umgekehrt sind die stereotypen Attitüden auf den Gemälden: Opfern, Thronen, Wagenkampf, Tributdarbringung, Erlegen des Feindes eine Art Hieroglyphen. Den monumentalen Hieroglyphen zunächst standen die geschriebenen oder vielmehr gezeichneten, reizende Silhouetten: die hieroglyphische Buchschrift; und aus dieser entwickelte sich die sogenannte hieratische Schrift, eine Schreibschrift oder Kursive, die die einzelnen Zeichen abkürzte und miteinander verband. Sie verhält sich zur hieroglyphischen Buchschrift etwa wie unsere Kalligraphie, zumal die mit der Rundfeder geschriebene, zu den Drucktypen, wenn man dabei an eine besonders schöne alte Fraktur denkt. In der griechischen und römischen Zeit hat sich dann das Hieratische durch weitere Vereinfachungen und Zusammenziehungen noch mehr abgeschliffen: zum sogenannten Demotischen, das, weil es für Briefe, Verträge und ähnliche Schriftstücke mit Vorliebe benützt wurde, auch epistolographische Schrift hieß. Es wäre vielleicht am ehesten mit einer „ausgeschriebenen" Kurrentschrift zu vergleichen, die sich bisweilen schon der Kurzschrift nähert.

Egon Friedell:
Kulturgeschichte Ägyptens und des Alten Orients

Wie in fast allen frühen Kulturen, sind auch bei den Azteken die ersten schriftlichen Äußerungen Zeichen, Bildzeichen oder zusammengesetzte Piktogramme. Um sie zu deuten, ist die Kenntnis der aztekischen Mythologie ebenso nötig wie das Wissen um das Wesen und die Funktion ihres Kalenders.

Im Vergleich zu den Maya-Hieroglyphen stellt die aztekische Schrift ein verhältnismäßig einfaches, piktoideographisches System aus deutlich erkennbaren Objekten dar, die Bestandteile von Personennamen, Ortsnamen und Daten bilden (z. B. wird das Datum „1 Kaninchen" durch einen Punkt und ein Kaninchen wiedergegeben).

Hieroglyphen haben sich namentlich in zwei großen Gruppen von Materialien erhalten:

1) In Bilderhandschriften ausnahmslos aus der Zeit nach der spanischen Eroberung und
2) auf vorspanischen Skulpturen und Kleinkunstwerken.

Zu den Bilderhandschriften zählen:

- die „Bücher der Tage" *(tonalamatl)*, die zum Zwecke der Wahrsagerei benutzt wurden;
- die „Bücher der Jahre", mit historischen Jahresabfolgen und begleitenden Ereignissen;
- Tributverzeichnisse aus den verschiedenen Gebieten des Reiches und andere. (...)

Zu den Skulpturen, die mit Hieroglyphen versehen sind, gehören anthropomorphe Figuren, Tiere, Blöcke, Behälter, Reliefs und auch die größeren Monumente von Tenochtitlan. (...)

Obgleich Ortsnamenzeichen in den Manuskripten aus der Zeit nach der Eroberung häufig vorkommen, sind sie auf vorspanischen Monumenten nur selten anzutreffen. Daher gewinnt der „Stein des Tizoc“ im Museo Nacional de Antropología in Mexiko-Stadt eine so große Bedeutung, denn die Reliefdarstellungen dieses großen Opfersteins berichten von der Gefangennahme besiegter Krieger, und neben den Köpfen der Gefangenen befinden sich Zeichen, die ihren jeweiligen Herkunftsort angeben, wobei die einfachste Form des Ortsnamens ohne eine Lokativendung (d. i. ein Suffix, das „Ort des“ bedeutet, z. B. -co) gewählt wurde. Die in Umrißzeichnung abgebildete Szene zeigt die Gefangennahme der Stadt Chalco. Das Zeichen neben dem Kopf des Gefangenen (rechts) ist das Symbol für *chalchihuitl* (kostbarer Grünstein), das hier für den Stadtnamen steht.

Damit müssen wir auf einen weiteren Aspekt des aztekischen Schriftsystems hinweisen, nämlich auf „Phonogramme“ oder Lautzeichen. In bezug auf die Ortsnamenschreibung wird noch immer diskutiert, in welchem Ausmaß die phonetische Schreibung in vorspanischen Zeiten angewandt wurde. Die Phonetisierung in der hieroglyphischen Schrift beinhaltet, daß ein Homonym (d. i. ein Wort mit demselben Klang, aber einer anderen Bedeutung) abgebildet wird, um das beabsichtigte Wort darzustellen. Die Darstellung des Namens *Chalco*, „Ort des Chalca-Volkes“, auf dem Tizoc-Stein durch den *chalchihuitl* mag als ein Beispiel für phonetische Schreibung gelten. (...)

Auch Personennamen sind auf vorspanischen Skulpturen seltener als in Manuskripten aus späterer Zeit anzutreffen.

So kennen wir aus Manuskripten die Namens-Glyphen aller 11 vorspanischen Herrscher, von Acamapichtli bis Cuauhtemoc. Auch die von Privatleuten sind erhalten. Jedoch konnten bis heute auf vorspanischen Kunstwerken nur die Namenszeichen von drei Königen ausfindig gemacht werden: Tizoc (1481–1486), dessen Namen „Zur Ader Gelassener“ bedeutet, Ahuitzotl (1486–1502), dessen Name ein mythisches Wassertier bedeutet, und Motecuhzoma II. (1502–1520), der „Zornige Herr“.

Tizocs Glyphe, ein Bein mit Einstichstellen vom Blutabzapfen, kommt auf zwei Skulpturen vor, Ahuizotls Zeichen, das Wassertier, läßt sich auf sechs Steinskulpturen (einschließlich zweier, die das Tier vollplastisch wiedergeben) und auf einem mit Schnitzereien versehenen Knochen nachweisen. Motecuhzomas Name schließlich, bestehend aus dem spitzen Diadem, dem Nasen- und dem Ohrpflock eines vornehmen Herrn, erscheint auf acht Steinskulpturen. (...)

Tizocs und Ahuizotls Glyphen sind leicht zu erkennen. Dagegen sind verschiedene Studien über Motecuhzomas Zeichen zu dem Ergebnis gekommen, dieses sei anders zu interpretieren.

Aufgrund seiner Stellung direkt neben den Figuren auf Steinskulpturen wie der Hackmackschen Kiste jedoch muß das Zeichen der Königsname sein. Die zusätzlichen Elemente auf ausführlicher ausgearbeiteten Beispielen stellen lediglich ein dem jeweils abgehandelten Ereignis entsprechendes Beiwerk dar.

Bestimmte Teile des Diadems finden sich auch im Kopfputz der Priester wieder, die beim „Neufeuer-Fest" von 1507 das Feuer entfachen, wie es in einem Manuskript festgehalten wurde; der Behälter selbst stammt möglicherweise aus dem vorhergehenden Jahr (1506 = „1 Kaninchen").

Die Glyphe auf der anderen Steinkiste ist durch eine „Sprechblase" ergänzt, wie sie auf der Hackmackschen Kiste von Motecuhzomas Mund ausgeht.

Bei weitem häufiger als Namens- und Ortsglyphen sind hieroglyphische Daten auf vorspanischen Skulpturen nachzuweisen, und zwar auf insgesamt 200 Objekten.

Es ist keine Seltenheit, daß eine einzige Skulptur mit mehreren Datumszeichen – bis zu 29 sind belegt – versehen wurde. Ihr Aussehen und Zweck weicht oft stark von den in Bilderhandschriften dargestellten Glyphen ab. Wie Motecuhzomas Namensglyphe können sie um weitere „Bilder" ergänzt sein und so auf Gottheiten oder Feste hinweisen (z. B. kann „1 Feuersteinmesser") ein Gesicht und eine Sprechblase haben.

Ihre Funktion besteht darin, an bedeutsame Ereignisse – sowohl in fernen sagenhaften als auch in gegenwärtigen Zeiten – zu erinnern und auf sie hinzuweisen. Daten auf Skulpturen sind nicht einfach Zeitbestimmungen; vielmehr handelt es sich um sichtbare Symbole, die wie andere Attribute eine ganze Reihe verschiedener Bedeutungen übermitteln können.

Um diese Daten interpretieren zu können und herauszufinden, was sie symbolisieren, muß man das Wesen und die Funktion des aztekischen Kalenders verstehen.

Zwei Zählsysteme standen nebeneinander: ein 260-Tage-Zyklus für das Ritual- oder Wahrsagejahr (tonalpohualli) und die 365-Tage-Zählung des ungefähr dem Sonnenjahr entsprechenden Jahres (xihuitl).

Der 260-Tage-Zyklus, als Ergebnis der Verknüpfung von 13 Zahlen und 20 Tagesnamen, begann mit „1 Krokodil" und setzte sich über 13 Zahlen (20mal) und 20 Namen (13mal) bis zum letzten Tag, „13 Blume", fort. In den *tonalamatls* (den „Büchern der Tage") ist die Tagesrechnung in 20 Abschnitte zu 13 Tagen („Wochen") eingeteilt, auf Spanisch *trecenas* genannt,

wobei jeder Abschnitt mit einem mit „1" bezeichneten Tag beginnt („1 Krokodil", „1 Jaguar", etc.).

Die Tage des *tonalpohualli* standen unter günstigen, negativen oder indifferenten Vorzeichen, die das Leben der Azteken bestimmend beeinflußten, von ganz alltäglichen Dingen wie z. B. der Namensgebung für Kinder angefangen bis hin zu Staatsangelegenheiten (Kriegserklärungen oder Einsetzung von Herrschern). Menschen und selbst Götter trugen den kalendarischen Namen ihres Geburtstages, und dessen gutes oder böses Omen leitete sie und bestimmte ihr Schicksal. Auf Skulpturen sind Tageszeichen gewöhnlich nicht in Kartuschen (rechteckige Rahmen) gesetzt und haben mythisch-rituelle Bedeutung in bezug auf eine Gottheit oder ein feierliches Ereignis. Steht ein ungerahmtes Datum wie ein Name neben einer Figur, so ist gewöhnlich der kalendarische Name gemeint, wie z. B. „1 Schilfrohr", der kalendarische Name des Quetzalcoatl.

Verknüpft mit der 260-Tage-Rechnung war die des 365-Tage-Jahres, das aus 18 Perioden à 20 Tagen („Monaten"), *veintenas* genannt, und fünf restlichen Tagen bestand. Das aztekische „Jahrhundert" (xiuhmolpilli) bestand aus 52 Jahren, die die Namen von vier der Tageszeichen – Kaninchen, Schilfrohr, Feuersteinmesser und Haus – trugen und „Jahresträger" genannt wurden. Der 52-Jahre-Zyklus begann mit „Ziffer 1 Kaninchen" und setzte sich über die 4 „Jahresträger" (13mal) und die Zahlen „1" bis „13" (4mal), bis „13 Haus" fort. Der Zyklus zerfiel in 4 gleiche Teile, die *tlalpilli*, die mit „1 Kaninchen", „1 Schilfrohr", „1 Feuersteinmesser" und „1 Haus" begannen. Auf Skulpturen sind Jahre oft durch Kartuschen kenntlich gemacht.

Wie bei den Tagen gab es auch bei den einzelnen Jahren des 52-Jahre-Zyklus einen prophetischen Aspekt. So war „1 Schilfrohr" verbunden mit Quetzalcoatl, dem legendären Herrscher der Tolteken. Weil nun Cortés in einem Jahr „1 Schilfrohr" (1519) in Mexiko eintraf, glaubten die Azteken zunächst, er sei der wiederkehrende Quetzalcoatl. (...)

Während hieroglyphische Daten in den Manuskripten meist einfach zu interpretieren sind, weil sie in den meisten Fällen in Reihen stehen, in denen alle Tage oder Jahre gezählt sind, so daß ihre Bedeutung als Datumsangaben klar ist und Einzeldaten sowie symbolische Aspekte nicht ersichtlich sind, gestaltet sich die Auslegung der hieroglyphischen Daten auf Steinskulpturen und anderen Kunstwerken schwierig. Aufgrund des zyklischen Charakters des Kalenders (jeder Tagesname kehrte alle 260 Tage wieder und jeder Jahresname alle 52 Jahre) und wegen der Vieldeutigkeit der Inschriften läßt sich keine bestimmte Aussage machen.

So benutzten die Azteken zwar oft, jedoch eben nicht durchwegs, Kartuschen, um Jahre von Tagen desselben Namens zu unterscheiden; eine weitere Schwierigkeit liegt darin, daß sie nicht zwischen den Daten in den verschiedenen Zyklen unterschieden. Versucht man, anhand der schriftlichen Quellen die Bedeutung eines Datums herauszufinden, so stellt man fest, daß einige Daten vielfältig deutbar sind. Abhängig von der Funktion des Schriftträgers kann dasselbe Datum den historischen, mythologischen oder rituellen Bereich meinen, ein Problem, das sich insbesondere bei den „Jahresträgern" stellt.

Während in einigen Fällen in der Tat zwischen verschiedenen Bedeutungen ausgewählt werden muß, ergibt sich häufig die Gesamtaussage aus einer Verbindung von mythischen, historischen und rituellen Bezügen, die auch untereinander verwandt sind.

Nach dem heutigen Stand der Forschung lassen sich folgende Daten auf Skulpturen unterscheiden:

1) Daten, die sich auf spezifische Ereignisse im 15. und 16. Jahrhundert beziehen;

2) symbolische Daten, die auf wichtige Begebenheiten in mehreren Zeitsystemen und auf unterschiedlichen Bedeutungsebenen anspielen;

3) Daten, die zwischen die beiden Kategorien fallen, d. h. historische Daten mit symbolischen Aspekten.

Die speziellen und zugleich symbolischen Daten können sich auf ähnliche Begebenheiten in der mythischen Vergangenheit und in der geschichtlichen Realität beziehen, auf Festtage und auf die kalendarischen Namen von Göttern.

Dabei können diese vielfältigen Aspekte durchaus um ein einziges Thema kreisen, wie das folgende Beispiel erläutert: „1 Feuersteinmesser", das Jahr in der Mitte des 52-Jahre-Zyklus, bezeichnete in der Vergangenheit das Jahr, in dem die Azteken ihre mythische Heimat Aztlan verlassen hatten. Darüber hinaus war es auch ein Jahr „1 Feuersteinmesser", in dem sie 1428 die Unabhängigkeit von ihren Oberlehnsherren, den Tepaneken, gewonnen hatten, um mit dem Aufbau ihres Imperiums zu beginnen. Außerdem hieß „1 Feuersteinmesser" der Tag im rituellen Kalender, an dem Huitzilopochtli, ihr Stammesgott, der sie aus Aztlan und gegen die Tepaneken geführt hatte, gefeiert wurde und dessen Namen er trug. An einzelnen Stellen in den schriftlichen Quellen wird – abhängig vom Zusammenhang – nur die eine oder die andere der Bedeutungen eines Datums angegeben; aber auf den Skulpturen können

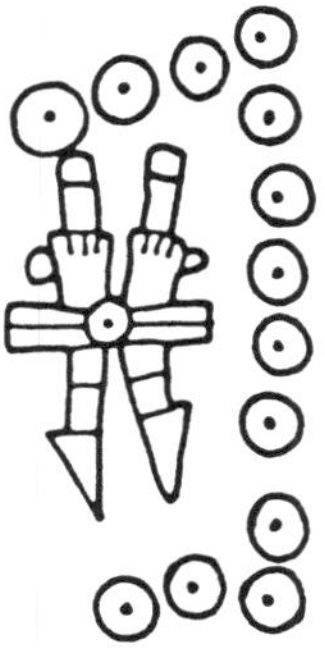

Episode aus der Wanderschaft der Azteken

die Daten auf mehrere der erwähnten Bedeutungen gleichzeitig hinweisen.

Kein „Datum“ versinnbildlicht Mythos, Stammesgeschichte und Weltherrschaftsansprüche der Azteken so stark wie „1 Feuersteinmesser“, es gibt jedoch auch andere, deren Wiedergabe auf Monumenten einen bestimmten vorgeprägten Gedankenkreis ansprachen.

„1 Kaninchen“ war das erste Jahr des „Fünften Zeitalters“ (des gegenwärtigen Zeitalters), das Jahr, in dem sich in der Vergangenheit die Erde geformt hatte, und es war das erste Jahr eines jeden 52-Jahre-Zyklus. „1 Kaninchen“ verband sich zudem sowohl als Tag wie auch als Jahr mit Hunger; denn in verschiedenen „1 Kaninchen“-Jahren vor der spanischen Eroberung hatte es Hungersnöte gegeben.

„2 Schilfrohr“ bedeutete das Jahr des „Neufeuer-Festes“ am Anfang jedes 52-Jahre-Zyklus und bezeichnete zugleich den kalendarischen Namen von Tezcatlipoca, der das erste Feuer schlug.

„1 Schilfrohr“ stellte den Bezug zu Quetzalcoatl als Tag und als Jahr her, „13 Schilfrohr“ war sowohl Tag als auch Jahr der Geburt der Sonne; und schließlich benannten „2 Haus“ und „1 Haus“ die Daten der Gründung von Tenochtitlán und seiner „Zwillings“-Stadt Tlatelolco auf der nördlichen Hälfte der Insel.

Emily Umberger:
Schrift und Kalender

Die Sprache der Gesten

Die Sprache des Körpers ersetzt oft das gesprochene Wort. Gesten werden zu Zeichen, die das Wort begleiten oder sogar für sich wirken. Dabei haben bestimmte körpersprachliche Signale eine über die unterschiedlichsten Kulturkreise hinausreichende Bedeutung. Andere Gesten sind in der nichtverbalen Kommunikation eines jeweiligen Kulturbereichs sehr unterschiedlicher Natur.

So elementar die Gestik und Mimik für die menschliche Verständigung ist, so differenziert und mitunter kompliziert ist ihre Entschlüsselung. Und nur für den mit bestimmten Gesten Vertrauten werden diese Zeichen lesbar. Auch wenn die Gesten als die Urform der menschlichen Verständigung gelten, müssen sie als Metasprache erlernt und als Konvention weitergegeben werden.

Warum betrachtet man die Höflichkeit im Westen mit Argwohn? Warum gilt höfliches Benehmen als Distanziertheit (wenn nicht gar als Flucht) oder als Heuchelei? Weshalb ist ein (wie man hier feinschmeckerisch sagt) „formloses" Verhältnis wünschenswerter als ein codebestimmtes?

Die Unhöflichkeit des Westens beruht auf einer bestimmten Mythologie der „Person". In topologischer Hinsicht gilt der westliche Mensch als ein Doppeltes, das aus einem gesellschaftlichen, künstlichen, falschen „Äußeren" und einem persönlichen, echten „Inneren" (dem Ort der Kommunikation mit Gott) zusammengesetzt ist. Nach dieser Konstruktion ist die menschliche „Person" jener von Natur (oder Göttlichkeit oder Schuld) erfüllte Ort, den eine mit Geringschätzung bedachte gesellschaftliche Hülle umgibt und einschließt: Die höfliche Geste ist (sofern sie verlangt wird) das Zeichen der Achtung, das zwischen einer Fülle und einer anderen durch die Grenze der Welt (d. h. trotz dieser Grenze und dank ihrer Vermittlung) ausgetauscht wird.

Wo aber das Innere der „Person" als achtenswert gilt, da ist es nur folgerichtig, wenn man diese Person besser zu erkennen sucht, indem man jedes

Interesse an ihrer weltlichen Hülle negiert: Deshalb wird das vorgeblich offene, brutale, nackte, von jeder Personenkennzeichnung (so meint man) befreite, gegen jeden vermittelnden Code gleichgültige Verhältnis den individuellen Wert des anderen am ehesten achten: Unhöflich sein heißt wahrhaftig sein, sagt folgerichtig auch die westliche Moral. Denn wenn es eine (dichte, volle, zentrierte, geheiligte) menschliche „Person" gibt, so muß zweifellos ihr in einer ersten Bewegung der Gruß (mit dem Kopf, den Lippen, dem Körper) gelten.

Aber meine eigene Person, die unvermeidlich in Wettstreit mit der Fülle des anderen treten muß, wird sich nur zu erkennen geben können, indem sie die Vermittlung von Künstlichem zurückweist und die Integrität (ein zweideutiges Wort: physisch und moralisch) ihres „Inneren" bestätigt. Und in einer zweiten Phase werde ich meinen Gruß reduzieren, werde ihn natürlich, spontan, frei und von jeglichem Code gereinigt erscheinen lassen: Ich werde kaum noch liebenswürdig sein oder in einer Weise liebenswürdig, die einer scheinbar erfundenen Phantasie entspringt, etwa so, wie die Prinzessin von Parma (bei Proust) die Höhe ihrer Einkünfte und ihres Standes (d. h. ihre Weise, „voll" von Dingen zu sein und sich als Person zu konstituieren) nicht durch die distanzierte Steifheit des Umgangs, sondern durch die beabsichtigte „Schlichtheit" ihres Verhaltens signalisierte: Wie einfach bin ich doch, wie liebenswürdig, wie offen, wie sehr bin ich doch jemand – eben dies sagt die Höflichkeit des Westens.

Die andere Höflichkeit mit ihren präzisen Codes und der graphischen Klarheit ihrer Gesten, die uns übertrieben respektvoll erscheint (und das heißt in unseren Augen „unterwürfig"), weil wir sie nach unserer Art im Sinne einer Morphologie der Person lesen, diese Höflichkeit ist gewissermaßen eine Übung des Leeren (wie man es von einem starken Code, der jedoch „nichts" bedeutet, erwarten kann).

Zwei Körper verbeugen sich sehr tief voreinander (Arme, Knie und Kopf bleiben dabei stets an vorgeschriebenen Stellen); die Tiefe der Verbeugung gehorcht einem subtilen Code. Oder auch (wie es auf einem alten Bild dargestellt ist): Um ein Geschenk zu überreichen, knie ich nieder und verbeuge mich fast bis zum Boden, und als Antwort darauf tut mein Gegenüber desgleichen: Eine einzige flach verlaufende Linie verbindet den Gebenden, den Empfänger und den Einsatz dieser Etikette, die Schachtel, die vielleicht nichts oder nur eine Kleinigkeit enthält. Eine graphische Form (die in den Raum des Zimmers eingeschrieben ist) wird so dem Tauschakt überantwortet, aus dem sie alles Gierige verbannt (das Geschenk bleibt wie schwebend zwischen zwei Verschwindenden).

Der Gruß kann hier frei von jeder Unterwürfigkeit oder Eitelkeit sein, weil er buchstäblich niemanden grüßt. Er ist nicht das Zeichen einer kontrollierten, gönnerhaften und vorsichtigen Kommunikation zwischen zwei autarken persönlichen Reichen (in denen jeder über sein Ich regiert, ein kleines Gebiet, zu dem er den

„Schlüssel“ besitzt); er ist lediglich der Zug eines Geflechts von Formen, in dem nichts abgeschlossen, verschnürt, tief ist. Wer grüßt wen? Nur eine solche Frage rechtfertigt den Gruß, beugt ihn bis zur Verbeugung, zur Prosternierung, läßt in ihm nicht den Sinn, wohl aber den Graphismus triumphieren und verleiht einer Haltung, die wir als übertrieben wahrnehmen, die Zurückhaltung einer Geste, in der auf unbegreifliche Weise keinerlei Signifikat vorhanden ist.

Die Form ist Leere, sagt ein vielfach abgewandelter buddhistischer Spruch. Und eben dies äußert sich durch eine Praxis der Formen (ein Wort, dessen plastische und Verhaltensbedeutung hier nicht voneinander zu trennen sind) in der Höflichkeit des Grußes und der Verbeugung zweier Körper, die sich nicht prosternieren, sondern einen Schriftzug bilden. Unsere Redeweise ist äußerst irreführend, denn wenn ich sage, die Höflichkeit sei dort eine Religion, so erwecke ich damit den Eindruck, es läge etwas Sakrales in ihr. Der Ausdruck muß in einer Weise umgebogen werden, die deutlich macht, daß die Religion dort nichts anderes als eine Form von Höflichkeit ist; oder besser noch: daß die Höflichkeit an die Stelle der Religion getreten ist.

Roland Barthes:
Das Reich der Zeichen

Im Jahre 1657 soll in Kerala der Kathakali entstanden sein. Er fußt auf älteren indischen Tanzdramen und beeindruckt vor allem durch seine subtile mimische und gestische Ausführung sowie durch seine beeindruckenden Masken. Die Handlungen beruhen auf den traditionellen indischen Epen „Ramajana“ und „Mahabharata“. Der Kathakali gehört zu den klassischen Formen des indischen Tanzes.

Kathakali kann, nach abendländischen Kriterien, vereinfacht unter die Begriffe „Theater“ und „Pantomime“ gefaßt werden. Seine häufige Bezeichnung als Tanztheater oder auch getanztes Drama unterstreicht die Schwierigkeit, es auf einen genauen Begriff zu bringen. Die indische Kultur hat jedoch die verschiedenen Bereiche der Darstellung auf ihre eigene Weise kodiert. Die pantomimische

Tanzender Krishna, Nepalesische Statue aus dem 18. Jahrhundert

1. Pataka **2. Mudrakya** **3. Kataka** **4. Mushti** **5. Kartari Mukha** **6. Sukutundam**

Darstellung, das Spiel und der Tanz sind abhängig von der gewünschten Ausdruckskraft, und ihre linguistischen Bezeichnungen haben nicht dieselben Entsprechungen wie die im Abendland verwendeten Bezeichnungen. (...)

Der Kathakali hat seit dem 18. Jahrhundert bis in unsere Tage die gleiche Form behalten. Einige Elemente, die zu seiner Entstehung beigetragen haben, reichen jedoch viel weiter zurück. Alle Kampftechniken, von denen der Kathakali so stark geprägt ist, stammen ursprünglich von militärischen Übungen der im 2. Jahrhundert v. Chr. entstandenen Kriegerkasten im Süden Indiens. Kerala ist die geographische Wiege und der aktuelle Schauplatz des Kathakali. Um diesem Phänomen in seiner gesamten historisch gewachsenen Form gerecht zu werden, müßte man die hier vorliegende Darstellung auf die Untersuchung des zugrundeliegenden soziologischen und mythologischen Gehalts ausweiten. Der Kathakali beruht auf einem Mythos (dessen grundlegende Textquellen die Epen Mahabharata und Ramayana darstellen), der seinerseits auf die Strukturen der indischen Gesellschaft verweist. Ihre beiden Grundzüge sind das soziale System des Brahmanismus (das Kastensystem) und das religiöse System des Hinduismus. (...)

Die Mimik

Der Kathakali hat eine sehr verläßliche Ausdruckssprache des Gesichts, die unabhängig ist von allen anderen Muskelregungen wie etwa persönlichen Eigenarten, dem natürlichen, kulturellen und sozialen Ausdruck, der ein Gesicht zur Metonymie einer Rasse und einer Familie macht. Der Kathakali hat den Gesichtsausdruck

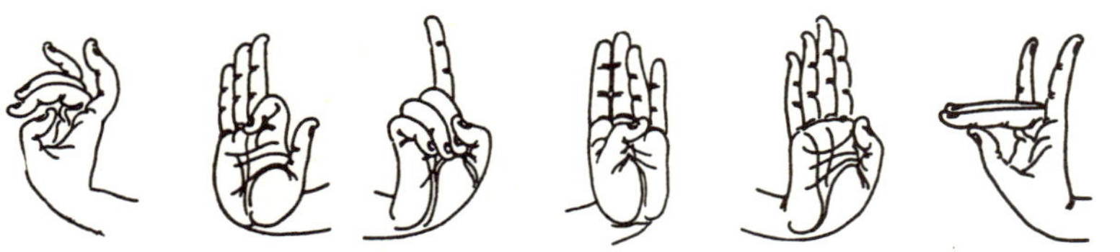

13. Mukuram **14. Bhramara** **15. Suchi** **16. Pallava** **17. Tri-pataka** **18. Mriga Sirsa**

7. Kapitha 8. Hamsapaksha 9. Sikharam 10. Hamsasyam 11. Anjali 12. Ardha-Chandra

intensiviert, hat die Körperhaltung im Raum konzentriert, um durch gezielte Übungen bestimmte Muskelbewegungen für einen emotionalen Ausdruck auszubilden. Es gibt neun elementare Ausdrucksformen von Gefühlen, deren Ausdrucksweise streng, klar und fehlerfrei sein muß. Sie alle werden „Navarassa", die neun Reize, genannt.

Sringara (Liebe)
Schnelle Lidbewegung; leicht zusammengekniffene Augen; breiter, geschlossener Mund, dessen Mundwinkel nach außen gezogen sind; leichte Seitwärtsbewegungen des Halses.

Hasya (Verachtung)
Gesenkte Augenbrauen; weit geöffnete Augen; gehobene Nase; nach unten gezogene Mundwinkel.

Karuna (Traurigkeit)
Gehobene Augenbrauen; nach unten gerichteter Blick; Auf- und Abbewegungen der Mundwinkel; Seufzer.

Raudra (Wut)
Gehobene Augenbrauen; weit geöffnete Augen; nach unten gerichteter Blick; Zucken der Muskeln unterhalb der Augen; zurückgezogenes Kinn.

Veera (Stolz, Tapferkeit)
Gehobene Augenbrauen; weit geöffnete Augen; streng geradeaus gerichteter Blick; nach außen gezogene Mundwinkel.

Bhayanaka (Zweifel)
Gehobene Augenbrauen; weit geöffnete Augen; von rechts nach links schweifender Blick; nach unten gezogene Mundwinkel; Halsbewegungen nach links und rechts.

Bibhatsa (Abscheu)
Gerunzelte Stirn; fest zusammengekniffene Augen; hoch erhobene

19. Sarpa Sirsa 20. Vardhamana 21. Arala 22. Urnanabha 23. Mukula 24. Kataka Mukha

gerümpfte Nase; nach unten gezogene Mundwinkel.

Adbhuta (Erstaunen)
Hoch erhobene Augenbrauen; weit geöffnete Augen; geradeaus gerichteter Blick; geblähte Nasenflügel; nach vorne gestreckter Hals; angehaltener Atem.

Shanta (Frieden)
Entspannte Augenbrauen; nach oben gerichteter Blick; entspanntes Gesicht. (...)

Hasta und Mudra

Der gestische Code des Kathakali kann als Alphabet bezeichnet werden. Es besteht aus einer Gruppe von 24 Grundeinheiten. Diese Zeichen werden durch das Spiel der Finger, genannt hasta, gebildet. Eine geöffnete Hand mit gestreckten, aneinandergedrückten Fingern (mit Ausnahme des Daumens) formt ein hasta mit Namen hamsapaksha. Die geballte Faust stellt ein anderes hasta mit Namen mushti dar; der gestreckte Zeigefinger stellt ardha-chandra dar.

Die einzelnen hastas haben keine eigene Bedeutung. Sie sind Symbole und haben die gleiche Funktion wie einzelne Buchstaben eines Alphabets. Nur durch ihre Kombination innerhalb eines Kontexts und in Verbindung mit der Darstellung werden sie bedeutsam. Das hasta, der Buchstabe, erhält so die Bedeutung eines Wortes: eines Substantivs, eines Verbs, eines Adjektivs, eines Präfixes oder eines Pluralsuffixes. Es wird zum mudra. Bestimmte mudras sind aufgrund ihres Zeichencharakters leicht zu verstehen. Der Betrachter kann am Spiel der Hände des Tänzers eine honigsammelnde Biene, eine Kriegswaffe, geworfene Würfel, die Pranke eines Tigers oder den Sonnenaufgang erkennen.

Das zeichenhafte mudra verweist nicht immer auf die Objektform, sondern häufig auch auf seine Bewegung oder Fortbewegung im Raum oder auf die von ihm ausgehende Aura und Wirkung. Das mudra „Baum“ z. B. bezieht sich eher auf den Wachstumsimpuls des Baums als auf seine Form. Es gibt auch bezeichnende mudras, die nur auf ihr Objekt im Raum hindeuten, anstatt ihm zu ähneln. Das mudra „Himmel“ besteht aus zwei nach oben zeigenden ardha-chandras (Zeigefinger). Das Demonstrativpronomen „dies“ wird durch ein ähnliches mudra ausgedrückt. Andere mudras sind rein symbolisch. Alle Eigennamen (Shiva, Panjali, Hanuman, Sita, Ravana etc.) besitzen konventionelle mudras, die keine Ähnlichkeit zum dargestellten Objekt erkennen lassen. Die Verben „sein“ und „haben“, die Adverbien „jetzt“ und „immer“, die Substantive „Glück“ und „Schönheit“, um nur einige zu nennen, besitzen ebenfalls symbolische mudras. Der Kathakali besitzt einen Schatz von über 500 mudras. Dies ist mehr als ausreichend, um alle Feinheiten des gesungenen Textes auszudrücken.

Larry Trembley:
Pour une sémiotique du kathakali
(Für eine Semiotik des Kathakali)

Hervorgegangen aus schamanischen Tänzen, ländlichen Tanzspielen und Zeremonialtänzen, entsteht im 14. Jahrhundert das Theater des No, das noch heute diese Formen fortführt. Das wesentlich dramatischere Kabuki-Theater, entwickelt aus Musik, Schauspiel und Tanz, entstand im 17. Jahrhundert. Beide Formen des japanischen Theaters stellen das Leben der Samurai oder der Großstadt in teilweise übersteigerter Gestik und unerhört konzentrierter Schauspielkunst dar.

Kabuki-Schauspieler; Farbstich von 1849

Japan war ein sehr armes Land, und seine Bewohner, die einem feudalen Herrschaftssystem unterworfen waren, waren es gewöhnt, ihr Elend zu verbergen und ihre Gefühle zu unterdrücken.

Noch heute messen wir sozialen Unterschieden eine große Bedeutung bei, und unsere zwischenmenschlichen Beziehungen bleiben daher eng begrenzt. Nie zeigen wir unsere Gefühle offen, insbesondere nicht vor einem Vorgesetzten. Es würde als unhöflich und taktlos betrachtet werden. Gleiches gilt für die Beziehung zwischen Männern und Frauen, in der alles, was die Sexualität betrifft, verpönt ist (vgl. die Filme von Ozu).

Diese Unterdrückung jedweder innerer Regungen hat, in gewisser Weise, zu einer Erstarrung aller Muskeln geführt: Gesicht, Hals, Schultern und Brustkorb sind zusammengezogen. Die Stimme klingt eigenartig. Der Körper wird unter der Kleidung und durch die Hände verborgen. Oft halten wir die gefalteten Hände vor den Körper; wir pressen die Ellenbogen an den Körper, machen wenige Gesten und lächeln dabei viel. Das Lächeln aber ist auch nur eine Maske. Die Hände der Frauen, die beim Sprechen ihre Wangen verbergen oder beim Lachen ihren Mund bedecken, sind andere solche Masken.

Diese Körperhaltungen sind in unserem klassischen Theater in den verschiedenen Stilen wiederzufinden: Das No (Tragödie) und das *Kyoguen* (Komödie), die seit dem 13. Jahrhundert existieren, sind feierlicher als das volkstümliche, überschwengliche Kabuki, das sich erst im 17. Jahrhundert entwickelte.

Die Gesten des No sind „aktiv“: Sie wenden sich an Götter und Dämonen; sie werden langsam ausgeführt und formen eine Flugbahn in der Luft. Die Gesten des Kabuki sind „passiv“, weil sie für das Schauspiel geschaffen sind. Sie sind heftig und abgehackt. Mitunter tragen die Darsteller Masken. Die Anzahl der Gesten des No-Theaters sind auf ungefähr 50 begrenzt. Sie haben weitgehend abstrakten Charakter, von wenigen Ausnahmen abgesehen. Dazu gehören die Bezeichnung des Himmels und der

Erde mit einem geschlossenen Fächer in der rechten Hand; die Betrachtung des Mondes und der Landschaft mit einer an die Stirn gehobenen Hand. Dazu gehören auch die Umarmung der Welt, indem man die Arme um sich selbst legt, oder einfach das Weinen mit von den Händen bedeckten Augen. Für den Darsteller ist es ganz wesentlich, sich aufrecht im Zentrum der Erde zu halten. Er sucht eine Position, in der alle seine Muskeln von einer unsichtbaren Kraft in alle Richtungen bis in die Unendlichkeit gezogen werden. Die Energie, die sich durch seine Gesten in ihm konzentriert, muß in alle Richtungen ausstrahlen. Der Mensch steht im Einklang mit der Natur. Die Spannung ist so stark, daß ein einziger Schritt nach vorn genügt, um Freude, oder ein Schritt zurück, um Traurigkeit auszudrücken. Während eines No-Schauspiels verändert die Welt ihr Wesen und wird zu Poesie und Mysterium. (...)

Mit dem Kabuki wird das Theater zu einem Ort des Festes und des Rausches. Liebe, Haß und Gewalt, alle Leidenschaften werden maßlos und nähern sich der Hysterie und dem Fanatismus. Man befindet sich in einer Welt außerhalb des Normalen, entfesselt, berauscht und bezaubert.

Die sehr viel zahlreicheren Gesten des Kabuki sind, obwohl von den Gesten des No inspiriert, viel extremer und ausdrucksvoller. Die innerlich sehr angespannten Darsteller konzentrieren sich auf die Aufführung: Sie halten häufig in ihren Bewegungen inne, um ihre Gefühle zu verdeutlichen. Sie bieten schöne Formen dar, um die Zuschauer zu beeindrucken. Die verzerrten, masochistischen und erotischen Gesten im Travestiespiel bilden dazu einen Kontrast: Der Kopf ist stets nach einer Seite geneigt, der Hals wird gereckt, Finger und Arme werden überdehnt, der Brustkorb gebläht, eine Schulter nach hinten gebogen, die Knie zusammengezogen und sehr gebeugt, die Füße nach innen gerichtet. Diese äußerst schwer zu beherrschende Körperhaltung assoziiert oft das Einbinden der Füße in China. Sie verleiht den Travestien sehr femininen Charakter und erlaubt ihnen sehr verführerische Gesten. Im Gegensatz dazu werden die Männer übertrieben männlich dargestellt. Beim Laufen recken sie Schulter und Beine derselben Körperseite nach vorne, die Füße weisen nach außen, die Fäuste sind geballt und die Hälse gereckt. Überdies werden ihre Kostüme ausgepolstert, um sie noch größer erscheinen zu lassen. Alle Männer und Travestiten sind sehr stark geschminkt und tragen die unterschiedlichsten Perücken und Kostüme in lebhaften Farben.

Wie auch im No und im Kyogen finden sich im Kabuki Verbindungen zur Welt des Mystischen. Der Einfluß des Schamanismus wird besonders bei den Höhepunkten des Schauspiels erlebbar, den sogenannten *Mies* („mie" bedeutet Erscheinung, Anblick). Sie stellen bis dahin unterdrückte Gefühle dar, die nahe daran sind hervorzubrechen. Es sind noch keine Gefühlsausbrüche, sondern eher übersprudelnde Gefühle, die schwer zu beherrschen sind. Die Darsteller spielen mit verlangsamten Bewegungen. Alle Muskeln sind bis zum äußersten angespannt. Sie machen die kleinste Regung deutlich und verharren mit angehaltenem Atem, schielenden Augen und weit geöffnetem Mund in einer Stellung.

Den Mies wurden magische Kräfte zugeschrieben, die den Groll derer besänftigen sollten, die eines gewaltsamen Todes gestorben sind. Daher wurden die nach wahren Begebenheiten ausgewählten Helden Opfer eines Krieges, Komplotts oder eines Verrats. Wenn die Darsteller schielen, stellen ihre Augen Sonne und Mond zugleich dar. Die rot angemalte Zunge im weit geöffneten Mund symbolisiert die dämonische Macht. Die Intensität des Spiels der Darsteller und die Reaktionen des sie anfeuernden enthusiastischen Publikums besänftigen und läutern die Rachsucht der Toten durch diese kosmische Kraft.

Die *Dan-Maris* (geschlossener Mund) sind eine weitere Variante der pantomimischen Teile des Schauspiels. Sie dauern länger als die Mies und markieren einen wichtigen Wendepunkt im Schicksal des Helden. Mehrere Personen stellen auf der Bühne einen Kampf dar oder scheinen sich im Dunkel der Nacht zu suchen. Zur gleichen Zeit und an der gleichen Stelle wechselt der Held plötzlich sein Kostüm, und das Publikum versteht auf diese Weise, daß sein Leben eine andere Richtung genommen hat.

Dieses Theater zielt darauf ab, den Verstand zu betören und zu berauschen. Alles ist darauf ausgerichtet, zu überraschen und zu gefallen. Die Geschichte springt ohne erkennbaren Grund von einem Punkt zum anderen und ändert den Stil des Stücks. Zum Beispiel beginnt die Aufführung in einem sehr feierlichen Samurai-Stil und geht über zum Tanz zweier Liebender mit einem Clown. Daran anschließend folgt ein Melodram, um schließlich zum eingangs verwendeten Stil zurückzukehren. Die sogenannten *Katas* (Klischees, Konventionen) bestimmen die Beleuchtung, die Kulissen, die Accessoires, die Kostüme, die Masken, die Gesten, den Gesichtsausdruck, die Stimmlagen sowie die Stellen der Aufführung, an denen Musik einsetzt. Wie deutlich wurde, werden die Höhepunkte pantomimisch, beinahe tänzerisch dargestellt. Auf dem Höhepunkt des Gefühls versagen die Worte. Die körperliche Spannung der Darsteller geht bis zum Äußersten und überträgt sich unmittelbar. Die Strukturen unserer klassischen Stücke sind daher in gewisser Hinsicht avantgardistisch und eines Shakespeare oder Brecht würdig. Sie sind expressionistisch, surrealistisch und bieten den Erfindungsreichtum und Witz mehrerer Generationen auf.

Yasu Ohashi:
Le Théâtre du geste
(Das gestische Theater)

Die Welt der Symbole

Wird der Begriff des Symbols gebraucht, so assoziiert man damit meist sofort Dinge, die nicht im Bereich der alltäglichen Erfahrung angesiedelt sind. Man stößt dabei auch rasch auf Überlieferungen, die bis weit in die Geschichte der Menschheit zurückreichen.

Die Nachtmahr, Gemälde von J. H. Füssli um 1781

In seinen berühmt gewordenen Vorlesungen zur Einführung in die Psychoanalyse widmete sich Sigmund Freud auch eingehend der Traumsymbolik. Für ihn war dabei jeder symbolische Ausdruck eine Analogie, d. h. eine andere Äußerungsform oder verkürzte Bezeichnung einer bereits bekannten Sache. Er sah die Traumdeutung als einen der Wege, die Bedeutung von Symbolen zu erschließen, denn der Traum versucht in symbolischer Form bewußte oder unbewußte Konflikte zu lösen.

Ein erwähnenswertes Symbol des weiblichen Genitales ist das Schmuckkästchen; Schmuck und Schatz sind Bezeichnungen der geliebten Person auch im Traume; Süßigkeiten eine häufige Darstellung des Geschlechtsgenusses. Die Befriedigung am eigenen Genitale wird durch jede Art von Spielen angedeutet, auch durch das Klavierspiel. Exquisit symbolische Darstellungen der Onanie sind das Gleiten und Rutschen sowie das Abreißen eines Astes. Ein besonders merkwürdiges Traumsymbol ist der Zahnausfall oder das Zahnausziehen. Es bedeutet sicherlich zunächst die Kastration als Bestrafung für die Onanie. Besondere Darstellungen für den Verkehr der Geschlechter findet man im Traume weniger zahlreich, als man nach den bisherigen Mitteilungen erwarten konnte. Rhythmische Tätigkeiten wie Tanzen, Reiten und Steigen sind hier zu nennen, auch gewaltsame Erlebnisse wie das Überfahrenwerden. Dazu gewisse Handwerkstätigkeiten und natürlich die Bedrohung mit Waffen.

Sie müssen sich die Verwendung wie die Übersetzung dieser Symbole nicht ganz einfach vorstellen. Es kommt dabei allerlei vor, was unserer Erwartung widerspricht. So scheint es zum Beispiel kaum glaublich, daß in diesen symbolischen Darstellungen die Geschlechtsunterschiede oft nicht scharf auseinandergehalten werden. Manche Symbole bedeuten ein Genitale überhaupt, gleichgültig ob ein männliches oder weibliches, z. B. das kleine Kind, der kleine Sohn oder die kleine Tochter. Ein andermal kann ein vorwiegend männliches Symbol für ein weibliches Genitale gebraucht werden oder umgekehrt. Man versteht das nicht, ehe man Einsicht in die Entwicklung der Sexualvorstellungen der Menschen gewonnen hat. In manchen Fällen mag diese Zweideutigkeit der Symbole eine nur scheinbare sein; die eklatantesten unter den Symbolen wie Waffen, Taschen, Kiste sind auch von dieser bisexuellen Verwendung ausgenommen.

Ich will nun nicht von dem Dargestellten, sondern vom Symbol ausgehen, eine Übersicht geben, aus welchen Gebieten die Sexualsymbole zumeist entnommen werden, und einige Nachträge anfügen mit besonderer Rücksicht auf die Symbole mit unverstandenem Gemeinsamen. Solch ein dunkles Symbol ist der Hut, vielleicht die Kopfbedeckung überhaupt, in der Regel mit männlicher Bedeutung, doch auch der weiblichen fähig. Ebenso bedeutet der Mantel einen Mann, vielleicht nicht immer mit Genitalbeziehung. Es steht Ihnen frei, zu fragen, warum. Die herabhängende und vom Weib nicht getragene Krawatte ist ein deutlich männliches Symbol. Weiße Wäsche, Leinen überhaupt ist weiblich; Kleider, Uniformen sind, wie wir schon gehört haben, Ersatz für Nacktheit, Körperformen; der Schuh, Pantoffel, ein weibliches Genitale, Tisch und Holz wurden als rätselhafte, aber sicherlich weibliche Symbole bereits erwähnt. Leiter, Stiege, Treppe, respektive das Gehen auf ihnen, sind sichere Symbole des Geschlechtsverkehrs. Bei näherer Überlegung wird uns die Rhythmik dieses Gehens als Gemeinsames auffallen, vielleicht auch das Anwachsen der Erregung, Atemnot, je höher man steigt.

Die Landschaft haben wir als Darstellung des weiblichen Genitales schon gewürdigt. Berg und Fels sind Symbole des männlichen Gliedes; der Garten ein häufiges Symbol des weiblichen Genitales. Die Frucht steht nicht für das Kind, sondern für die Brüste. Wilde Tiere bedeuten sinnlich erregte Menschen, des weiteren böse Triebe, Leidenschaften. Blüten und Blumen bezeichnen das Genitale des Weibes oder spezieller die Jungfräulichkeit. Sie vergessen nicht, daß die Blüten wirklich die Genitalien der Pflanzen sind.

Das Zimmer kennen wir bereits als Symbol. Die Darstellung kann sich hier fortsetzen, indem die Fenster, Ein- und Ausgänge des Zimmers die Bedeutung der Körperöffnungen übernehmen. Auch das Offen- oder Verschlossensein des Zimmers fügt sich dieser Symbolik, und der Schlüssel, der öffnet, ist ein sicheres männliches Symbol.

Für das männliche Genitale also hat der Traum eine Anzahl von symbolisch zu nennenden Darstellungen, bei denen das gemeinsame der Vergleichung meist sehr einleuchtend ist.

Vor allem ist für das männliche Genitale im ganzen die heilige Zahl 3 symbolisch bedeutsam. Der auffälligere und beiden Geschlechtern interessantere Bestandteil des Genitales, das männliche Glied, findet symbolischen Ersatz erstens durch Dinge, die ihm in der Form ähnlich, also lang und hochragend sind, wie: Stöcke, Schirme, Stangen, Bäume u. dgl. Ferner durch Gegenstände, die die Eigenschaft des In-den-Körper-Eindringens und Verletzens mit dem Bezeichneten gemein haben, also spitzige Waffen jeder Art, Messer, Dolche, Lanzen, Säbel, aber ebenso durch Schießwaffen: Gewehre, Pistolen und den durch seine Form so sehr dazu tauglichen Revolver. In den ängstlichen Träumen der Mädchen spielt die Verfolgung durch einen Mann mit einem Messer oder einer Schußwaffe eine große Rolle. Es ist dies der vielleicht häufigste Fall der Traumsymbolik, den Sie sich nun leicht übersetzen können. Ohne weiteres verständlich ist auch der Ersatz des männlichen Gliedes durch Gegenstände, aus denen Wasser fließt: Wasserhähne, Gießkannen, Springbrunnen, und durch andere Objekte, die einer Verlängerung fähig sind, wie Hängelampen, vorschiebbare Bleistifte usw. Daß Bleistifte, Federstiele, Nagelfeilen, Hämmer und andere Instrumente unzweifelhafte männliche Sexualsymbole sind, hängt mit einer gleichfalls nicht ferne liegenden Auffassung des Organs zusammen.

Die merkwürdige Eigenschaft des Gliedes, sich gegen die Schwerkraft aufrichten zu können, eine Teilerscheinung der Erektion, führt zur Symboldarstellung durch Luftballone, Flugmaschinen und neuesten Datums durch das Zeppelinsche Luftschiff. Der Traum kennt aber noch eine andere, weit eindrucksvollere Art, die Erektion zu symbolisieren. Er macht das Geschlechtsglied zum Wesentlichen der ganzen Person und läßt diese selbst fliegen. Lassen Sie sich's nicht nahegehen, daß die oft so schönen Flugträume, die wir alle kennen, als Träume von allgemeiner sexueller Erregung, als Erektionsträume gedeutet werden müssen. (...)

Das weibliche Genitale wird symbolisch dargestellt durch alle jene Objekte, die seine Eigenschaft teilen, einen Hohlraum einzuschließen, der etwas in sich aufnehmen kann. Also durch Schachte, Gruben und Höhlen, durch Gefäße und Flaschen, durch Schachteln, Dosen, Koffer, Büchsen, Kisten, Taschen usw. Auch das Schiff gehört in diese Reihe. Manche Symbole haben mehr Beziehung auf den Mutterleib als auf das Genitale des Weibes, so: Schränke, Öfen und vor allem das Zimmer. Die Zimmersymbolik stößt hier an die Haussymbolik, Türe und Tor werden wiederum zu Symbolen der Genitalöffnung. Aber auch Stoffe sind Symbole des Weibes, das Holz, das Papier, und Gegenstände, die aus diesen Stoffen bestehen, wie der Tisch und das Buch. Von Tieren sind wenigstens Schnecke und Muschel als unverkennbare weibliche Symbole anzuführen; von Körperteilen der Mund zur Vertretung der Genitalöffnung, von Bauwerken Kirche und Kapelle. Wie Sie sehen, sind nicht alle Symbole gleich gut verständlich.

Zu den Genitalien müssen die Brüste gerechnet werden, die wie die größeren Hemisphären des weiblichen Körpers ihre Darstellung finden in Äpfeln, Pfirsichen, Früchten überhaupt. Die Genitalbehaarung beider Geschlechter beschreibt der Traum als Wald und Gebüsch. Die komplizierte Topographie der weiblichen Geschlechtsteile macht es begreiflich, daß diese sehr häufig als Landschaft mit Fels, Wald und Wasser dargestellt werden, während der imposante Mechanismus des männlichen Geschlechtsapparates dazu führt, daß alle Arten von schwer zu beschreibenden komplizierten Maschinen Symbole desselben werden.

Eine solche konstante Beziehung zwischen einem Traumelement und seiner Übersetzung heißen wir eine symbolische, das Traumelement selbst ein Symbol des unbewußten Traumgedankens. Sie erinnern sich, daß ich früher, bei der Untersuchung der Beziehungen zwischen Traumelementen und ihren Eigentlichen drei solcher Beziehungen unterschieden habe, die des Teils vom Ganzen, die der Anspielung und die der Verbildlichung. Eine vierte habe ich Ihnen damals angekündigt, aber nicht genannt. Diese vierte ist nun die hier eingeführte symbolische. (...)

Das Wesen der Symbolbeziehung ist ein Vergleich, aber nicht ein beliebiger. Man ahnt für diesen Vergleich eine besondere Bedingtheit, kann aber nicht sagen, worin diese besteht. Nicht alles, womit wir einen Gegenstand oder einen Vorgang vergleichen können, tritt auch im Traum als Symbol dafür auf. Anderseits symbolisiert der Traum auch nicht alles Beliebige, sondern nur bestimmte Elemente der latenten Traumgedanken. Es gibt also hier Beschränkungen nach beiden Seiten hin. Man muß auch zugeben, daß der Begriff des Symbols derzeit nicht scharf abzugrenzen ist, er verschwimmt gegen die Ersetzung, Darstellung u. dgl., nähert sich selbst der Anspielung. Bei einer Reihe von Symbolen ist der zu Grunde liegende Vergleich sinnfällig. Daneben gibt es andere Symbole, bei denen wir uns die Frage stellen müssen, wo denn das Gemeinsame, das Tertium comparationis dieses vermutlichen Vergleichs zu suchen sei. (...)

Der Umfang der Dinge, die im Traume symbolische Darstellung finden, ist nicht groß. Der menschliche Leib als Ganzes, die Eltern, Kinder, Geschwister, Geburt, Tod, Nacktheit – und dann noch eines. Die einzig typische, d. h. regelmäßige Darstellung der menschlichen Person als Ganzes ist die als Haus, wie Scherner erkannt hat, der diesem Symbol sogar eine überragende Bedeutung, die ihm nicht zukommt, zuteilen wollte. Es kommt im Traume vor, daß man, bald lustvoll, bald ängstlich von Häuserfassaden herabklettert. Die mit ganz glatten Mauern sind Männer; die aber mit Vorsprüngen und Balkonen versehen sind, an welchen man sich anhalten kann, das sind Frauen. Die Eltern erscheinen im Traum als Kaiser und Kaiserin, König und Königin oder als andere Respektspersonen; der Traum ist also hier sehr pietätsvoll. Minder zärtlich verfährt er gegen Kinder und Geschwister; diese werden als kleine Tiere, Ungeziefer symbolisiert. Die Geburt findet fast regelmäßig eine Darstellung durch eine Beziehung zum Wasser; entweder man stürzt ins Wasser oder man steigt aus ihm heraus, man rettet eine Person aus dem Wasser oder wird von ihr gerettet, d. h. man hat eine mütterliche Beziehung zu ihr. Das Sterben wird im Traum durch Abreisen, mit der Eisenbahn Fahren ersetzt, das Totsein durch verschiedene dunkle, wie zaghafte Andeutungen, die Nacktheit durch Kleider und Uniformen. Sie sehen, wie hier die Grenzen zwischen symbolischer und anspielungsartiger Darstellung verschwimmen.

Im Vergleich zur Armseligkeit dieser Aufzählung muß es auffallen, daß Objekte und Inhalte eines anderen Kreises durch eine außerordentlich reichhaltige Symbolik dargestellt werden. Es ist dies der Kreis des Sexuallebens, der Genitalien, der Geschlechtsvorgänge, des Geschlechtsverkehrs. Die übergroße Mehrzahl der Symbole im Traum sind Sexualsymbole. Es stellt sich dabei ein merkwürdiges Mißverhältnis heraus. Der bezeichneten Inhalte sind nur wenige, der Symbole für sie ungemein viele, so daß jedes dieser Dinge durch zahlreiche, nahezu gleichwertige Symbole ausgedrückt werden kann. Bei der Deutung ergibt sich dann etwas, was allgemein Anstoß erregt. Die Symboldeutungen sind im Gegensatze zur Mannigfaltigkeit der Traumdarstellungen sehr monoton.

Sigmund Freud:
Vorlesungen zur Einführung in die Psychoanalyse

Neben Sigmund Freud zählt der Analytische Psychologe C. G. Jung zu jenen Forschern, die sich zeitlebens dem Symbolbegriff gewidmet haben. Er schloß sich dabei Vorstellungen an, die bereits von Goethe oder Bachofen entwickelt wurden, und vertrat die Auffassung, daß es sich bei einem Symbol immer nur um einen spontan entstandenen Bedeutungsträger handelt, der die bildliche Formulierung von Inhalten erlaubt, die sonst nicht darzustellen sind. Auch Jung bezieht sich auf die Traumsymbolik, die für den Träumer als Mitteilung des Unbewußten, aber nur für ihn, sehr wichtig ist, darüber hinaus aber keine allgemeingültige Bedeutung hat.

Der Mensch verwendet, um etwas mitzuteilen, das gesprochene oder geschriebene Wort. Seine Sprache steckt voller Symbole, aber oft gebraucht er auch Zeichen oder Bilder, die keine genaue Beschreibung geben, zum Beispiel Abkürzungen und Buchstabenfolgen wie etwa UN, UNICEF oder UNESCO, oder auch bekannte Schutzmarken, Namen von medizinischen Erzeugnissen, Dienstabzeichen und Insignien. Diese wären an sich bedeutungslos, haben aber durch allgemeinen Gebrauch eine erkennbare Bedeutung erlangt. Es sind jedoch keine Symbole, sondern Zeichen für bestimmte Dinge.

Das, was wir Symbol nennen, ist ein Ausdruck, ein Name oder auch ein Bild, das uns im täglichen Leben vertraut sein kann, das aber zusätzlich zu seinem konventionellen Sinn noch besondere Nebenbedeutungen hat. Es enthält etwas Unbestimmtes, Unbekanntes oder für uns Unsichtbares. Zum Beispiel ist auf vielen kretischen

Grabmälern eine doppelte Krummaxt abgebildet. Diesen Gegenstand kennen wir zwar, aber wir wissen nichts über seinen symbolischen Gehalt. Ein anderes Beispiel: Nach einem kurzen Englandaufenthalt erzählte ein Inder seinen Freunden zu Hause, die Engländer beteten Tiere an; er hatte nämlich in alten Kirchen Adler, Löwen und Ochsen abgebildet gesehen. Ebenso wie viele Christen wußte auch der Inder nicht, daß diese Tiere die Attribute der Evangelisten sind, wie Ezechiel sie in einer Vision sah; eine Analogie dazu bildet der ägyptische Sonnengott Horus mit seinen vier Söhnen. Auch Gegenstände wie das Rad oder das Kreuz haben unter Umständen symbolischen Gehalt. Was sie genau symbolisieren, ist allerdings immer noch ein strittiger Punkt.

Ein Wort oder ein Bild ist symbolisch, wenn es mehr enthält, als man auf den ersten Blick erkennen kann. Es hat dann einen weiteren „unbewußten" Aspekt, den man wohl nie ganz genau definieren kann. So gelangt der menschliche Geist bei der Erforschung von Symbolen zu Vorstellungen, die sich dem Zugriff des Verstandes entziehen. Das Rad führt uns vielleicht zu dem Begriff einer „göttlichen" Sonne, aber hier muß der Verstand seine Unzulänglichkeit eingestehen; der Mensch ist außerstande, ein „göttliches" Wesen zu definieren. Wenn wir in unserer intellektuellen Beschränktheit etwas „göttlich" nennen, so haben wir ihm damit nur einen Namen gegeben, der vielleicht auf Glauben basiert, aber nie auf faktischem Augenschein. Auch die Religionen verwenden für das, was über den menschlichen Verstand hinausgeht, eine symbolische Sprache. Aber diese bewußte Anwendung von Symbolen ist nur ein Aspekt einer psychologischen Tatsache von großer Wichtigkeit: Der Mensch produziert Symbole auch unbewußt und spontan, in Form von Träumen. (...)

Ich habe anfangs auf den Unterschied zwischen Zeichen und Symbolen hingewiesen. Ein Zeichen ist immer weniger gehaltvoll als der Begriff, für den es steht, während ein Symbol mehr enthält, als man auf den ersten Blick erkennen kann. Symbole sind außerdem natürliche und spontane Erscheinungen, man erfindet sie nicht. Niemand kann einem mehr oder weniger vernünftigen Gedanken, den er durch logische Überlegung gewonnen hat, anschließend eine „symbolische" Form geben. Wie phantasievoll man eine derartige Idee auch ausschmücken mag, sie ist immer nur ein mit dem bewußten Gedanken verbundenes Zeichen, kein Symbol, das auf etwas noch Unbekanntes hinweist. In Träumen hingegen treten Symbole spontan auf, denn Träume geschehen, sie werden nicht erfunden; sie bilden daher die Hauptquelle unserer Symbolkenntnis.

Allerdings muß ich betonen, daß Symbole nicht nur in Träumen vorkommen, sondern auch in anderen Arten psychischer Manifestationen. Es gibt symbolische Gedanken und Gefühle, symbolische Handlungen und Situationen. Oft scheint es, als ob sogar unbelebte Objekte in der Anordnung symbolischer Muster mit dem Unbewußten zusammenarbeiten. Es gibt zahlreiche authentische Berichte über Uhren, die beim Tode des Besitzers stehenblieben; zum Beispiel die

Pendeluhr im Schloß Friedrichs des Großen, die stehenblieb, als der König starb. Andere bekannte Beispiele sind: der Spiegel, der zerbricht, oder das Bild, das von der Wand fällt, wenn jemand stirbt; oder auch geringfügige, aber unerklärliche Schäden in einem Haus, in dem jemand eine Gefühlskrise durchmacht. Auch wenn Skeptiker solchen Berichten keinen Glauben schenken, hört man immer wieder derartige Erzählungen, und diese Tatsache allein sollte genügen, um die psychologische Bedeutsamkeit dieser Berichte zu unterstreichen.

Es gibt jedoch viele Symbole (zum Teil sehr wichtige), die ihrem Charakter und Ursprung nach nicht individuell, sondern kollektiv sind. Dabei handelt es sich hauptsächlich um religiöse Bilder. Der Gläubige nimmt an, sie seien göttlichen Ursprungs und dem Menschen geoffenbart worden. Der Skeptiker hält sie für erfunden. Beide haben unrecht. Zwar ist die Behauptung des Skeptikers insofern richtig, als religiöse Symbole und Begriffe oft jahrhundertelang Gegenstand sorgfältiger und bewußter Bearbeitung gewesen sind. Ebenso richtig ist die Vermutung des Gläubigen, der Ursprung der Symbole liege so tief im Geheimnis der Vergangenheit begraben, daß sie aus keiner menschlichen Quelle zu stammen scheinen. In Wirklichkeit sind es aber „kollektive Vorstellungen", die auf frühesten Menschheitsträumen und schöpferischen Phantasien beruhen. Als solche sind diese Bilder spontane Erscheinungen und keineswegs willkürliche Erfindungen.

Diese Tatsache hat (...) einen wichtigen Bezug zur Traumdeutung. Man wird selbstverständlich einen Traum, den man für symbolisch hält, anders interpretieren, als wenn man glaubt, der treibende Gedanke sei bereits bekannt und durch den Traum nur „verkleidet". Im letzteren Fall hat Traumdeutung wenig Sinn, denn man wird nur das finden, was man schon weiß. (...)

Wenn der medizinische Psychologe sich für die Symbole interessiert, so beschäftigen ihn primär die „natürlichen" im Unterschied zu den „kulturellen" Symbolen. Die ersteren leiten sich von den unbewußten Inhalten der Psyche ab und repräsentieren daher eine enorme Anzahl von Variationen der wesentlichen archetypischen Bilder. In vielen Fällen kann man sie noch bis zu ihren archetypischen Wurzeln zurückverfolgen, das heißt auf Ideen und Bilder, die man in ältesten Berichten und in primitiven Gesellschaftsordnungen antrifft. Die kulturellen Symbole andererseits sind solche, die man bewußt verwendet hat, um „ewige Wahrheiten" auszudrücken; sie werden immer noch in vielen Religionen gebraucht. Sie haben viele Umformungen und sogar einen mehr oder weniger bewußten Entwicklungsprozeß erlebt und sind auf diese Weise zu kollektiven Bildern geworden, die man in zivilisierten Gesellschaften anerkennt. Solche kulturelle Symbole enthalten trotzdem noch viel von ihrer ursprünglichen Numinosität, ihrem „Zauber". Man weiß, daß sie in manchen Menschen eine tiefe Gefühlsreaktion auslösen können, und ihre psychische Ladung läßt sie in ähnlicher Weise wirken wie Vorurteile. Sie sind Faktoren, mit denen der Psychologe rechnen muß; es ist töricht, sie einfach abzutun, nur weil sie, rational betrachtet, bedeutungslos erscheinen. (...)

Der moderne Mensch versteht nicht, wie sehr sein „Rationalismus" (der seine Fähigkeit zerstört hat, auf numinose Symbole und Ideen zu reagieren) ihn der psychischen „Unterwelt" preisgegeben hat. Er hat sich selbst vom „Aberglauben" befreit (wenigstens glaubt er das), aber bei diesem Vorgang hat er seine geistigen Werte in einem erschreckend hohen Maß verloren. Seine moralische und geistig-seelische Tradition ist zerfallen, und er zahlt nun den Preis für diese Auflösung mit weltweiter Desorientierung und Zersetzung.

Anthropologen haben oft beschrieben, was passiert, wenn in einer primitiven Gesellschaftsordnung die geistigen Werte dem Ansturm der modernen Zivilisation ausgesetzt werden. Die Menschen verlieren den Glauben an den Sinn ihres Lebens, ihre soziale Ordnung zerfällt, und sie selber gehen moralisch zugrunde. Wir sind heute in der gleichen Lage. Aber wir haben nie richtig verstanden, was wir verloren haben, denn unsere geistigen Führer waren unglücklicherweise mehr daran interessiert, ihre Institutionen zu schützen, als daran, das Geheimnis zu verstehen, welches die Symbole darstellen. Meiner Meinung nach schließt der Glaube nicht das Denken aus (das die stärkste Waffe des Menschen ist); aber leider scheinen manche Gläubige sich so sehr vor der Naturwissenschaft (und vor der Psychologie) zu fürchten, daß sie blind sind gegenüber den numinosen psychischen Mächten, die ewig das Schicksal des Menschen beherrschen. Wir haben alle Dinge ihres Geheimnisses und ihrer Numinosität beraubt; uns ist nichts mehr heilig. (...)

In dem Maße, wie unser wissenschaftliches Verständnis zugenommen hat, ist unsere Welt entmenschlicht worden. Der Mensch fühlt sich im Kosmos isoliert, weil er nicht mehr mit der Natur verbunden ist und seine emotionale „unbewußte Identität" mit natürlichen Erscheinungen verloren hat. Diese haben allmählich ihren symbolischen Gehalt eingebüßt. Der Donner ist nicht mehr die Stimme eines zornigen Gottes und der Blitz nicht mehr sein strafendes Wurfgeschoß. In keinem Fluß wohnt mehr ein Geist, kein Baum ist das Lebensprinzip eines Mannes, keine Schlange die Verkörperung der Weisheit, keine Gebirgshöhle die Wohnung eines großen Dämons. Es sprechen keine Stimmen mehr aus Steinen, Pflanzen und Tieren zu den Menschen, und er selbst redet nicht mehr zu ihnen in dem Glauben, sie verständen ihn. Sein Kontakt mit der Natur ist verlorengegangen und damit auch die starke emotionale Energie, die diese symbolische Verbindung bewirkt hatte.

Dieser enorme Verlust wird durch die Symbole unserer Träume wieder ausgeglichen. Sie bringen unsere ursprüngliche Natur ans Licht – ihre Instinkte und eigenartigen Denkweisen. Leider drücken sie jedoch ihre Inhalte in der Sprache der Natur aus, die uns fremd und unverständlich ist.

C. G. Jung:
Der Mensch und seine Symbole

Die Welt der Geheimbünde ist zugleich eine Welt der Symbole, symbolischer Zeremonien und verschlüsselter Botschaften. Zu ihnen zählen, als wohl bekanntester Männerbund, die Freimaurer. Diese Geheimgesellschaft, der Goethe und Schiller ebenso nahestanden wie Lessing, Kleist, Haydn, Mozart, Stresemann, Churchill oder Lucio Celli, der Meister der Loge P 2, umgibt sich mit zahlreichen Riten, Symbolen und geheimnisvollen Kulthandlungen, die für einen Außenstehenden, einen „Profanen", schwer zu deuten sind. Die Aufnahmefeierlichkeiten zum Lehrling, zum Gesellen und zum Meister haben dabei eine wichtige Bedeutung. Doch unterscheidet sich die Symbolwelt des Lehrlingsgrades von der des Gesellengrades ebenso wie von der des Meistergrades.

Das Zeichen, es ist im Lehrlingsgrad das sogenannte Halszeichen, nimmt die in alten Eiden angedrohte Bestrafung auf und kann wegen seiner Auffälligkeit naturgemäß nur innerhalb der geöffneten Loge ausgeführt werden. Kumulativ findet es seine Anwendung, wenn der Meister die versammelten Brüder „in Ordnung" ruft, der einzelne bedient sich seiner, wenn er, wie dies Ernst Lothar beschreibt, einen Vortrag, eine Wortmeldung innerhalb der Loge zu halten hat. Die moderne Interpretation sieht im Halszeichen ein „Zeichen geistiger Ordnung. Die rechte Hand birgt Winkelmaß und Zirkel, und in ihnen liegen die Mittel und Methoden verborgen, die dem Bewußtwerden des inneren Lebens dienen."

Das Lehrlingswort ist der Bausymbolik des Salomonischen Tempels entnommen; an der rechten Säule, der Säule J(achin) bzw. J(akin) empfängt der Lehrling seinen Lohn. Gleichsam um die Sicherheit dieses Losungswortes zu erhöhen, wird auf die korrekte Aussprache des Wortes geachtet, d. h. es darf nicht ausgesprochen, sondern wechselseitig buchstabiert und syllabiert werden.

Der Griff, die Art des Handschlages, die auf betonte Unauffälligkeit größten Wert legt, wiederholt den Lehrlingsschlag, dessen beiden kurzen Schläge den Eifer bei der Arbeit symbolisieren, während der lange Schlag die Beharrlichkeit wiedergibt. Der Rhythmus der Schläge entspricht auch jenem der Hammerschläge bei der Eröffnung und Schließung der Loge.

Unterschiedlich wird die Weitergabe der Notzeichen gehandhabt, „auf das hin jeder Bruder zur Hilfeleistung verpflichtet ist". So hat man dieses häufig in Kriegszeiten schon dem Lehrling mitgeteilt, was sich auch in der freimaurerischen Ikonographie niederschlägt.

Beim Eintritt in den Tempel fordert der Wachhabende jedem das Paßwort ab. Tubalkain wird im Alten Testament als Nachkomme des Kain bezeichnet, dem die Trennung der Metalle vom Gestein und deren Bearbeitung gelang. Er und sein Bruder schufen nach freimaurerischer Tradition die beiden Säulen des Tempels – Jachin, die Säule der Lehrlinge, ist aus Eisen – Boas, die linke Säule, ist aus Ton. – „So wie sich in Tubalkain ein

Der Tempel Salomos und seine Symbole; 1745 publizierte Abbildung eines Freimaurerteppichs

A
D
F
G
15
Fidelitas moribus unita.
12
13
14
10
11
7
G
6
8
Beauté.
5
J
4
1
2
3
B
C

Erwachen künstlerischer Gestaltung versinnbildlicht, soll auch im Lehrling der Drang entstehen, sich Werkzeuge zu schaffen, die der Bearbeitung des rauhen Steins, der Formung seiner Seele dienen. Darum wird er Tubalkain genannt." Derartige Bilder, die von Bibelzitaten ausgehen, die zu eigenen Legendenkränzen geformt werden, sind auch weiterhin typisch für die freimaurerische Bildersprache.

Als ein weiteres Sicherheitszeichen vor der Eröffnung einer Loge ist das Fußzeichen anzusehen, bei dem der linke Fuß gegen Osten gerichtet ist, während der rechte im rechten Winkel dazu gesetzt wird. Jeweils mit dem linken Fuß beginnend, werden drei kleine Schritte gemacht, mit denen der profane Bereich verlassen und die Schwelle des sakralen Bereiches überschritten wird.

Diese Erkennungszeichen haben längst nur noch symbolischen Wert, da sie, immer wieder publiziert, längst der Öffentlichkeit zugänglich gemacht worden sind. Zwar sind immer wieder Änderungen in einzelnen Systemen durchgeführt worden, doch ihre ursprüngliche Funktion, Erkennungszeichen unter Brüdern zu sein, haben sie ritualbezogen beibehalten. Ansonsten sind der Logenpaß, oft unterschiedlich geformt und ausgeführt, das gedruckte Mitgliederverzeichnis und die damit mögliche Überprüfung der Daten eines Unbekannten die eigentliche Identifikationsmöglichkeit.

Nach der Belehrung wird der Lehrling als Maurer investiert, eingekleidet, d. h. ihm wird der Lehrlingsschurz umgebunden, das Bijou umgehängt. Weiße Handschuhe und in manchen Logen der Hohe Hut, also der Zylinder, der alle gleich macht, vervollständigen die maurerische Kleidung. In der Regel ist der Schurz ein weißes Viereck, dessen oberer Abschluß eine dreieckige Klappe trägt. Hier gibt es sowohl in der Größe, in der Art des Materials und in der Ausführung unterschiedliche Möglichkeiten. Während in Deutschland durchwegs ein kleines Format (25 cm x 34 cm) üblich ist, gleichgültig, ob man normale Schurze oder sogenannte Hamburger Schurze, die eine spatenförmige Grundform besitzen, verwendet, ist das internationale Format deutlich größer (35 cm x 41 cm). Die ursprüngliche Herkunft, der Arbeitsschurz des Handwerkers, ist lediglich ahnbar. Das Dreieck über dem Viereck symbolisiert die Form einer Pyramide, „den Aufschwung aus der materiellen Vierheit in die inmaterielle Dreiheit". Die Bedeutung des Schurzes, der auf den nicht symbolbelasteten Außenstehenden eher seltsam wirkt – Vergleiche mit Kellnerschürzen sind gerade im österreichischen Raum häufig –, kann man der freimaurerischen Eigendefinition am ehesten entnehmen. „Der Freimaurerschurz ist ‚älter als das Goldene Vlies und der Römische Adler und wertvoller als irgendeine Auszeichnung unter der Sonne'." Der Schurz ist auch eine stete Mahnung zum Fleiß, eine Mahnung, nicht müßig zu sein, „wenn der Meister vom Stuhl zur Arbeit ruft".

Das Bijou oder Logenabzeichen wird mit einem meist hellblauen Band um den Hals getragen und stellt als sprechendes Wappen die Loge, in die man aufgenommen worden ist, dar. Es symbolisiert letztlich primär die Zugehörigkeit zu einer bestimmten Loge, während der Schurz umfassendes Zeichen aller Freimaurer ist. (...)

In jenen Ritualen, in denen bis dahin dem Lehrling noch nicht der Sinn der Initiationshandlungen erklärt worden ist, folgt nun eine ausführliche Interpretation und schließlich die Erklärung des in der Loge aufliegenden Arbeitsteppichs. (...)

Der mannigfache Symbolgehalt der Arbeitstafel wird in der aktuellen deutschen Ritualkunde folgendermaßen interpretiert: „Das längliche Viereck stellt den Grundriß des Salomonischen Tempels dar ... Eine Mauer umgibt ihn, in die im Osten, Süden und Westen Tore eingelassen sind. Ursprünglich waren es Fenster, an denen die drei hammerführenden Meister ihre Plätze hatten, um den Lauf der Sonne zu beobachten. Im Norden befindet sich keine Öffnung, weil von dorther die Sonne keine Strahlen wirft." Feddersen betont in diesem Zusammenhang die Bedeutung der Einfassung der Arbeitstafel, die als Sinnbild, als ideales Modell der Loge in ihrer Formgebung die Eigenheiten des jeweiligen Systems spiegelt. So bedeutet die Mauer zunächst die Abgrenzung des Heiligen Raumes, später wird sie zum Symbol der Heiligen Stadt, Jerusalems. Grundsätzlich bildet sie aber einen „Zauberkreis", in dem das Gute vor dem Bösen abgeschirmt wird.

„Die Einteilung des Innenraumes ist dreigestuft. Im Westen erstreckt sich der Vorhof mit dem musivischen Pflaster. Es folgt die Halle mit den der Steinmetzzunft entlehnten Werkzeugen irdischen Bauens. Im Osten schließlich, abgetrennt durch das beherrschende Zeitsymbol des Maßstabs, der Raum, in dem die Symbole angeordnet sind, in denen der Bezug auf die Transzendenz sichtbar wird. Am Westrand des Arbeitsteppichs erblicken wir zwei freistehende Säulen, deren linke mit dem Anfangsbuchstaben des Lehrlingswortes bezeichnet ist. An ihr versammeln sich die Lehrlinge, um ihren symbolischen Lohn zu empfangen. Die beiden Säulen verkörpern auch das aktive und das passive Prinzip, auf deren Wechselwirkung und Ausgleich das irdische Leben gegründet ist. Wer sich anschickt, das musivische Pflaster zu überschreiten, muß in der Mitte zwischen ihnen hindurchgehen. Das musivische Pflaster, der alte Meßgrund der Steinmetzen, leitet sich von dem Lambdoma der Pythagoräer her. In der maurerischen Symbolik weisen seine wechselnden weißen und schwarzen Felder auf den ständigen Wechsel von Licht und Schatten, Freude und Schmerz, Kommen und Vergehen hin, der das Leben auf der Erde kennzeichnet. Die Regelmäßigkeit der Anordnung zeigt indessen an, daß dieser Wechsel nicht ein Spiel des blindwaltenden Zufalls, sondern die Wirkung ewiger Gesetze ist, die uns in die Bahnen der Entwicklung zur Vollendung hin geleiten wollen."

Das musivische oder mosaische Fußpflaster zählt zu den Kernsymbolen der Teppiche; der Name leitet sich aller Wahrscheinlichkeit nach vom Begriff Mosaik ab und hat im Gegensatz zu immer wiederkehrenden

Behauptungen nichts mit Moses oder Mosaisch zu tun, daher ist an sich auch die Bezeichnung Mosaic Pavement bzw. Pavé Mosaique deutlicher und nicht so irreführend wie die traditionellen bei uns gebräuchlichen Wörter. Gestalterisch unterstreicht er den Tempelcharakter mit der in Sakralbauten üblichen Ausgestaltung der Fußböden. Der Teppich als „Bauplan des menschlichen Lebens“ symbolisiert mit dem Schwarz-Weiß des Pflasters ebenso wie in den beiden Säulen die beherrschenden Gegensätze.

„Dreimal umkreisen wir das musivische Pflaster auf unseren Reisen zum Licht. Doch jedesmal geht unser Weg am Osten vorbei, und wir finden uns wieder in der Dunkelheit des Westens, von wo wir ausgegangen sind. Erst wenn wir die Kenntnis der rechten Schritte erlangen, können wir uns über unser kleines Menschenschicksal erheben und geraden Weges das Licht aufsuchen. Diese Überschreitung unserer selbst ist die Voraussetzung zum Eintritt in die Halle des Tempels, wo wir die Werkzeuge finden, deren wir zu unserer Vervollkommnung bedürfen. Sieben Stufen am östlichen Ende des Mosaiks weisen auf die Möglichkeit des Anstiegs zu höheren Ebenen hin.“

Diese Stufen haben in älteren Tafeln ihren Vorläufer in der Leiter, nachgebildet der Leiter des Jakob (Gen 28,12). Gleichgültig ob Leiter, sieben oder drei Stufen einer Treppe oder eine Wendeltreppe wird damit der symbolische Aufstieg zu lichteren Höhen angedeutet.

Die sieben Stufen der heutigen deutschen Teppiche weisen auf die Zahl drei – das „Alter des Lehrlings –, mit der Zahl fünf auf den Gesellen hin und deuten mit der Sieben die Vollendung im Meistergrad an“.

„Der rauhe, unbehauene Stein, der an der Säule zur Linken liegt, ist das Sinnbild des Lehrlings. Mit dem Spitzhammer müssen seine Ecken und Kanten abgeschlagen werden. Die naturhaften Unebenheiten des Steins weisen auf die Unvollkommenheit des Verstandes und des Herzens vor Beginn dieser Arbeit hin. So wie der Stein in die rechte Form gebracht und geglättet werden muß, damit er zum Bauen taugt, so muß auch der Lehrling an seiner Vervollkommnung arbeiten, mit Eifer und Beharrlichkeit. Es wird nicht gefordert, alle Steine in gleicher Form zu behauen, sondern vielmehr unter Beachtung ihrer Eigenart so, daß sie sich winkelrecht in den Bau einfügen lassen …

Die drei hammerführenden Meister … tragen als Amtsabzeichen das Senkblei, die Setzwaage und den rechten Winkel. Der Bau unseres Lebens muß so aufgeführt werden, daß er jederzeit einer Prüfung durch diese drei Werkzeuge standhalten kann. Das Senkblei zeigt die Senkrechte, die Setzwaage die Waagrechte an. Beide bilden zusammen den rechten Winkel, aber auch den Kreuzbalken von Leben und Vergänglichkeit …

Winkelmaß und Zirkel sind die Symbole des irdischen und des göttlichen Bauens. In vereinigter Form, wobei der Zirkel von Osten nach Westen und der Winkel von Westen nach Osten geöffnet sind, symbolisieren sie die Vereinigung von Oben und Unten. Sie weisen auf die

Kraft hin, die der Materie innewohnt, wenn sie durchgeistigt ist, wenn das irdische Bauen nach göttlichem Plan erfolgt.

Quer auf dem Weg unseres weiteren Fortschreitens liegt der vierundzwanzigzöllige Maßstab, der uns an die weise Einteilung der Stunden des Tageslaufs gemahnt. Gelingt sie uns nicht, so ist an dieser Stelle unser Weg zu Ende ... Nicht alle Menschen haben das gleiche Maß ... Was für den einen gut ist, muß es nicht für den anderen sein. Weise ist die Einteilung der Zeit, wenn sie es uns ermöglicht, beständig an unserer Vervollkommnung zu arbeiten ...

Gelingt es uns, auch diese Grenze zu überschreiten, so sehen wir uns nun den Symbolen der geistigen Welt gegenüber. Wir betreten einen Bereich, dessen Symbolik den Sonnen-, Licht- und Feuerkulten der Menschheit entstammt. Die Sonne ist die Kraft, die auf der Erde das Leben spendet ... Im Süden erreicht sie ihren höchsten Stand und ihre größte Stärke. Ihr gegenüber im Norden der von ihr bestrahlte Mond. Beide bilden im Osten ein aktiv-passives Gegensatzpaar wie die beiden Säulen im Westen.

Licht und Dunkel, Leben und Tod sind nur scheinbar unerbittliche Gegensätze ... Im Geist des meisterlichen Menschen sollen das aktive und das passive Element zur Harmonie der Sphären verschmelzen. Dann regieren die Sonne, der Mond und der Meister die Loge.

Rings um die Symbole der Transzendenz herum, deren Ordnung dreimal drei Sterne symbolisieren, schlingt sich das Vereinigungsband, die Knotenschnur. Sie ist nicht mit dem Strick identisch, der in alten Ritualen dem Kandidaten um den Hals gelegt wurde.

Dieser war ein Symbol des Verstricktseins in unbeherrschte Leidenschaften, materielle Verblendung, Ängste und Vorurteile, die geistige Dunkelheit und Fesselung des höheren Lebens im Menschen verursachen. Von diesen Banden muß der Suchende sich lösen, um zur Erkenntnis seiner selbst zu gelangen ... Dieser symbolische Vorgang wird durch die Augenbinde hinreichend ... ausgedrückt.

[Die] Knotenschnur finden wir ... im Osten unter den Symbolen, die auf die Transzendenz hinweisen. Ihre Knoten bilden die Form der liegenden Acht, der Lemniskate, das Zeichen der Unendlichkeit. Ihre beiden Enden senken sich in den Bereich der irdischen Symbolik herab. Sie geben dem Strebenden ein lockendes Zeichen, dieser Führungsschnur in dem Raum des ewigen Lichts zu folgen. Der Arbeitsteppich ist der symbolische Bauplan unseres Lebens. Demjenigen, der seine Zeichen recht zu lesen und zu deuten versteht, offenbart sich das Geheimnis der Königlichen Kunst."

Dieter A. Binder:
Die diskrete Gesellschaft

Zahlensymbolik in der Mystik des Islam

Zahl	geometrische Entsprechung statisch dynamisch	Makrokosmos	Mikrokosmos
1		**Schöpfer** *der Eine, der Ewige*	**Schöpfer** *der Eine, der Ewige*
2		**Intellekt** *angeboren, erworben*	**zweigeteilter Körper** *links, rechts*
3		**Seele** *pflanzlich, tierisch, vernunftsgemäß*	**Aufbau der Lebewesen** *2 Extremitäten, 1 Mitte*
4	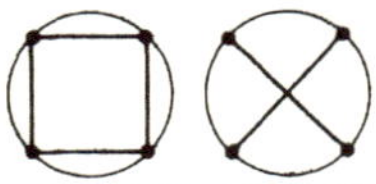	**Materie** *Urform, physikalische Form, universelle Form, künstliche Form*	**Vier Säfte** *Phlegma, Blut, Gelbe Galle, Schwarze Galle*
5		**Elemente** *Äther, Feuer, Luft, Wasser, Erde*	**Fünf Sinne** *Sehen, Hören, Fühlen, Schmecken, Riechen*
6	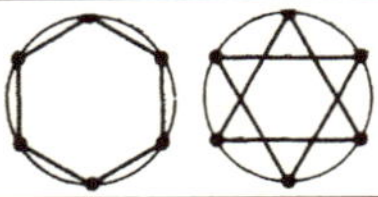	**Körper** *oben, unten, vorne, hinten, rechts, links*	**Sechs Bewegungen** *Auf, Ab, Vorwärts, Rückwärts, nach rechts, nach links*
7	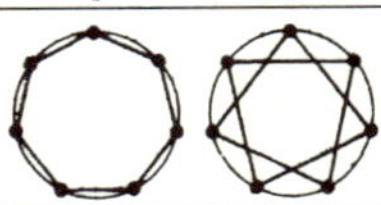	**Universum** *7 sichtbare Planeten, 7 Tage der Woche*	**Aktive Tätigkeiten** *Anziehung, Abstoßung, Nahrung, Verdauung, Wachstum, Lebenserhaltung, Ausformung*
8	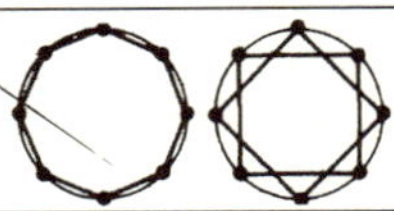	**Qualitäten** *kalt, trocken, kalt, feucht, warm, feucht, warm, trocken*	**Qualitäten** *kalt, trocken, kalt, feucht, warm, feucht, warm, trocken*
9	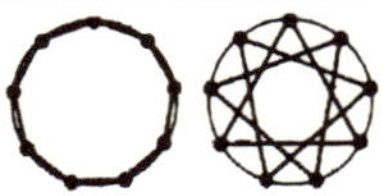	**Zusammensetzung dieser Welt** *Mineralien, Pflanzen, Tier zu je drei Hauptteilen*	**Neun Elemente des Körpers** *Knochen, Gehirn, Nerven, Adern, Blut, Fleisch, Haut, Nägel, Haare*
10	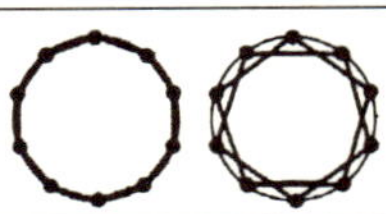	**Die Heilige Tetraktys** *Die ersten vier universellen Eigenschaften*	**Hauptdispositionen des Körpers** *Kopf, Hals, Brust, Bauch, Leib, Brusthöhle, Becken, je 2 Ober-, Unterschenkel, Füße*
12	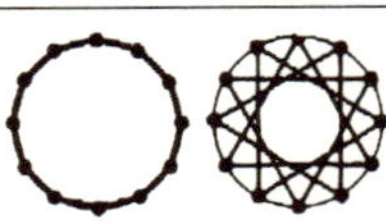	**Tierkreis** *Feuer, Wärme, Trockenheit, Ost, Erde, Kälte, Trockenheit, Süd, Luft, Wärme, Feuchtigkeit, West, Wasser, Kälte, Feuchtigkeit, Nord*	**Zwölf Öffnungen des Körpers** *2 Augen, 2 Ohren, 2 Nasenlöcher, 2 Brustwarzen, 1 Mund, 1 Nabel, 2 Exkretionsöffnungen*

Zahlen haben in den meisten Kulturkreisen und in den verschiedenen Religionen eine ausgeprägte symbolische Bedeutung. Sie gelten häufig als Schlüssel kosmischer und menschlicher Ordnungsprinzipien und haben in ihrer symbolischen Bedeutung meist auch einen zahlentheoretischen Hintergrund.

Die Vorstellung, daß Zahlen eine symbolische (magische) Bedeutung zukommt, ist sehr alt, wahrscheinlich war sie schon in Mesopotamien bekannt und hängt eng mit Entwicklung und Ausbildung des Mikrokosmos-Makrokosmos-Denkens zusammen. Möglicherweise spielten periodische kosmische Vorgänge (Tag-Nacht-Wechsel, Mondwechsel, Jahres- und Planetenperioden usw.) ebenso eine Rolle wie auch das babylonische Sexagesimalsystem mit seiner großen Anzahl von Teilern der Zahl 60; auffallend ist auch, daß viele Symbolzahlen durch Multiplikation gewonnen wurden, aber kaum durch Division; das ist ebenfalls ein möglicher Hinweis auf einen babylonischen Ursprung, weil die Babylonier nicht dividierten, sondern mit der reziproken Zahl multiplizierten.

Ihre erste Hochblüte erlebte die Zahlensymbolik bei den Pythagoreern und ihren Nachfolgern; weitere Hochblüten sind zur Zeit der Kabbalistik und der mittelalterlichen magischen Spekulationen zu beobachten.

Ungerade Zahlen
werden in der Zahlensymbolik als aktiv, männlich, „hochstrebend“, als das Begrenzte darstellend aufgefaßt; in der modernen Schreibweise als 2n + 1 (wobei n jede Zahl größer oder gleich Null) notiert.

Beispiele von figurierten Zahlen

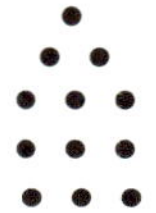

fünfeckige Zahl

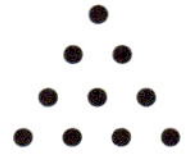

Dreieckszahl

quadratische Zahl

rechteckige Zahl

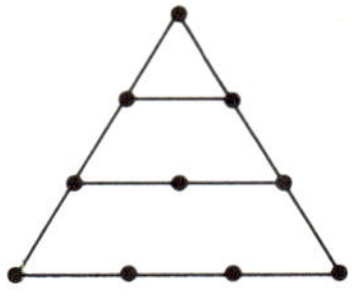

Dreieckszahlen

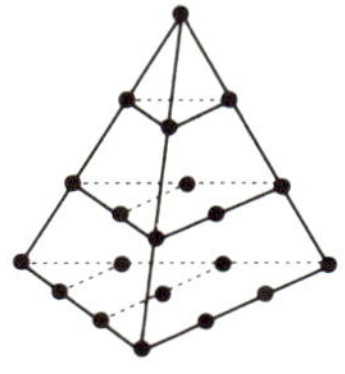

Pyramidenzahlen

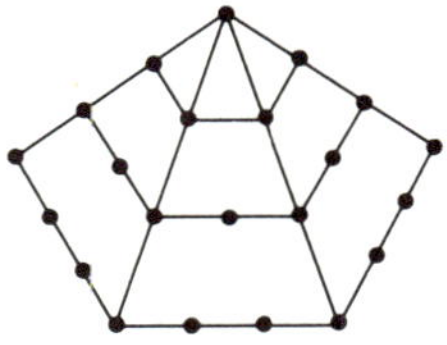

Fünfeckzahlen

Gerade Zahlen
werden in der Zahlensymbolik als passiv, weiblich (weil in 2 gleiche Teile spaltbar), „empfänglich", als das Unbegrenzte darstellend aufgefaßt; in der modernen Schreibweise als 2n (wobei n jede Zahl größer als Null) notiert.

Primzahlen
sind nicht ohne Rest durch ungerade oder gerade Zahlen teilbar, sie sind nur durch 1 oder sich selbst teilbare Zahlen, sie spielen nur bis zur Zahl 19 eine wichtigere Rolle, wie etwa 2, 3, 5 oder 7, darüber nur eine geringe; allgemein gilt, daß ihre Symbolik um so komplexer ist, je größer sie ist. 1 gilt nicht als Primzahl. Auffallend ist, daß gerade die 2, 3 und 5 die Hauptfaktoren sind, aus denen die Zahlen des Sexagesimalsystems aufgebaut sind.

Die Null
spielt in der Zahlensymbolik eine untergeordnete Rolle, ein Hinweis dafür, daß die Null als Zahl relativ spät (mit dem Positionssystem der Zahlen) in die Zahlenfolge eingefügt wurde.

Multiplikation
verstärkt die „Wirkung" einer Zahl, wenn man sie mit einer anderen symbolträchtigen Zahl multipliziert; besonders wichtig ist dieser Aspekt bei 2, 3 und 5 und ihren Potenzen:
$2^2 = 2 \times 2 = 4$, $2^3 = 2 \times 2 \times 2 = 8$,
$3^2 = 3 \times 3 = 9$, $3^3 = 3 \times 3 \times 3 = 27$,
$5^2 = 5 \times 5 = 25$.

Quersummenbildung, mystische Addition,
ist ebenfalls in der Zahlensymbolik wichtig, z. B. 374 wird als Summe von $3 + 7 + 4 = 14$ aufgefaßt, 14 seinerseits ergibt die Quersumme $1 + 4 = 5$ und 5 ist eine Symbolzahl.

Zahlen-Buchstaben-Symbolik,
eine wichtige Operation, die darauf beruht, daß hebräische und griechische Buchstaben auch Zahlenwerte haben; aus der wechselweisen Zuordnung ergibt sich in der griechisch-römischen Antike, in der Kabbalistik und in der mittelalterlichen Magie (Gematrie), oft zusammen mit der Quersummenbildung, eine nahezu unüberschaubare Zahl von zahlensymbolischen Interpretationen.

Ein Beispiel für Zahlen-Buchstaben-Symbolik

Das griechische Wort für Taube = peristerá und Alpha und Omega haben den gleichen Zahlenwert 801, sie können folglich wechselweise durch den Zahlenwert repräsentiert werden.

Schon seit den Anfängen der Zahlensymbolik spielt die Verknüpfung von (arithmetischen) Zahlen mit (geometrischen) Figuren eine große Rolle, so z. B. als figurierte oder Polygonalzahlen. In diesem Zusammenhang müssen auch magische Quadrate gesehen werden.

Die Zahlensymbolik hat sich in der Neuzeit, besonders in der Esoterik, als Numerologie mit meist völlig haltlosen Spekulationen erhalten.

Udo Becker:
Lexikon der Symbole

Das Symbol in der Kunst

In unzähligen Kunstwerken finden sich bildliche Darstellungen, die durch Mythologie, Religion, Tradition und jahrhundertealte Überlieferung geprägt sind. Die Ikonographie, also die Kunde von den Bildinhalten, ist ein unentbehrliches Hilfsmittel, um Symbole, Allegorien oder Attribute ebenso zu entschlüsseln wie Motive oder Sujets.

Wappen des Königreichs Spanien

Seit jeher kommt auch der Farbe in der Kunst eine symbolische Bedeutung zu. Insbesondere die heraldischen Farben des Mittelalters erhielten eine, wenn auch nicht immer einheitliche, Deutung. Und so kam den mittelalterlichen Künstlern, den Wappenmalern oder den Miniaturisten, die Aufgabe zu, den Symbolwert der Farben und die symbolischen Farbentsprechungen in ihren Werken deutlich zu machen.

Geprägt durch die Romantik und die Jungsche Psychologie der Archetypen erwarten wir, daß Symbole eine gewisse allgemeine Gültigkeit besitzen, in irgendeiner Art und Weise einem tiefempfundenen menschlichen Bedürfnis antworten sollten. Im Mittelalter jedoch war das Symbolverständnis ein anderes: Symbole waren fließend, Erfindungen der Phantasie, unabhängig davon, ob sie späterhin eine Bestätigung fanden, etwa dadurch, daß sie von einer Institution wie der Kirche aufgegriffen wurden. Sie waren ein Ausfluß der „colori“ der Rhetorik, jener antiken Techniken des sprachlichen Ausmalens und Ausschmückens, die sich in mittelalterlichen Poetiken eines nach wie vor quicklebendigen Daseins erfreuten. So konnte etwa in einer frühbyzantinischen Hymne die Jungfrau Maria mit nicht weniger als 20 verschiedenen Natur- und Kunstgegenständen verglichen werden, und das Handbüchlein eines englischen Predigers des späten 14. Jahrhunderts konnte dem Pfau 16 verschiedene Bedeutungen zuweisen. Die Theorie der Symbolik von Augustinus bis Dante rückte diese Vieldeutigkeit in den Mittelpunkt: Im 12. Jahrhundert beispielsweise

weise fand sich in der ungewöhnlich ausführlichen Erörterung über Symbole des Petrus von Poitiers das Argument, ein und der gleiche Gegenstand könnte entgegengesetzte Konnotationen haben: So wurde der Löwe wegen seiner Wildheit manchmal mit dem Teufel verglichen, da er aber gleichzeitig furchtlos war, ließ er sich ebenso mit Christus vergleichen. Es ist daher nicht verwunderlich, daß sich die jüngere Forschung sehr schwer tut, hinsichtlich mittelalterlicher Farbsymbolik zu irgendwelchen endgültigen Schlußfolgerungen über die Bedeutungen einzelner Farben zu gelangen, selbst wenn es ihr gelingt, diese dingfest zu machen. So können der Königspurpur des Gewandes Christi und der Scharlach der Sünde miteinander identisch sein.

Frühe Anzeichen, die auf ein Bedürfnis hindeuten, den heraldischen Farben eine Bedeutung zuzuordnen, finden sich in den Schriften des Matthew Paris. Die Einteilung des Wappenschildes des (1183 in sehr jungem Alter verstorbenen) Prinzen Heinrich in rote und schwarze Felder war für Matthew Anlaß, in Rot eine Farbe des Lebens und in Schwarz eine Farbe des Todes zu sehen. Ebenso reizte ihn die Vorstellung, wonach der Ritter ein Träger des „Schildes des Glaubens“ sei („Scutum Fidei“, nach der Metapher des hl. Paulus in Epheser 6,16), wobei unter diesem Bild ein vermutlich auf Robert Grosseteste zurückgehendes theologisches Diagramm verstanden wurde, das in Form eines farbigen Dreiecks die Verbindung von Vater, Sohn und Heiligem Geist darstellte. Das Feld war in Grün gehalten, einer Farbe, die gelegentlich mit dem Glauben assoziiert wurde, allerdings im späteren heraldischen Kontext offenbar nicht mehr. Die Rundteile mit den Namen der Personen der Heiligen Dreifaltigkeit sind in Rot und Blau gehalten. Mit dieser Kombination von Rot, Blau und Grün warteten auch die ein wenig früher datierenden Diagramme des italienischen Theologen Joachim von Fiore auf, bei dem in einem Fall Beige für den Vater, Rot für den Sohn und Blau für den Heiligen Geist Anwendung fanden, während Grün benutzt wurde, um, wie hier, der Einheit des dreieinigen Gottes Ausdruck zu verleihen. Doch weder bei Joachim von Fiore noch bei den Wappenmalern des „Scutum Fidei“ war die Verteilung der Farben in irgendeiner Weise standardisiert.

Ein wesentlich aussagekräftigeres Indiz dafür, daß Wappen in metaphysischem Sinne gedeutet werden konnten, bietet eine Beschreibung von rund einem Dutzend Wappenschilde und ihren Trägern in der aus dem 13. Jahrhundert datierenden isländischen Thidrekssaga, in der die Teilnehmer am Bankett des Königs Theodorich (Thidrek, Dietrich) von Bern allesamt Ritter mit ausdrucksvollen Wappenbildern waren. Theodorich selbst trug ein rotes Wappen, ebenso ein weiterer Ritter, Hildebrand, als Zeichen dafür, daß er Theodorichs Lehensmann war. Daß der Erzähler der Sage mit einigen der Funktionen der Heraldik vertraut war, zeigt die Tatsache, daß er Angehörigen ein und desselben Geschlechts die gleichen Wappen zuordnet. Seine sittliche Auslegung der Wappen stützte sich überwiegend auf die Tierbilder, welche die Schilde als Bilddevise trugen, doch auch die symbolische Bedeutung bestimmter Farben wurde mitunter berücksichtigt. So trug beispielsweise Heine der Stolze ein blaues Wappen, das seine kühle Seele und sein mitleidloses Herz versinnbildlichte; Fasold und sein Bruder Ecke trugen Wappen mit einem roten Löwen, dessen Farbe Ausdruck ihrer Kampfeslust war. In der Thidrekssaga trägt ein einziger Ritter, Hornbogi von Wendland, wie sein Sohn Amelung ein braunes Wappen, dessen Farbe für Tugend und Höflichkeit stand. Die Farbe Braun ist ein deutlicher Hinweis auf die germanische Kultur, aus der diese Dichtung hervorgegangen ist. (...)

Die Verknüpfung der Farben der Heraldik mit der Astrologie und dem Kalender färbte auch auf den Bereich der Kleidung ab, und wir wissen, daß dies im Italien des 15. Jahrhunderts, wo der Herold Sizilien in Neapel für König Alfonso arbeitete, ein Aspekt der Farbdeutung war, der an den verschiedenen Höfen bis zu einem gewissen Grad aufgenommen wurde. Man weiß, daß Leonello d'Este, der Schwiegersohn König Alfonsos und Herzog von Ferrara, die Farbe seiner Kleider je nach dem Stand der Planeten und dem Tag der Woche auswählte; Alfonso selbst war immer sorgfältig in der Wahl seiner Kleider und bevorzugte Schwarz, das der Auslegung des Herold Sizilien zufolge für Melancholie und Klugheit stand; Schwarz war die in seiner Zeit gefragteste Kleiderfarbe.

Die sittlichen Bedeutungen, welche die Heraldik den Farben zuschrieb, fanden erwartungsgemäß vor allen Dingen in der Kleidung Ausdruck: In der Ordene de Chevalerie, einer beliebten französischen Dichtung, wird beschrieben, wie ein Ritter bei seiner feierlichen Aufnahme in den Ritterstand in der Regel zunächst mit einem weißen Gewand bekleidet war als Zeichen der Reinheit seines Körpers und anschließend in einem scharlachroten Umhang, um ihn an seine Pflicht zu gemahnen, zum Schutze der Kirche Blut zu vergießen. Dann zog er meist braune Strümpfe an, die ihn an die Erde erinnern sollten, in der er am Ende gebettet sein würde, und zum Schluß der Zeremonie legte er sich zum Zeichen seiner Keuschheit einen weißen Gürtel um. Eine der frühesten Debatten über Farbe, die wir aus dem Mittelalter kennen, war die sich über lange Jahre (um 1127–1149) hinziehende Auseinandersetzung zwischen dem hl. Bernhard von Clairvaux und Petrus Venerabilis über die Frage, ob Mönche Weiß wie die Zisterzienser oder Schwarz wie die bereits länger etablierten Benediktiner in Cluny tragen sollten. Der hl. Benedikt, der Begründer des abendländischen Mönchtums, hatte die Frage offengelassen und nur die billigste zu Gebote stehende Stoff- oder Ledersorte empfohlen, Petrus Venerabilis aber vertrat jetzt den Standpunkt, nur Schwarz vermöge die angemessene Demut, Buße und Trauer der Mönche in diesem Tal der Tränen auszudrükken. Weiß sei ein Ausdruck der Freude, ja der Glorie, wie bei der Verklärung Christi, und daher für diesen Zweck völlig ungeeignet. Petrus brachte in die Auseinandersetzung sowohl anthropologische wie theologische und historische Argumente ein: So verwies er darauf, daß Schwarz beispielsweise in Spanien eine Trauerfarbe sei. Die Debatte zeugt von einem bemerkenswerten hohen intellektuellen Niveau der Interpretation in Fragen der Farbbedeutung. Sie erinnert an die bestürzte Reaktion des Zeremonienmeisters von Papst Alexander VI. im Jahr 1495, als dieser eine Bittprozession in Weiß kleiden wollte, bei der um die Abschwächung eines schweren Sturms gebeten werden sollte, der bereits den Tiber über die Ufer hatte treten lassen und schon zahlreiche Menschenleben gefordert hatte: Weiß, erklärte der Beamte, sei ein Ausdruck der „Freude und des Glücks", und es gelang ihm, Papst Alexander dazu zu überreden, statt dessen das passendere Violett zu nehmen. (…)

Der heraldische Farbenschmuck wurde noch in einem weiteren, wesentlich spezialisierteren und mehr wissenschaftlichen Zusammenhang mit Bedeutung ausgestattet. Vom 14. Jahrhundert an war das Recht auf das Tragen eines persönlichen Wappens vor dem Gesetz zu rechtfertigen; ein italienischer Rechtsgelehrter namens Bartolo von Sassoferrato scheint der erste gewesen zu sein, der Kriterien für die Zuweisung von heraldischen Farben für einzelne Wappen ausarbeitete. Es gab für Bartolo fünf verschiedene Tinkturen: Ganz wissenschaftlich argumentierte er, die edelste Farbe sei Gold, weil es das Licht verkörpere; danach käme Rot, da es stellvertretend für das Feuer, das edelste aller Elemente, stehe. Aus diesem Grund sei es nur Fürsten gestattet, Gold und Rot in ihren Wappen zu tragen. Die dritte Tinktur sei Blau, die Verkörperung der Luft, die „eine diaphane, durchscheinende Substanz und besonders lichtempfänglich" sei. Über die beiden verbleibenden Farben Schwarz und Weiß meinte Bartolo unter Berufung auf Aristoteles, Weiß sei edel wegen seiner Lichtfülle und Schwarz am wenigsten edel, da es dem Weiß entgegengesetzt sei. Diese Hierarchie der Farben ließ sich nach Auffassung Bartolos nicht nur zur gesellschaftlichen Rangordnung in Beziehung setzen, sondern konnte sich auch auf die Anordnung des Farbenschmucks auf Schilden oder Bannern auswirken, und zwar dahingehend, daß die edelsten Farben ganz zuoberst und die übrigen der Reihe nach weiter unten plaziert werden würden.

John Gage:
Kulturgeschichte der Farbe

Der Kreis oder die Kugel als Symbol für Ganzheit oder Vollkommenheit haben in der Kunst vieler Kulturen einen wichtigen Stellenwert, wie Aniela Jaffé, eine Schülerin Jungs, feststellt. Die Kreisform bildet häufig die Grundlage meditativer Kunstwerke, die, nach Jungscher Lesart, den Menschen in sich ruhend, produktiv und so letztlich zufrieden machen.

Wo das Motiv des Kreises auftaucht, in alten Sonnenkulten oder in modernen religiösen Darstellungen, in Mythen oder Träumen, in Meditationsbildern oder im Grundriß moderner Städte: Immer weist es auf einen Aspekt des Lebens hin – auf seine ursprüngliche Ganzheit.

Ein indischer Schöpfungsmythus erzählt, wie der Gott Brahma inmitten eines riesigen tausendblättrigen goldenen Lotus stand und seinen Blick in die vier Richtungen des Raums schickte. Sein vierfaches Umherschauen im Rund der Blüte war wie eine erste Orientierung, ein unerläßlicher Ordnungsversuch, bevor er das Werk der Schöpfung beginnen konnte.

Ähnlich wird von Buddha berichtet: Im Augenblick seiner Geburt öffnete sich eine Lotusblüte, und Buddha trat in ihre Mitte, um in die acht Richtungen des Horizonts zu blicken. Überdies schaute er in die Höhe und in die Tiefe. Die symbolische Geste des ordnenden Schauens drückt mit sparsamsten Mitteln aus, daß von Geburt an Prinz Siddharta eine einmalige Persönlichkeit war, ein Bodhisattva, zur Erleuchtung bestimmt. Durch die zehnfach gegliederte Ordnung empfing er, so könnte man in mythischer Sprache sagen, die Signatur seiner totalen Existenz.

Die räumliche Orientierung, welche sich durch das Umherblicken Brahmas oder Buddhas vollzieht, kann vom psychologischen Gesichtspunkt aus als das Bild einer umfassenden seelischen Weltorientierung aufgefaßt werden. Es sind die vier Funktionen des Bewußtseins – Denken, Fühlen, Intuieren und Empfinden –, mit denen der Mensch den Eindrükken des Lebens, innen und außen, begegnet. Mit ihnen erfaßt er sie, nimmt er sie auf, und mit ihnen reagiert er. Die in künstlerischen Darstellungen häufige Achtteilung des Kreises entspricht der Tatsache, daß in der Regel je zwei der vier Bewußtseinsfunktionen miteinander kontaminiert sind, so daß vier Zwischenformen entstehen, zum Beispiel ein durch Intuition beeinflußtes Denken oder ein zur Empfindung neigendes Gefühl usw.

Ein vier- oder achtgeteilter Kreis bildet die häufigste Grundlage religiöser Bilder, die als Instrument östlicher Meditationsübungen dienen. Besonders im tibetanischen Lamaismus spielten Mandalaabbildungen mit reichem Bildinhalt eine Rolle. Meist sind es Darstellungen des Kosmos in seinem Zusammenhang mit göttlichen Mächten. Häufig besteht aber das Mandala nur aus geometrischen Figuren. Bei diesen „abstrakten" Yantras spielt neben Kreis und Quadrat auch das Dreieck eine Rolle; es sind ineinandergeschobene Dreiecke, von denen die einen mit der Spitze nach unten, die anderen mit der Spitze nach oben zeigen. Der Überlieferung nach drücken sie die Vereinigung von Shiva und Shakti aus, des göttlichen Paares, welches auch von der bildenden Kunst in unzähligen Varianten dargestellt worden ist. Psychologisch gedeutet stellt das Paar die polare Ganzheit der Seele oder das Selbst dar, zu dem das Männliche ebenso gehört wie das Weibliche. Die Göttin vertritt die persönlich-zeitliche Welt des Irdischen und der Gott eine unpersönliche und zeitlose Welt des Geistes; jene steht für das Unbewußte, dieser für das Bewußtsein.

Sowohl bei den Dreiecks-Yantras wie bei den bildhaften Darstellungen der Vereinigung von Shiva und Shakti liegt der Akzent auf einer Spannung der Gegensätze; daher die Betonung des erotisch-sexuellen Aspekts und die intensive Bewegtheit der Gestalten. Die Dynamik weist auf einen Prozeß, nämlich die Erschaffung oder das Werden der Ganzheit, während der vier- oder achtfach geteilte Kreis die Ganzheit als solche, als vorhandene statische Größe, darstellt.

Mit den Yantras verwandt sind die „abstrakten" Kreisdarstellungen des Zen-Buddhismus. Zu dem Bild „Der Kreis" des berühmten Zen-Priesters Sengai (1750–1837) schreibt ein anderer Zen-Meister: „Für Zen bedeutet der Kreis Erleuchtung. Er symbolisiert die menschliche Vollkommenheit."

Auch die christliche Kunst kennt ungegenständliche Mandalas. Die Fensterrosen der Kathedralen gehören zu ihren großartigsten Verwirklichungen. Man kann sie als überpersönliche, ins Kosmische gesteigerte Symboldarstellungen der numinosen Ganzheit verstehen. Ein kosmisches Mandala offenbarte sich Dante in der Vision einer leuchtend weißen Rose. Als „abstrakte" Mandalas können auch die Lichtscheine aufgefaßt werden, welche den Kopf Christi, seiner Jünger und der Heiligen umgeben. Es ist sinnvoll, daß meist nur der das Haupt Christi umgebende Schein viergeteilt ist – ein Hinweis auf sein Leiden als Menschensohn, seinen Tod am Kreuz und zugleich Symbol seiner differenzierten Ganzheit.

In frühromanischen Kirchen sieht man gelegentlich „abstrakte" Kreisdarstellungen, welche vielleicht noch auf alte heidnische Vorbilder zurückgehen. Innerhalb nichtchristlicher Kunst werden solche Kreise als „Sonnenräder" bezeichnet. Ihre Darstellung findet sich schon als Felszeichnung der megalithischen Kultur, lange vor der Erfindung des Rades. Wie Jung bemerkt, trifft die Bezeichnung „Sonnenrad" nur die äußere Seite der Darstellung. Ausschlaggebend war seit jeher die innere Erfahrung des „Runden", eines archetypischen Bildes, das der Steinzeitmensch ebenso naturgetreu in den Fels übertrug wie die berühmten Gazellen, Pferde und Rinder. (...)

In der christlichen Kunst ist das zentrale Symbol kein Mandala, sondern das Kreuz oder der ans Kreuz geheftete Christus. Während noch in Bilddarstellungen aus karolingischer Zeit das Kreuz eine gleichschenklige Form aufwies und damit indirekt die Mandalaform implizierte, verschob sich im Lauf der Zeit das Kreuzzentrum nach oben, bis es die bekannte und auch heute noch übliche Form des langgestreckten Kreuzes annahm. Diese Formwandlung ist darum bedeutsam, weil sie einer inneren Entwicklungsrichtung des Christentums bis zum Hochmittelalter entspricht, nämlich einer Tendenz, das Zentrum des Menschen und des Glaubens der Erde sozusagen zu entrücken und mehr und mehr ins Geistige zu „erhöhen". Dieser Tendenz lag ein Verwirklichungsversuch der essentiellen Botschaft Christi zugrunde, die lautet: „Mein Reich ist nicht von dieser Welt." Vom Kern dieser Botschaft her gesehen sind irdisches Leben, „diese Welt" und der Körper zu überwindende Größen. Die Sehnsucht ist auf das Jenseits gerichtet, denn die Erfüllung winkt im Paradies.

Der Höhepunkt des Jenseitsstrebens wurde im Mittelalter und seiner Mystik erreicht. Es fand seinen symbolischen Ausdruck nicht nur in der Zentrumsverschiebung des Kreuzes,

Illustration zu Dante Alighieris „Göttlicher Komödie" von G. Doré, 1868

sondern spricht auch auf den in die Höhe wachsenden und die Materie überwindenden gotischen Kathedralen. Ihr Grundriß ist das langgestreckte Kreuz. Eine Ausnahme bilden nur die Baptisterien, welche fast immer den Grundriß eines echten Mandala aufweisen, mit dem Taufbekken im Zentrum. (...)

Auch heute spielt das geometrische oder „abstrakte" Symbol des Kreises eine bemerkenswerte Rolle in der Malerei. Aber mit wenigen Ausnahmen hat sich, entsprechend der veränderten Zeitproblematik, eine charakteristische Wandlung der Darstellung vollzogen. Das Runde ist nicht mehr die eine, bedeutende Figur, welche die Welt umfaßt und das Bild erfüllt, sondern der Kreis erscheint bald vervielfacht als lose zusammenhängende Gruppe, bald wie zufällig in den Raum gesetzt. Gelegentlich ist die Kreisfläche asymmetrisch strukturiert, wie zum Beispiel bei manchen der berühmten Sonnenkreise von Robert Delaunay. Auf dem „Stilleben mit Blumen und Keramik" von Henri Matisse sieht man über einer Vase mit blühender Kapuzinerkresse und auf dem Hintergrund eines schrägen, schwarzen Balkens eine große grüne Kugel, welche das vielfache Rund der Blätter zum einen Runden erhöht, und eine viereckige, annähernd quadratische Fläche, deren linker Rand umgeschlagen ist. Bei der Betrachtung des schönen Bildes mag man vergessen, daß die beiden Formen des Runden und Viereckigen einst zusammengehört und eine Welt von Gedanken und Gefühlen ausgedrückt haben. Wer sich jedoch erinnert und die Frage nach dem Sinn stellt, wird nachdenklich; denn die Elemente, welche seit alters ein Ganzes gebildet hatten, sind nur noch lose oder überhaupt nicht mehr verbunden. Und doch sind beide vorhanden und berühren sich!

Auf einem Bild von Kandinsky erblickt man eine locker zusammenhängende Vielheit farbiger Kugeln oder Kreise, die wie Seifenblasen davonzuschweben scheinen. Auch sie sind mit dem Hintergrund eines größeren und zweier darin enthaltener kleinerer, fast quadratischer Vierecke kaum noch verbunden. Auf einem anderen Bild, das er „Einige Kreise" nennt, trägt eine dunkle Wolke – oder ist es ein herabstoßender Vogel? – eine wiederum irregulär angeordnete Gruppe von bunten Kugeln oder Kreisen. (...)

Darstellungen des Vierecks oder Gruppierungen von Vierecken – Quadraten, Rechtecken oder Rhomben – sind in der „modernen Malerei" ebenso häufig wie diejenigen des Kreises. Der Meister einer harmonischen, ja „musikalischen" Vierecksdarstellung ist Piet Mondrian. Meist fehlt seinen Bildern ein eigentliches Zentrum, jedoch bilden sie auf eine strenge, fast asketische Weise eine Art Ordnungsgefüge. Weitaus häufiger sind irreguläre Darstellungen der Vierheit oder zahllose Vierecke, die sich zu mehr oder weniger losen Gruppen zusammenschließen.

Das Runde ist ein Symbol der Seele, welcher schon von Plato Kugelgestalt zugeschrieben wurde. Das Viereck, insbesondere das Quadrat, weist auf das Erdhafte, auf Materie, Körper und Verwirklichung hin. Beide hängen in der künstlerischen Darstellung von heute meist nicht mehr oder nur noch lose und unverbindlich zusammen, was der Labilität im Grundgefüge des heutigen Menschen entspricht. Der Mensch ruht nicht mehr in sich selbst. Eine Labilität oder Störung wird auch durch asymmetrische Kreisteilungen ausgedrückt. Andererseits kann nicht übersehen werden, mit welcher Häufigkeit die beiden Urformen im modernen Bild erscheinen, so als wirke ein Impuls, die durch sie dargestellten Lebenselemente immer wieder ins Bewußtsein zu rücken.

Aniela Jaffé:
Bildende Kunst als Symbol

Signale, Logos, Piktogramme

Um sich schnell und problemlos in seiner Umgebung zurechtzufinden, braucht der Mensch Leitsysteme und Hilfen zur visuellen Orientierung. Die Städte haben sich in den vergangenen 30 Jahren immens vergrößert, und immer kompliziertere Einrichtungen und Gebäude sind entstanden. Diesen Anforderungen kann man nur mit einem klaren System von Schildern und Zeichen begegnen.

Innerhalb der Zeichengestaltung kommt seit jeher den Markenzeichen, also dem bildlichen Kennzeichnen von Eigentum und auch Leistung, eine nicht unwesentliche Bedeutung zu. Dienen doch Markenzeichen, Firmenlogos oder Handelsmarken der leichten Identifizierbarkeit, der Wiedererkennung und der Zuordnung von Waren, Produkten und Leistungen besonders in unserer so unüberschaubar gewordenen Warenwelt.

Die Benennung eines Zeichens als „Marke“ trägt ihre Bedeutung im Wort selbst. Es handelt sich nämlich um Signaturen auf Waren jeglicher Art, deren Bestimmung der „Markt“ ist. Sie könnten deshalb auch als Waren-Zeichen oder Handels-Zeichen bezeichnet werden. (...)

Die Eigentums-Bezeichnung auf Werkzeugen, Haushaltsgegenständen etc. war Ausdruck eines individuellen Willens zur Markierung des Besitztums, der nicht allein auf existenzbestimmende Faktoren zurückzuführen ist, blieben doch die meisten Geräte,

Möbelstücke etc. unter dem heimischen Dach des Besitzers. Die Haustiere jedoch, vor allem das Großvieh, hatten keinen ständigen geographischen Standort innerhalb der Begrenzung eines Besitzes. Schafe, Ziegen und Rinder wurden von jeher zu Gemeinschaftsherden zusammengebracht, um von Weide zu Weide getrieben Nahrung zu suchen. Eine Eigentums-Markierung des Viehs war aus diesem Grund absolut notwendig. Die einzige Möglichkeit einer für die gesamte Lebensdauer des Tieres bleibenden Zeichnung bestand im Einbrennen in das Gehörn und in die Haut bzw. in das Fell: eine sogenannte Brandmarke. Diese Form der Besitz-Unterscheidung ist bis in die heutige Zeit immer noch weltweit verbreitet.

Die Bedeutung dieser ursprünglichen Eigentumsmarke wandelt sich jedoch in dem Moment, in dem das Tier auf dem Markt zum Verkauf angeboten wird: die Eigentumsmarke wird nun auch zur Qualitätsbezeichnung. Das Zeichen eines guten Züchters wird unter den Händlern bekannt und gesucht, es wird zum Markt-Zeichen, und das Tier wird als „Marken-Produkt“ zu entsprechend höheren Preisen gehandelt.

Auf dieselbe Weise sind die ersten Handels-Marken für viele Produkte entstanden: der Import- oder Exporthändler bezeichnete seine Säcke, Kisten und Bündel von Spezereien, Gewürzen, Früchten etc., um Verwechslungen während des Transports vorzubeugen. An der Marktstelle angelangt, wurden diese Verpackungsaufzeichnungen zu Markierungen für die Identifikation der im Behälter befindlichen Ware, deren Herkunft, und durch den Beweis der Erfahrung zum Zeichen für ihre Qualität. Aus dem einfachen Besitzer-Zeichen war eine Handels-Marke entstanden.

Für eine auch nur teilweise Aufstellung von Handels-Marken würde ein ganzer Band nicht ausreichen. Dabei wäre zu bemerken, daß im Laufe der letzten drei Jahrhunderte diese Qualitäts-Bezeugungen oder die Überzeugungs-Marken fast ausschließlich einen bildhaften und rein verbalen Ausdruck angenommen haben, sich also vom Zeichenhaften lösten, um Illustration und Beschreibung zu werden.

Interessant sind die frühesten Händler-Zeichen aus dem 14. und 15. Jahrhundert, in denen noch das rein Zeichenhafte, das heißt, die Anlehnung an Symbole und Abstrakta als wesentliche Bestandteile vorhanden sind. In den angeführten Beispielen sind Andeutungen an die Himmelsrichtungen, die Wage, das Kreuz, das Schiff, die Flagge etc. leicht erkennbar.

Der Lebensraum des Menschen ist von der frühen Steinzeit her ausgefüllt mit Gegenständen, die nicht lediglich in der Welt vorgefunden, sondern die vom menschlichen Geist erfunden, angetrieben und sodann von der menschlichen Hand ausgeführt wurden.

In der Entwicklung der handwerklichen Betätigung kam es wahrscheinlich sehr früh schon zu einer Spezialisierung. Das heißt, ein einzelner Mensch arbeitete nicht in allen Bereichen zugleich, sondern beschränkte seinen Wirkungskreis auf die Herstellung bestimmter Arten von

Gegenständen. So ist beispielsweise anzunehmen, daß ein Waffenhersteller nicht zugleich auch Töpfer war und daß eine sogenannte „Berufung" zum einzelnen Handwerk stattgefunden hat, die zwangsläufig zu einer Qualitätssteigerung der Gegenstände führte.

Das Gefühl des Berufsstolzes entstand, und es lag dem Hersteller daran, sein Werk zu „unterzeichnen", eine Marke des Ursprungs als Bestätigung dem fertiggestellten Gegenstand beizugeben, einzuprägen. (...)

Mit der Entwicklung der Zivilisation wurde die Differenzierung zum Spezialistentum immer stärker vorangetrieben. Es ist anzunehmen, daß in der Zeit des Sklaventums der Ägypter, Griechen, Römer etc. nur die Meister das Recht besaßen, die von den Händen der Gehilfen hergestellten Objekte zu zeichnen. Erst im Mittelalter trat die Signatur des einzelnen Werkmannes zum Vorschein.

Eines der schon beschriebenen Gebiete der Unterzeichnung stellen die Steinmetz-Zeichen dar. Seitdem erscheinen aus allen Jahrhunderten Handwerker-Zeichen der verschiedensten Sparten überliefert, vom Waffenschmied zum Buchdrucker, vom Maler zum Porzellanhersteller, vom Goldschmied zum Architekten, vom Weber zum Papiermacher. Aus dieser Fülle finden wir auf einer Tafel zusammengestellt typische Beispiele aus allen Berufskreisen.

Die Handwerker-Zeichen können in zwei ganz verschiedene Arten unterteilt werden. Einerseits diejenigen, die auf dem vollendeten Werk als Signatur eingraviert, aufgedruckt, aufgezeichnet wurden, andererseits die Struktur-Zeichen, die im arbeitenden Werkzeug das Zeichen trugen und durch das Hantieren damit dem Gegenstand selbst eine Struktur verliehen. Als ältestes Beispiel dafür kennen wir die unterschiedliche Rasterung von Topfböden aus dem Mittelmeergebiet. Die Aufrauhung der Arbeitsunterlage, die dem Gefäß auf der Unterseite eine typisierte Struktur einprägte, war von Töpfer zu Töpfer verschieden. Ähnliche Markierungsarten wurden von Bäckern zur Brotbezeichnung verwendet. Aus der Bronzezeit sind Strukturierungen des Metalls bekannt, die durch das Eingravieren von Zeichen in Hammer oder Amboß entstanden sind.

In diese Kategorie lassen sich ebenfalls die Wasser-Zeichen einreihen. Auf das Sieb des Papier-Herstellers wurden aus einem Draht geformte Zeichen aufmontiert, was zur Folge hatte, daß die Dicke des Papiers an diesen Stellen verringert wurde und dadurch das Wasser-Zeichen in der Struktur des Papiers transparent zum Vorschein kam. Die Technik der Zeichengebung aus Draht zwang dabei den Markenhersteller zu starker Stilisierung der Bildwiedergabe. In diesem Vereinfachungsprozeß zum zeichenhaften Ausdruck hin liegt die Schönheit dieser etwas naiv aussehenden Zeichen. (...)

In die moderne Wirtschaft ist heute jeder Mensch als Konsument mit einbezogen. Der Lebensraum ist aufgefüllt von Konsumgütern, ohne die das Leben undenkbar geworden ist. Sozusagen erst mit dem Blick auf das vertraute, auf der Kaffeebüchse aufgedruckte Marken-Zeichen fängt der Tag an, ein neuer Tag zu sein.

Alle Wege sind, von diesem ersten Morgen-Zeichen bis zum letzten Blick am Abend auf das Qualitätsbild der Weckuhr, von Wahr-Zeichen gesäumt.

Angebot und Bedürfnis von Konsumgütern drängen sich in solchen Mengen ins Blickfeld, daß es nur noch möglich ist, sie mit Kurz-Zeichen zu versehen, um ihnen die Chance zu geben, erblickt, erkannt zu werden und im Erkennungsbereich des Konsumenten einen bleibenden Platz einzunehmen, zu sichern.

Das Erfinden und Gestalten solcher Blickfänge, also die Entscheidung über den Erinnerungsbereich, auf den es einzuwirken gilt, die Ausarbeitung des bildhaft stärksten Eindrucks, des graphisch reizvollsten Effekts sind zum wichtigsten Tätigkeitsbereich einer neuen Berufsgattung geworden: der des Graphik-Designers, denn aus den Sinnbildern der Vergangenheit lernt er die Beziehung des Menschen zum Zeichen kennen, um auf der Grundlage des Langbewährten die richtige Erkenntnis zu erwerben, die richtigen Entscheidungen zu treffen.

Im stets wachsenden Konkurrenzkampf der Wirtschaft wird das Visuell-Anonyme zum Verhängnis. Der Käufer traut dem anonymen Produkt, dem unpersonifizierten Service nicht mehr. Um sich heute auf dem Markt einen Platz zu erobern und ihn zu halten, wird die Kreation eines Identitätsbildes immer unabdingbarer. (...)

In der linken Spalte stehen Signets, deren Bildinhalt auf rein figürliche Darstellungen zurückgreift. Was diese Zeichen als Marken erscheinen läßt, ist der Stilisierungsgrad, den der Zeichner bewußt zum graphischen Effekt hin gestaltet hat. Der Grad der Erkennbarkeit des Tieres (Steinbock, Igel, Drache etc.), des Gegenstandes (dritte Reihe: Buch, Burg, Auge oder Linse etc.) ist in jedem Beispiel etwas verschieden, jedoch absolut eindeutig.

Dagegen sind die Zeichen der rechten Spalte schon an der Grenze der Abstraktion, obwohl gegenständliche Bilder ersichtlich bleiben (Auge, Signal, auch Büroklammer, Fernsehantenne, Steckdose etc.). Die Zeichen lehnen sich jedoch auch an Erscheinungen von Schemata an wie Kurvendiagramme, Schienenstränge, Auf- und Abwicklungsprozesse etc. (...)

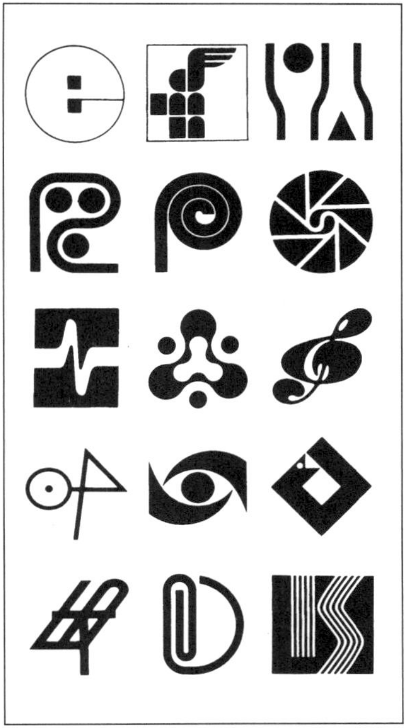

Beim Suchen eines Identitätsbildes ist die Zuhilfenahme der Initialen des Unternehmens, des Produkts in vielen Fällen eine Hilfe, einen typischen graphischen, punkthaften Ausdruck zu finden. Die Möglichkeiten der Zeichengestaltung für Verbände, Organisationsbetriebe, Dienstleistungsunternehmen etc., deren Aktivitäten rein abstrakter Art sind, werden durch den Wegfall jeglichen konkreten Bildes um vieles verringert. Diese Kategorie von Marken-Zeichen wäre eigentlich in das Kapitel der Monogramme einzureihen. Zur Bezeichnung von Bewegungen im Sinne von Ausdehnung, Zusammentreffen, Um-, Zu- und Durchläufen ist der Pfeil zum absolut eindeutigen und allgemein verständlichen Zeichen-Element geworden, er findet in der modernen Signet-Gestaltung einen fast zu häufigen Gebrauch.

Wenn wir diese Auswahl an graphischen Identitätsbildern objektiv betrachten, müssen wir zugeben, daß aus dem Gesamtüberblick eine gewisse Einseitigkeit in den einzelnen angewendeten Zeichnungsarten, eine gewisse Armut an wirklich neuen, tiefgreifenden Erscheinungsbildern vorhanden zu sein scheint. Die graphischen Schulen sind vielleicht in der Nachkriegszeit allzuoft nur auf den reinen Schwarz-Weiß-Kontrast, auf den leicht zu erweckenden visuellen Schock einer überraschenden Ausspielung von weißen und schwarzen Formen, durch krasses Gegenüberstellen oder kunstvolle Verbindung ausgegangen.

Wir stehen möglicherweise gegenwärtig vor einer neuen Generation des Signets. Die mit dem wirtschaftlichen Aufschwung der letzten Jahre aufgetauchten Zeichen scheinen in ihrem oft etwas zu harten und krassen Kontrast ausgeschöpft. Feinere, tiefergreifende, wirklich originellere Zeichen erscheinen mehr und mehr, und dies läßt auf eine positive Aussicht in der Zeichengestaltung hoffen.

Adrian Frutiger:
Der Mensch und seine Zeichen

Bestimmte Kommunikationssituationen erfordern Bildsymbole, die über nationale Grenzen hinaus Sprachbarrieren überbrücken und so allgemeine Bedeutung in der internationalen Verständigung erlangen. Dies galt zuallererst für den Straßenverkehr ...

Wie ausgerechnet der Pfeil, der doch seinen Ursprung in einer Jägerkultur haben muß, nach der ersten industriellen Revolution wieder zu solchen Ehren kommt, ist schwer festzustellen. Vermutlich ist der Pfeil schon in einer Gesellschaft, der er noch als Waffe diente, an Bäumen oder Pfählen zur Richtungsangabe befestigt worden. Es ist interessant, sich daran zu erinnern, daß Pfeilspitzen in der Vorgeschichte auch die Rolle von Geld gespielt haben. Mit dem Beginn der ersten Bautechniken in Stein und Holz, Maurerei und Schiffsbau, wurde ein Instrument nötig, das mit einer gewissen Präzision einen Punkt anzuvisieren erlaubte. Pfeilspitzen mögen damals als Senkblei und Bohrer Verwendung gefunden haben. Auf mittelalterlichen Uhren finden wir Lanzen und Hellebardenformen als Zeiger: Formen, welche die Uhrmacher von den zeitgenössischen Waffen ausborgten. Über den Kompaß und die Windrose mag das Pfeilzeichen in die Kartografie eingegangen sein. Auch dient es bereits in der früheren Astronomie zur Bezeichnung von Planeten. Wahrscheinlich wurde die Sonne durch einen Kreis abgebildet, an den ein Pfeil angesetzt ist, der die Ausstrahlung in eine bestimmte Richtung andeutete, und es ist denkbar, daß die Zeichen für Mars und Uranus auf diesem Wege entstanden sind. (...)

Heute findet der Pfeil – außer als Richtungsanzeiger – in den Wetterzeichen Verwendung. Zwei gekreuzte Pfeile bedeuten Schneegestöber, ein waagerechter, nach links weisender Pfeil steht für Eisnadeln. Wetterleuchten und Nahgewitter werden durch in sich geknickte Pfeile signalisiert. Der gezackte Blitz mit Pfeilspitze bedeutet ganz allgemein Gefahr (besonders im Bereich der Elektrotechnik). In der Mathematik und in der mathematischen Logik findet der waagerechte Pfeil als Annäherungs- und Implikationszeichen Verwendung.

In den 20er Jahren war es Paul Klee, der sich in seinem pädagogischen Skizzenbuch, seinen Bildern und Zeichnungen, mit der Bedeutung des Pfeiles auseinandersetzte. Es ist aber kaum anzunehmen, daß seine Untersuchungen entscheidende Auswirkungen auf die heutige Entwicklung von Form und Interpretation des Pfeilzeichens hatten.

Die Richtungsbedeutung des Pfeils wird von Kind auf in Gedächtnis und Reflexen der Menschen verankert, und es ist nicht anzunehmen, daß sich je ein besseres Zeichen für die Richtungsanzeige finden wird. Jedenfalls hat sich die seit dem 17. Jahrhundert nachweisbare „Wegweiserhand" mit dem ausgestreckten Zeigefinger nicht in gleichem Maße durchgesetzt wie der Pfeil.

Im Straßenverkehr fanden Tafeln mit Pfeilen sehr frühzeitig Verwendung. Auf einem Kongreß der internationalen Liga für Tourismus, der kurz vor unserer Jahrhundertwende in London stattfand, wurden bereits erste Vorschläge für ein einheitliches Verkehrszeichenmodell ausgearbeitet (...).

Verkehrsschilder der Flußschiffahrt

Die bisher auf Verkehrszeichen üblichen Aufschriften sollten abgeschafft und an ihre Stelle Symbole treten. Ein schräg nach unten geneigter roter Pfeil auf weißem Grund bedeutete „Vorsicht" bei steil abfallenden Straßen. Ein senkrecht nach unten zeigender roter Pfeil auf weißem Grund kennzeichnete „gefährliches Gefälle", das man „entweder zu Fuß oder mit größter Vorsicht" hinter sich zu bringen hatte. 1905 lassen sich in Italien auch Tafeln mit gebogenen Pfeilen nachweisen, die zur Ankündigung gefährlicher Kurven dienten. Waagerechte Pfeile mit Ortsnamen bedeuten eine Richtungsanzeige. Die Farbe dieser Wegweiser war blau, Pfeile und Buchstaben waren weiß. Die Form dieser Tafeln, welche sich in ihrem Schema noch lange erhielt, war rechteckig. Das meist waagerecht liegende Rechteck hatte oben eine runde Ausformung oder anderweitigen Platz, der zur Anbringung der Medaille oder des Namens des verantwortlichen Touringclubs diente. An der unteren Seite des Rechtecks konnte der Name des privaten Spenders angebracht werden.

Der Pfeil ist ein universelles Symbol; aber es gibt gute und schlechte Pfeile. Stumpfe Pfeile fließen nicht, zu spitze Pfeile verflüchtigen sich.

Eine Idealform ist der Pfeil mit einer Spitze, die dem gleichseitigen Dreieck entspricht. Ihr am nächsten kommt eine im rechten Winkel abgeschrägte Spitze, wenn die Strichstärke so breit ist, daß sich der visuelle Eindruck wieder dem gleichseitigen Dreieck nähert. Wird der rechte Winkel (bei linearer Ausführung) als solcher empfunden, beginnt die Spitze zu breit zu werden und sich zu sperren. (...)

Internationale Normen legen folgende Bedeutungen für Pfeilformen fest: Einfache Pfeile zeigen Bewegung in Pfeilrichtung an. In Kombination damit bedeuten vertikale Linien die Anfangs- oder Endbegrenzung der Bewegung; Punkte stellen Bezugspunkte dar, von denen Bewegungen ausgehen oder auf die sie einwirken. Besteht die Pfeilspitze aus einem offenen gleichseitigen Dreieck, so handelt es sich um „Geschwindigkeitspfeile"; zu dem Signifikat der Richtung wird also das der Geschwindigkeit der Bewegung hinzugefügt. Ist das gleichseitige Dreieck der Pfeilspitze ausgefüllt, so handelt es sich um einen „Wirkungspfeil". Pfeile als leere Konturen bezeichnen die Richtung eines Stoff-Flusses, ausgefüllte Stoff-Fluß-Pfeile die Richtung einer Funktion. „Maßpfeile" haben schlanke Spitzen.

Otl Aicher/Martin Krampen:
Zeichensysteme der visuellen Kommunikation

Glossar

Alchimie (arab. = Chemie): Nach mittelalterlicher Vorstellung die Kunst, Materie durch Läuterung aus einem unvollkommenen in einen vollkommenen Zustand zu überführen. Daraus entwickelte sich bald eine Technik zur Imitation wertvoller Naturmaterialien, wie z. B. Gold, Edelsteine oder Farbstoffe. Grundlage alchimistischer Theorien waren philosophische Anschauungen der griechischen Antike, besonders die Elementenlehre und die Mischungstheorie der vier irdischen Elemente Feuer, Wasser, Erde und Luft und ihrer wechselseitigen Umwandlung ineinander. Aus dieser Auffassung und einer Reihe elementarer Erkenntnisse über die Chemie und verschiedene nötige Zusatzstoffe gingen Erfindungen wie das Schwarzpulver, das Porzellan oder der Phosphor hervor.

Allegorie: Bewußte bildliche Umsetzung eines abstrakten begrifflichen Zusammenhangs, wobei die einzelnen Bildmotive festgelegte Bedeutungen haben. Eine Allegorie hat, im Unterschied zum Symbol, eine besondere Bedeutung und bezieht sich oft auf soziale, gesellschaftliche oder politische Vorgänge. Meist charakterisiert eine idealisierte Menschengestalt den Begriff in Verbindung mit einem Attribut oder einer Beischrift.

Attribut (lat. attribuere = zuteilen): Kennzeichen einer Person in Form eines Gegenstands oder Wesens, das allein auch zum Symbol der dargestellten Person werden kann. Symbolhafte Gegenstände können andererseits wiederum zu Attributen werden.

Emblem: Kunstform, entstanden aus dem Humanismus der Renaissance, bei der unter Zuhilfenahme einer Bild-Wort-Kombination Begriffliches bildlich ausgedrückt und anschaulich gemacht wird.

Geodäsie (griech.): Wissenschaft von der Erdvermessung bzw. der Bestimmung von Form und Größe der Erde oder von Teilen der Erdoberfläche. Basis dieser Vermessung ist die Fixierung von sogenannten Festpunktfeldern, gebildet aus einem Netz von trigonometrischen Punkten. Ursprünge der Geodäsie finden sich in den Feldvermessungen der asiatischen Hochkulturen. Eine Fortführung erfolgte im frühen 17. Jahrhundert durch die von W. Snellius eingeführte Methode der Triangulation. Derzeit werden erste Versuche unternommen, mittels Satellitentriangulation Festpunktfelder der Erde zu bearbeiten.

Heraldik (Heroldskunst): Bezeichnung für den Komplex der Dinge, die sich mit der Gestaltung und Anwendung von Wappen befassen. Sie umfaßt die Wappenkunde, die Wappenkunst und das Wappenrecht. Seit dem 12. Jahrhundert bis zum Ende des 19. Jahrhunderts bestanden feste Auffassungen und Regeln für das Wappenwesen nach verbindlichen heraldischen Regeln.

Kathakali: Stark mit pantomimischen Mitteln arbeitendes indisches Tanzdrama. Wahrscheinlich 1657 in Kerala geschaffen, erhielt es zu dieser Zeit seine noch heute gültige Ausprägung. Die Handlungsabläufe beruhen auf Stoffen klassischer indischer Epen.
Die Kunstform des Kathakali vereint Elemente des Tanzes, des Schauspiels, des Geangs und der Instrumentalmusik und ist charakterisiert durch die großartigen Masken mit verschiedenen Symbolwerten und eine hochstilisierte Gebärdensprache.

Lexik (griech.): Wortschatz einer jeweiligen Sprache; auch einer bestimmten Fachsprache.

Logo (auch Logogramm): Graphische Darstellung eines bestimmten Sachverhalts durch stilisierte Bilder, Symbole oder Schriftzeichen. Diese Darstellungen können sowohl an eine spezifische Sprache gebunden sein, aber auch, besonders im modernen Graphikdesign, auf universell verständliche Weise Vorstellungen oder Ideen wiedergeben.

Mudra (sanskr. = Zeichen): Festgelegte und mit der Ikonographie Indiens eng verbundene Handhaltung im indischen Tanz. Diese Haltung der Hände hat jeweils symbolische Bedeutung mit z.T. mystischer Auslegung. Bestimmte Handhaltungen entsprechen den Körperhaltungen im Joga.

No-Theater: Form des klassischen japanischen Theaters, entwickelt wahrscheinlich im 14. Jahrhundert. Entstanden aus verschiedenen Vorformen, wurde es von Seami Motokijo zu dieser Zeit in die noch heute gültige Form gebracht. Die Darstellung mit stilisierten Requisiten und kunstvollen Masken erfolgt nur durch Männer und ist charakterisiert durch eine typisierte Gestensprache in einer fixierten Rangfolge der Tänzerrollen. Orchester, Chor und Rezitatoren bestimmen dabei aber die Tanzschritte. Das No-Theater ist eine Einheit von Wort, Tanz, Musik, Darstellung und Mystik. Fünf in sich abgeschlossene No-Spiele werden dabei meist zu einem Programm zusammengestellt, das bestimmten festgelegten Regeln folgt. Komische Zwischenspiele (Kiogen) zwischen den einzelnen Stücken nehmen menschliche Schwächen und Verhaltensweisen in satirischen Darstellungen aufs Korn.

Piktogramm (lat./griech.): Formelhaftes graphisches Bildsymbol, das unabhängig von der gesprochenen Sprache verständlich ist. Piktogramme werden z. B. als Warnzeichen, Wegweiser oder Hinweiszeichen verwendet.

Semaphor (griech. sema = Zeichen und phoros = Träger): Mast mit verstellbarem Flügelsignal

(Flügeltelegraph) zur Übermittlung optischer Zeichen, etwa zum Anzeigen der Windstärke und -richtung für die Küstenschiffahrt.

Semiologie (griech./lat.), auch Semiotik: Wissenschaft von den Zeichen, Zeichenreihen sowie den Symbolen und ihrer Bedeutung. Sie gliedert sich in die Syntaktik (Untersuchung der Eigenschaften von Zeichenreihen), die Semantik (Untersuchung der Beziehung zwischen den Zeichen und dem Bezeichneten) und die Pragmatik (Untersuchung der Zeichenverwendung).

Syntax (griech.): Teilgebiet der Grammatik. Lehre vom Satzbau. Untersucht die Verbindungen von Wörtern zu Sätzen bzw. Satzteilen und die spachlichen Elemente von Sätzen.

Tiara (pers./griech): Kegelförmige Kopfbedeckung der altiranischen Herrscher. Eine ähnliche Kopfbedeckung trugen auch die assyrischen Könige. Dreifache Krone des Papstes als Zeichen seiner geistlichen wie weltlichen Macht. Fand dort bis 1964 im außerliturgischen Bereich Verwendung.

Trappisten: Nach der Abtei La Trappe in der Normandie bezeichneter Orden streng reformierter Zisterzienser. Gegründet 1664, lebt der Orden seither in strengster Askese, totalem Stillschweigen und täglicher (Hand-)Arbeit. 1892 endgültige Trennung vom Orden der Zisterzienser und Konstituierung eines selbständigen Ordens.

Triangulation (lat.): Verfahren in der Geodäsie zur Fixierung von Festpunkten. Ein Netz dieser Festpunkte (trigonometrische Punkte), die Felder gleichseitiger Dreiecke bilden, dient der Vermessung eines bestimmten Teils der Erdoberfläche. In der Architektur bezeichnet es die Verwendung des gleichseitigen Dreiecks, um mit dessen Hilfe wichtige Konstruktionspunkte festzulegen.

Tympanon: Oft künstlerisch durchgebildetes Giebelfeld antiker Tempel und Bogenfeld mittelalterlicher Kirchenportale der Romanik und Gotik. Ausgangspunkt der romanischen und gotischen Portalplastik.

Votive (lat. votivus = durch ein Gelübde versprochen): Aufgrund eines Versprechens oder Gnadenerweises von Gläubigen dargebrachte Gaben an einen Gott, eine Gottheit oder einen Heiligen. Es sind in der Regel sogenannte Votivbilder, die meist den um Hilfe Angerufenen darstellen und die Inschrift ex voto (aufgrund eines Gelöbnisses) tragen.

Kleine Auswahl der weiterführenden Literatur

O. Aicher: Die Welt als Entwurf. Schriften zum Design, Berlin 1991

R. Barthes: Die Sprache d. Mode, Frankfurt/M. 1984

M. Bense: Semiotik, Baden-Baden 1976

ders.: Zeichen und Design, Baden-Baden 1971

H. Biedermann: Knaurs Lexikon der Symbole, München 1989

M.-A. Bonhême/A. Forgeau: Pharao, Sohn der Sonne, Zürich/München 1989

F. Bouwers: The Dance in India, New York 1968

J. C. Cooper: Lexikon alter Symbole, Leipzig 1986

P.-M. Duval: Die Kelten, München 1978

U. Eco: Im Labyrinth der Vernunft, Leipzig 1989

E. Fischer-Lichte: Semiotik des Theaters, Bde. I-III, Tübingen 1988 2

D. Forstner: Die Welt der Symbole, Innsbruck/München 1968

M. Grotjahn: Die Sprache des Symbols, München 1977

N. Grube: Schrift und Sprachen der Maya, in: Die Welt der Maya, Mainz 1992

G. Heinz-Mohr: Lexikon der Symbole, Bilder und Zeichen der christlichen Kunst, Freiburg i. Br./Basel/Wien 1914

T. Leims u. a. (Hrsg.): Das klassische japanische Volkstheater, Berlin 1985

L. Lengyel: Das geheime Wissen der Kelten, Freiburg i. Br. 1991

A. Leroi-Gourhan: Prähistorische Kunst, Freiburg i. Br./Basel/Wien 1975

S. Morenz: Die Begegnung Europas mit Ägypten, München/Zürich 1984

C. W. Morris: Grundlagen der Zeichentheorie, Frankfurt/M. 1979

V. de Osa: Das Tier als Symbol, Konstanz 1968

R. Pfleiderer: Die Attribute der Heiligen, Leipzig 1987 (Repr. v. 1898)

H. Sachs/E. Badstübner/H. Neumann: Christliche Ikonographie in Stichworten, Leipzig 1973

H. und G. Schreiber: Mysten, Maurer und Mormonen, München 1990

M. Shutaro: Kabuki – Japan. Theater, Berlin 1965

B. Sipek: Architektur als Vermittlung, Stuttgart 1980

B. Sutter: Rebellion der Zeichen (Phil. Diss., Zürich), Frankfurt/M. 1988

T. Todorov: Einführung in den Strukturalismus, Frankfurt/M. 1973

Die Welt als Zeichen. Klassiker der modernen Semiotik, Berlin 1981

Verwendete Literatur

Ferdinand de Saussure: Grundfragen der allgemeinen Sprachwissenschaft. © 1931 by Walter de Gruyter & Co., Berlin.

Umberto Eco: Semiotik. Entwurf einer Theorie der Zeichen. © Wilhelm Fink Verlag, München, 2/1991.

ders.: Zeichen. Einführung in einen Begriff und seine Geschichte. Ü: Günter Memmert. es 895, © Suhrkamp Verlag Frankfurt am Main 1977. Seite 16 – 19.

Roland Barthes: Das semiologische Abenteuer. Ü: Dieter Hornig. © Suhrkamp Verlag Frankfurt am Main 1988. Seite 166/167.

Sigfried Gidion: Die Entstehung der Kunst. (Originaltitel: The Eternal Present – The Beginnings of Art) Copyright © by Stiftung Sigfried Gidion. Veröffentlicht mit Genehmigung Nr. 50135 der Paul & Peter Fritz AG in Zürich.

Egon Friedell: Kulturgeschichte Ägyptens und des Alten Orients. © Verlag C. H. Beck, München 1986.

Emily Umberger: Schrift und Kalender; aus: Glanz und Untergang des Alten Mexiko. Die Azteken und ihre Vorläufer (Katalog zur Ausstellung). © Roemer- und Pelizaeus-Museum, Hildesheim 1986.

Roland Barthes: Verbeugungen; aus: Das Reich der Zeichen. Ü: Michael Bischoff. © Suhrkamp Verlag Frankfurt am Main 1981. Seite 87 ff.

Larry Tremblay: Pour une sémiotique du kathakali, in: Protée, Montréal 1983, übersetzt von Anne-Beatrice Meidow.

Yasu Ohashi: Le théâtre du geste, Paris 1987, übersetzt von Anne-Beatrice Meidow.

Sigmund Freud: Vorlesungen zur Einführung in die Psychoanalyse. Gesammelte Werke, Band XI. Copyright © 1940 by Imago Publishing Co., Ltd., London. Abdruck mit Genehmigung der S. Fischer Verlag GmbH, Frankfurt am Main.

C. G. Jung: Der Mensch und seine Symbole. © Walter-Verlag AG, Solothurn, 1968.

Dieter A. Binder: Die diskrete Gesellschaft. Geschichte und Symbolik der Freimaurer. 1. Auflage 1988, Verlag Styrid Graz Wien Köln.

Udo Becker: Lexikon der Symbole. Herder Verlag, Freiburg i. Br. 1993.

John Gage: Kulturgeschichte der Farbe, Ravensburg 1994.

Ariela Jaffé: Bildende Kunst als Symbol. © Walter-Verlag AG, Solothurn, 1968.

Adrian Frutiger: Der Mensch und seine Zeichen. Fourier Verlag, Wiesbaden, 3/1991.

Otl Aicher/ Martin Krampen: Zeichensysteme der visuellen Kommunikation. © 1977 by Otl Aicher und Martin Krampen. Abdruck mit Genehmigung der Liepmann AG, Zürich.

Bildnachweise

Umschlag

Vorderseite (Zentrale Darstellung): Stilisierte menschliche Figur. Höhlenzeichnung in Badajoz, Spanien, aus dem 3. Jt. v. Chr.; aus: J. Abélanet, „Signes sans paroles". Paris, Hachette 1986.

(oben von links nach rechts): Nukahiva. A. Wahlen, „Moeurs, usages et coutumes de l'Océanie", 1844. Société de géographie.
Graffiti im iberischen Stil, Darstellung neben einer Hirschjagdszene, Repla del Genevri, Osseja.
Laufender Bogenschütze. Cueva de los Caballos, Valltorta Castellon (Spanien), nach H. Obermaier.
Teil eines Tanzschurzes aus Perlen, Alaska, USA. Paris, Musée de l'Homme.

(Mitte von links nach rechts): Ausschnitt aus einer Karte des Mittelmeers, Marseille, 1662. Paris, Bibliothèque nationale.
Versuch eines Zeichenalphabets für Taubstumme von J.-P. Bonet, Madrid, 1620. Paris, Institut national des Jeunes Sourds.

(unten von links nach rechts): Die Sonne und die Zeichen der Kabbala. Griechische Handschrift aus dem 17. Jh.; „Astrologicae fabulae et cabalisticae". Venedig, Markusbibliothek.
Verkehrszeichen (Deutschland).
Photos auf der Vorderseite: Archiv für Kunst und Geschichte, Berlin; Bibliothèque nationale, Paris; Charmet, J.-L., Paris; Gallimard, Paris.; Dagli-Orti, Paris; Musée de l'Homme, Paris.
Buchrücken: Magische Darstellung aus Talum (Schweden). Bronzezeitliche Felszeichnung, um 1500 – 500 v. Chr.
Rückseite: Astrologische Symbole. Frontispiz der astrologischen Tafeln König Ludwigs von Frankreich. Aquarell aus dem 17. Jh. Paris, Bibliothèque de l'Arsenal. Photo: J.-L. Charmet, Paris.

Bildvorspann

0 Die Tanne. Zeichnung von Paul Klee, 1940. Bern, Sammlung Felix Klee.
1 Der Seelenbaum. Buchillustration aus: William Law, „The Works of Jacob Behmen", London 1746 – 1781. Photo: Gallimard, Paris.
2 (oben) Zeichnung eines Schamanenzeltes der Tungusen (Mandschurei).

(unten) Drei Bäume, aus dem Leichnam Adams wachsend: eine Zypresse, eine Zeder und eine Pinie. Holzschnitt; aus: „The Legendary History of the Cross", herausgegeben von John Ashton, London, 1937. Photo: Ebd.
3 (oben) Zeichnung auf einer steinernen Vase aus Mesopotamien, 5./4. Jh. v. Chr. Photo: Gallimard, Paris.

(unten) Der Baum Adams. Holzschnitt aus: „The Legendary History of the Cross" a.a.O.
4 (unten links) Alexander der Große und der Baum. Persische Miniatur aus dem 15. Jh. Photo: Gallimard, Paris.

4/5 Der Baum des Guten und der Baum des Bösen. Miniatur von Lambert von Saint-Omer, „Liber floridus", 13. Jh. Photo: Ebd.
5 (oben rechts) Stein mit Taube, Ankerkreuz und Baum, den Symbolen der frühen Christen. Rom, Katakombe der Priscilla.
(unten rechts) Miniatur aus dem „Comentarius"; aus: „Apocalypsin de Beatus", 975 n. Chr. Photo: Gallimard, Paris.
6 (oben links) Das Lied vom Baum der Liebe. Volkstümliches Bild; 19. Jh. Paris, Bibliothèque des Arts décoratifs. Photo: Dagli-Orti, Paris.
(unten links) In Vögel verwandelte Seelen. Miniatur aus: Dante, „Die Göttliche Komödie", 15. Jh. Venedig, Markusbibliothek. Photo: Bulloz, Paris.
6/7 Der Baum Jesse. Goldene Stukkatur in der Kirche von Santo Domingo in Oaxaca, Mexiko. Photo: Dagli-Orti, Paris.
7 (rechts) Die Bibel von San Bidoro. 10. Jh. Léon, Spanien. Photo: Gallimard, Paris.
9 Tafel mit Wappen und Symbolen, 16.–18. Jh., herausgegeben in Altona 1785, neu erschienen 1919. Paris, Bibliothèque nationale.

Erstes Kapitel

10 Negativ-Handabdrücke auf einer Felswand. Indianische Grotte in der Provinz Santa Cruz, Argentinien; 9000–7000 v. Chr. Photo: Magnum/Burri, Paris.
11 Geschichte von der Wanderung der Azteken. „Codex Boturini", 15. Jh. Mexico City, Anthropologisches Nationalmuseum. Photo: Dagli-Orti, Paris.
12 Pferdezeichnung mit Punkten und Negativ-Handabdrücken aus der Grotte von Pech-Merle, Lot (Frankreich). 15 000–12 000 v. Chr. Photo: Jean Vertut, Paris.
12/13 (unten) Bison aus der Grotte von Altamira (Spanien) mit gepunkteten Linien und Schraffuren. 21 000–13 000 v. Chr. Photo: Archiv für Kunst und Geschichte, Berlin.
14 (oben) Stab aus Hirschgeweih mit geometrischen Ritzzeichnungen. Genua, Archäologisches Museum.
(unten) Zeichnung eines Mannes, der anscheinend von Pfeilen durchbohrt ist. Aus der Grotte von Pech-Merle, Lot (Frankreich), 15 000–10 000 v. Chr.; aus: A. Leroi-Gourhan, „Préhistoire de l'art occidental". Photo: Gallimard, Paris.
15 (von oben nach unten) Zwei Steine mit roten Rechteckzeichnungen und zwei Steine mit roten Punktzeichnungen. Um 9000 v. Chr. Maz d'Azil, Ariège (Frankreich). St-Germain-en-Laye, Musée des Antiquités nationales. Photo: Réunion des Musées Nationaux, Paris.
16 (oben) Ritzzeichnung aus dem Vallée des Merveilles, Mont Bégo, Alpes-Maritimes (Frankreich). Bronzezeitlich, 1800–1400 v. Chr. Paris, Musée de l'Homme. Photo: Musée de l'Homme/de Lumley, Paris.
(unten) Ritzzeichnungen aus dem Vallée des Merveilles, ebd., vom Fels „Der Stammesführer". Photo: Ebd.
17 (oben) Figur mit rundem Kopf, der von einer Art Aureole umgeben scheint, und mit Zickzack-Armen. Kopie einer Ritzzeichnung aus dem Vallée des Merveilles, Frankreich. Photo: Gallimard, Paris.
(unten) Tiere, Positiv- und Negativabdrücke von Händen sowie konzentrische Kreise. Wandgemälde in einer indianischen Grotte. Provinz Santa Cruz, Argentinien. Photo: Magnum/Burri, Paris.
18/19 Gruppe von „weiblichen" Rechteckzeichnungen und „männlichen" Punktlinien in der Grotte von Castillo bei Santander, Spanien. Photo: Jean Vertut, Paris.
20 Ansammlung von Punkten in der Grotte von Pech-Merle, Lot (Frankreich). 15 000–12 000 v. Chr. Photo: Ebd.
21 Rote „weibliche" und schwarze „männliche" Zeichen in der Grotte von Castillo, Spanien. 14 000–10 000 v. Chr. Photo: Ebd.
22/23 Hirsch. Rechteckzeichnung und punktierte Linie in der Grotte von Lascaux, Dordogne (Frankreich). 15 000–13 000 v. Chr. Photo: Ebd.
24 Jäger mit Wurfspeer (die menschliche Figur ist 225 cm hoch). Prähistorische Felsmalerei (15 000 v. Chr.), Talum in Litsleby, Schweden. Photo: Gallimard, Paris.
25 Wandzeichnung in einer Kiva (Kulthaus) in Kuaua, Neumexiko, aus dem 16. Jh. (die große Darstellung bezieht sich auf Aussaat, Regen und Fruchtbarkeit). Photo: Artephot/Monique Pietri, Paris.
26 (links) Fragment des „Codex Madridensis", einer Maya-Handschrift. Madrid, Amerikanisches Museum. Photo: Scala, Florenz.
(rechts) Geschnitzter und bemalter Totempfahl aus Holz. Region von Sitka, Alaska (USA). Paris, Musée de l'Homme.
27 Bemalte Bisonhaut. Dakota-Indianer (Nordamerika), Anfang des 17. Jh. Ebd. Photo: Musée de l'Homme/Oster.
28/29 (oben) Gesänge, um die Seelen Kranker wiederzufinden. Bilderschrift der Cuna. Kap San Blas, Panama. Photo: Musée de l'Homme/Delaplanche.
(unten) Krieg zwischen den mexikanischen Völkern. Aztekische Handschrift, „Codex Telleriano Remensis", 15. Jh. Paris, Bibliothèque nationale.

Zweites Kapitel

30 Pantalone, eine Figur aus der Commedia dell' arte. Gemälde von C. Gillot. Musée d'Abbeville. Photo: Giraudon, Paris.
31 Weinende Maria Magdalena. Gemälde von Ercole de Roberti, 15. Jh. Bologna, Pinakothek. Photo: Scala, Florenz.
32 (oben) Die Kreuzabnahme (Ausschnitt). Terrakottaplastik von Niccolo dell'Arca, 1485. Ebd.
(unten) Die Kreuzabnahme (Ausschnitt): der Evangelist Johannes. Terrakottaplastik von Niccolo dell' Arca, 1485. Ebd.
32/33 Jean Jaurès. Gemälde von Eloy Vincent, 1910. Castres, Musée Jaurès. Photo: Centre Jean Jaurès, Castres.

34 Plakat des Kaufhauses „Au petit saint Thomas". Photo: Gallimard, Paris.
34/35 Sechsunddreißig Charakterköpfe. Gemälde von Louis Léopold Boilly. Musée de Tourcoing. Photo: Explorer/Chambazard.
36 (links oben) Tänzer im indischen Kathakali-Theater. Photo: Ebguerand/Manaud, Paris.
(links unten) Der Adlertanz der Iowa-Indianer Nordamerikas. Gemälde des Iowa-Indianers Mopope, um 1920. Forney-Bibliothek. Photo: J.-L. Charmet, Paris.
36/37 Schauspieler des japanischen Kabuki-Theaters. Photo: Enguerand/Manaud, Paris.
37 Tibetische Gottheit. Paris, Musée Guimet.
38 (links) De Numeris, „Von der Kunst, mit den Fingern zu zählen". Aus dem „Codex Alcobacense" des deutschen Theologen und Schriftstellers Hrabanus Maurus (780–856); Manuskript aus dem 9. Jh. Lissabon, Nationalbibliothek. Photo: Dagli-Orti, Paris.
(rechts) Die Zeichensprache der Zisterzienser, von oben nach unten: Verspätung, Meister der Novizen, Fleisch. Zeichnungen von François Place. Photo: Gallimard, Paris.
39 Der hl. Benedikt. Fresko aus dem 15. Jh. in der Abtei von Monte Oliveto, Italien. Photo: Scala, Florenz.
40 Taubstummen-Alphabet. England, 19. Jh. Paris, Institut national des Jeunes Sourds. Photo: J.-L. Charmet, Paris.
41 (oben) Versuch eines Zeichenalphabets für Taubstumme (H, I, L) von J.-P. Bonet, 1620, Madrid. Ebd.
(unten) Abbé de l'Epée wendet sich an junge Taubstumme. Chromolithographie, Ende des 19. Jh. Ebd.
42 Indianische Zeichensprache, von links nach rechts: Biber, Freund, Hirsch. Zeichnungen von François Place. Photo: Gallimard, Paris.
42/43 Buch in Braille-Schrift. „Übung zum Lesen musikalischer Zeichen, um blinden Kindern die Gestalt normaler Musikzeichen verständlich zu machen", Paris 1925. Paris, Musée Valentin Hauy. Photo: Gallimard, Paris.
44/43 Portrait Valentin Hauys. Stich, 18. Jh. Photo: J.-L. Charmet, Paris.
44 Verschiedene Apparate, um Blindenschriften zu erstellen. Stich von Poyet. Photo: Explorer/Mary Evans.
45 Ein Blinder benutzt die Schreibmaschine von Mauler. Stich von Poyet. Photo: Ebd.

Drittes Kapitel

46 Leuchtfeuer. Kolorierter Stich. Photo: Explorer/Mary Evans.
47 Tag- und Nacht-Telegraph. Kolorierter Stich, 19. Jh. Paris, Bibliothèque nationale, Cabinet des Estampes. Photo: Editions Tallandier, Paris.
48 (oben) Rückkehr der Krieger ins Schloß (Ausschnitt): Ein Wächter bläst vom Turm das Horn. Miniatur, 14. Jh. Venedig, Markusbibliothek. Photo: Bulloz, Paris.
(unten) Leuchtfeuer auf den Zinnen der Festung bei den alten Griechen: Die Fackeln wurden in verschiedenen Abständen zwischen den Zinnen angebracht. Nach einem Aquarell von A. Roloff; aus: A. Fürst, „Die Welt der Technik", Berlin 1923. Photo: Gallimard, Paris.
48/49 Rauchzeichen bei den Indianern Nordamerikas. Gemälde von Frederic Remington, 19. Jh. Photo: Dazy, Paris.
50 (oben) Das Läuten der Glocken. Relief von der Kirche von Pernes, 12. Jh. Musée lapidaire de Nîmes.
(unten) Alphorn blasendes Kind. Schweiz, 1901. Photo: Roger-Viollet, Paris.
51 (oben) Elektrisches Militärsignal. Kolorierter Stich. Photo: Explorer/Mary Evans.
(Mitte) Optische Telegraphenstation mit Spiegeln. Holzstich, um 1840. Photo: Gallimard, Paris.
(unten) Optische Telegraphenstation auf der Moschee von Oudja in Marokko, von französischen Militärs benutzt. Titelblatt des „Petit Parisien" vom 28. April 1907 (Ausschnitt). Photo: Explorer/Mary Evans.
52 Der Telegraph des Abbé Chappe. Titelblatt des „Petit Journal". Photo: Gallimard, Paris.
53 Saint-Pierre-de-Montmartre mit dem Telegraphen des Abbé Chappe. Aquarell von J.-J. Champin, 1818. Paris, Musée Carnavalet. Photo: Musées de la Ville, Paris/SPADEM.
54/55 „Les Quatre Documents". Manuskript der vier Codebücher von Claude Chappe mit den optischen Signalen, 1794. Amboise, Musée de la Poste. Photo: J.-L. Charmet, Paris.
56 Alphabet mit den 36 Signalen des Telegraphen des Abbé Chappe. Photo: Gallimard, Paris.
57 Chappe-Telegraph. Aquarell. Amboise, Musée de la Poste. Photo: Ebd.
58 Der Morse-Telegraph, um 1910: Ausschnitte des Schreibers (oben) und einer Empfangs- und Sendestation (unten). Photo: J.-L. Charmet, Paris.
58/59 Das Morsealphabet auf einer zweisprachigen (österreichisch-ungarischen) Schulungstafel aus dem 19. Jh. Privatsammlung. Photo: Ebd.
60 Drahtlose Telegraphenstation nach dem System von Karl Ferdinand Braun, 1898, Siemens. Holzstich, 1903.
61 Übermittlung einer Photographie zwischen Berlin und München, links der Sender, rechts der Empfänger. Zeichnung von A. Dressel in: A. Fürst, „Die Welt der Technik", a.a.O. Photo: Archiv für Kunst und Geschichte, Berlin.

Viertes Kapitel

62 Karte der Ägäis (Kreta, Athen, Kleinasien). Paris, Bibliothèque nationale.
63 „Capitani di Parte (Vol. CXXI)". Streckenkarte von San Maria in Pruneta. Archivo di Stato, Florenz. Photo: Scala, Florenz.
64 Vulkanische Region (Ausschnitt). Isländisches Portolan (Schifferhandbuch) von Giorgio Calopodio, 1537. Venedig, Markusbibliothek. Photo: Roger-Viollet, Paris.

65 Karte des industriellen Frankreich. Landkarte von Brunhes und Deffontaines. Photo: Brunhes und Deffontaines.
66 Karte von Brest im Maßstab 1 : 100 000 des Institut Géographique National. Photo: Institut Géographique National, Paris.
66/67 Karte der Umgebung von Brest. Landkarte von De La Bellevue Dumain, 1676. Farbiges Manuskript im Maßstab 1 : 886, 187x230 cm. Paris, Bibliothèque nationale.
68 Ausschnitt aus einer Karte Sardiniens von A. Danti. Vatikan, Vatikanische Museen, Galerie der Landkarten. Photo: Scala, Florenz.
68/69 Karte der Meere der Welt. Paris, Bibliothèque nationale.
70 Frankreich. Landkarte von Giovanni Maria Cassini. Die eingetragenen Linien bezeichnen den Längen- und Breitengrad von Paris. Paris, Bibliothèque nationale. Photo: Editions Tallandier, Paris.
71 Der Südosten von Beauvais. Ausschnitt aus der Landkarte der Region von Beauvais/Chaumont-en-Vexin; aus: „Die Landkarten Cassinis", ein Kartenwerk im Maßstab 1 : 86 400, erstellt auf Anordnung König Ludwigs XV. von Frankreich. Photo: Gallimard, Paris.
72 Die Region Ome/Clémensat. Ausschnitt aus einer Landkarte Frankreichs im Maßstab 1: 80 000, angefertigt für den militärischen Stab. Die Linien geben die Bodenerhebungen wieder. Photo: Ebd.
73 (links oben) Wischverfahren; die Schattierung gibt das Landschaftsrelief wieder. Photo: Ebd.
(links unten) Höhenlinienverfahren. Auf gleicher Höhe liegende Punkte werden durch eine Linie zusammengefaßt. Photo: Ebd.
(rechts) Naturgetreue Abbildung. Photo: Ebd.
74 Die Region Ammerschwihr. Ausschnitt aus einer Touristenkarte des Weiss-Tals im Elsaß im Maßstab 1 : 25 000. Photo: Office du tourisme de la Vallée de la Weiss/Antipodes.
74/75 Der Golf von Guinea. Ausschnitt aus einer Afrikakarte. Photo: Gallimard, Paris.
76/77 Legenden alter Landkarten. Gesammelt von F. de Vainville in: „Le Langage des géographes", Picard, 1964. Die Karte aus dem 18. Jh. zeigt die Umgebung von Bourges. Paris, Archives nationales. Photo: Giraudon, Paris/Editions Picard, Paris.
78/79 Insel Réunion, Saint-Pierre, im Maßstab 1 : 25 000. Legende und Kartenausschnitt aus der Karte des Institut Géographique National. Photo: Institut Géographique National, Paris.
80/81 Golf von Morbihan, Bretagne (Frankreich). Legende und Ausschnitt einer Marinekarte (SHOM).
82 (oben) Blockdiagramm des Mont-Blanc. Computerzeichnung. Photo: Institut Géographique National, Paris.
(unten) Leitschema für einen Entwicklungsplan der Region Loire-Atlantique aus den 70er Jahren; aus: „La Bretagne" von R. Brunet, in: „Découvrir la France", Larousse, Paris. Photo: Editions Larousse, Paris.
83 (oben) Plan des Telephonnetzes der Firma Bell in den USA. Photo: Gallimard, Paris.
(unten) Proportionale (anamorphotische) Darstellung eines Plans der PNB über die Weltbevölkerung. Photo: Magnum/Hartmann, Paris.

Fünftes Kapitel
84 Leuchtturm bei Nacht. Gemälde von E. Isabey, Venedig. Photo: Gallimard, Paris.
85 Der Morgenstern. Lavierte Zeichnung von J.-J. Grandville. Nancy, Musée des Beaux-Arts. Photo: Mangin, Nancy.
86 Bahnwärterinnen gehen die Gleise ab. Um 1914. Photo: Roger-Viollet, Paris.
87 (oben) Ein bei der Bahn angestellter Junge hält ein Schild. Photo: Ebd.
(unten) Dampflokomotive in nächtlicher Schneelandschaft vor einem Schild. Zeichnung. Photo: Tapabor/Kharbine, Paris.
88 Semaphor der französischen Eisenbahngesellschaft SNCF. Photo: Vie du Rail/Diot, Paris.
88/89 (unten) Russische Dampflokomotive und Semaphor der russischen Eisenbahn. Gemälde, um 1932. Photo: Edimédia, Paris.
89 (oben) Schild an einem Bahnübergang, Strecke von Sceaux, 1921. Photo: Roger-Viollet, Paris.
90 Straßenkreuzung mit Ampeln, veröffentlicht für die „Viva Grand Sport" von Renault. Photo: Tapabor/Kharbine, Paris.
91 (links) Fußgängerüberweg in Japan. Photo: Magnum/Nichols, Paris.
91 (rechts) Hinweistafeln des italienischen Touring-Clubs, um 1908. Photo: Roger-Viollet, Paris.
92/93 Verschiedene zeitgenössische internationale Verkehrszeichen. Von links nach rechts und von oben nach unten: Überholverbot, Verbot des Links- bzw. Rechtsabbiegens, Eisenbahnkreuzung, Vorsicht Enten, Gefahr: Uferstraße in 50 m, Vorsicht Karibuwechsel (Alaska), Vorsicht: zwei Bodensenkungen (Québec). Photos: Explorer/Straiton; Explorer/Tetefolle, Paris; Jerrican/Berenguier, Paris; Magnum/Stock, Paris; Pix/Hémon; Pix/Klein.
94 Flaggensignale des Fanale Marittimo, Triest (Italien). Photo: Gallimard, Paris.
94/95 Tafel mit verschiedenen alten Leuchttürmen. Kolorierte Stiche. Photo: Ebd.
96 (unten) Tafel mit einem Flaggenalphabet, um 1900. Photo: J.-L. Charmet, Paris.
96/97 (oben und rechts oben und unten) Ein Matrose signalisiert das Flaggenalphabet: Buchstaben Y, E, X. Photos: Explorer/Mary Evans.
97 (Mitte) Automatische Signalbojen von Courtenay. Stich. Photo: Gallimard, Paris.
98/99 (oben) Seitliche Fahrwassermarkierung: Backbord rot/Steuerbord grün; System A. Photo: Gallimard, Paris.
(unten) Die „Winibelle" vor einem Passagierdampfer. Aquarell von John Marin (1870–1953). Privatsammlung. Photo: Gallimard, Paris.

100 (oben) Landebahn. Gemälde von Bourget. Titelseite des „Petit Journal illustré". Photo: TapaborKharbine, Paris.
(unten) Markierungspfeil auf der Landebahn des Pariser Flughafens Orly-Sud. Photo: Rapho/Le Diascorn, Paris.
101 (oben) Beleuchtete Landebahn bei Nacht. Photo: Rapho/Berretty, Paris.
(unten) Pistentechniker mit Leitkellen für Flugzeuge. Maltesischer Flughafen Luka. Photo: Explorer/de Malgaive.

Sechstes Kapitel
102 Geheiligte Allegorie. Gemälde von Jan Provost, Anfang des 16. Jh. Paris, Musée du Louvre. Photo: Scala, Florenz.
103 Die Waage, Allegorie der Gerechtigkeit. Miniatur, 13. Jh. Paris, Bibliothèque de l'Arsenal. Photo: Explorer/J.-L. Charmet, Paris.
104 (oben) Einer der Heiligen Drei Könige. Ausschnitt aus einem Altarbild. Katalanisch, 13. Jh. Barcelona, Museum katalanischer Kunst. Photo: Giraudon, Paris.
(Mitte) Zeigender Finger. Holzstich. Photo: Gallimard, Paris.
(unten) Zeitgenössisches Hinweisschild mit Pfeil. Photo: Ebd.
105 (oben) Piratenflagge. Jolly Roger. Photo: National Marine Museum, London.
(Mitte) Vanitas (Symbol der Vergänglichkeit). Französische Stickerei aus dem 17. oder 18. Jh. Privatsammlung.
(unten) Zeitgenös. Hinweisschild: Lebensgefahr.
106 Allegorie der Brüderlichkeit. Kolorierter Stich, 1790. Sammlung Devaux. Photo: Explorer, Paris.
107 Le Trépas de l'hermine regrettée (ein Trauerzug). Manuskript, um 1515. Paris, Petit Palais, Sammlung Dutuit. Photo: Bulloz, Paris.
108 Giovanni Arnolfini mit seiner Gattin. Gemälde von Jan van Eyck, 1434. London, National Gallery. Photo: E.T. Archives, London.
109 Die Hochzeit. Ausschnitt aus dem Triptychon der Erlösung. Gemälde von Roger van der Weyden, erste Hälfte des 15. Jh. Madrid, Prado. Photo: Dagli-Orti, Paris.
110/111 Die Verlobten. Gemälde von Lucas van Leyden, erste Hälfte des 16. Jh. Musée de Strasbourg. Photo: Bulloz, Paris.
112 Eine Hochzeit auf Sumatra. Kolorierter Stich, 19. Jh. Photo: Gallimard, Paris.
113 (oben) Hochzeit bei den Mandingo in Mali (Afrika). Kolorierter Stich, 19. Jh.
(unten) Zeremonie der Namensgebung bei den Mandingo in Mali (Afrika). Kolorierter Stich, 19. Jh. Photo: Tapabor/De Selva, Paris.
114 Tatauierter Männerkopf der Maori Neuseelands. Photo: Archiv für Kunst und Geschichte, Berlin.
114/115 Ein tatauiertes Paar bei den Mohave-Indianern Nordamerikas. Photo: Ebd.
116 (oben) Medaillon der Zunft der Maurer und Zimmerleute. Luca della Robbia, 15. Jh. Florenz, Museo dell'Opera del Duomo. Photo: Scala, Florenz.
(unten) Umhang eines Freimaurers aus dem 18. Jh. Paris, Musée du Grand-Orient. Photo: Gallimard, Paris.
117 Wappen der Zunft der Wollweber. Luca della Robbia, 15. Jh. Florenz, Museo dell'Opera del Duomo. Photo: Scala, Florenz.
118/119 Die Legende des heiligen Kreuzes (Ausschnitt). Fresco v. Piero della Francesca in der Kirche San Francesco in Arezzo, 1452–1466. Photo: Ebd.
119 (oben) Wappen der Stadt Nancy, Gouache aus dem 19. Jh. Paris, Bibliothèque des Arts décoratifs. Photo: J.-L. Charmet, Paris.
(unten) Wappen der Familie d'Albret. Aus einem Manuskript des 16. Jh. Paris, Bibliothèque de l'Arsenal. Photo: Ebd.
120 (oben) Das Lamm Gottes. Stickerei aus Gold- und Silberfäden aus dem 19. Jh. Privatsammlung. Photo: Ebd.
(unten) Das Stachelschwein, Attribut Ludwigs XII. von Frankreich. Schloß von Blois. Photo: Pix, Paris.
121 (oben) Die Taube, Symbol des Heiligen Geistes. Rom, Katakombe der Priscilla. Photo: Scala, Florenz.
(unten) Der Salamander, Attribut von König Franz I. von Frankreich. Schloß von Blois. Photo: Pix/Bénazet.
122 Ein Druide in seinem Richtergewand. Photo: E.T. Archives, London.
123 (oben links) Papst Pius VI. in vollem Ornat. Italienisches Gemälde aus dem 18. Jh. Musée de Versailles. Photo: Josse, Paris.
(oben rechts) König Ludwig XI. von Frankreich. Gemälde von Jean du Tillet. Paris, Bibliothèque nationale. Photo: Ebd.
(unten) Abendgebet in der Sahara (Ausschnitt). Gemälde von Gustave Guillaumet, 1863. Paris, Musée d'Orsay. Photo: Ebd.
124 Die Heilige Jungfrau mit dem Kinde und dem Herzog von Urbino, Federigo da Montefeltro (Ausschnitt). Gemälde von Piero della Francesca. Mailand, Pinacoteca Brera. Photo: Scala, Florenz.
125 (oben) Astrologische Symbole. Frontispiz der „Tables astrologiques de Louis, roi de France". Aquarell, 17. Jh. Paris, Bibliothèque de l'Arsenal. Photo: J.-L. Charmet, Paris.
(Mitte) Verhexung mit Hilfe eines Rinderherzens. Musée du cloître de Tulle.
(unten) Monogramm Christi, das Alpha und das Omega. Vatikan, Vatikanische Museen, Museo Pio Cristiano. Photo: Scala, Florenz.
126 (oben) Schlange, sich um den Weltenbaum ringelnd, mit Sonne und Mond. Ausschnitt aus der Bemalung einer Schale, Sassanidisches Reich (226–641 n. Chr.). Photo: Gallimard, Paris.
(Mitte) Die Hand Gottes, zwei Schlangen und drei Heiligenköpfe auf einem keltischen Kreuz aus Muiredach, Monasterboice (Irland). Photo: Ebd.
(unten) Votivsteine aus Siringapatna (Indien). Photo: Ebd.

127 Statue des Mönches Hoshi. Kyoto, Nationalmuseum. Photo: Zauho Press, Tokio.
128 Wappen Boliviens. Aquarell von etwa 1889. Paris, Bibliothèque des Arts décoratifs.

Zeugnisse und Dokumente
129 Felszeichnung der Höhle Sainte-Eulalie, Ussat-les-Bains, Ariège (Frankreich). Nachzeichnung. Paris, Gallimard.
130 Prähistorische Felszeichnung in den Katalanischen Pyrenäen. Person, die ein Kind im Arm hält, in: J. Abélanet, „Signes sans paroles", a.a.O.
133 Kreuzförmige Motive der Felszeichnungen in Galizien und Portugal, La Coruna. Ebd.
136 Nebelhorn an der englischen Küste. Stich in: „Illustrated London News". Photo: Explorer / Mary Evans, Paris.
138 Aztekischer Kalender. Seite aus dem „Codex Hamburgensis". Nachzeichnung. Paris, Gallimard.
141 Tafel der „männlichen" und „weiblichen" Zeichen in der Höhle von Lascaux. Zu: A. Leroi-Gourhan, „Préhistoire de l'art occidental". Ebd.
146 Ägyptische Hieroglyphen. Photo: Archiv für Kunst und Geschichte, Berlin.
148 Der Totengott Osiris; aus dem Grab des Senedjem, Deir el-Medina. Photo: M. Sulzer-Reichel.
154 Episode aus der Wanderschaft der Azteken. Seite aus dem „Codex Boturini". Nachzeichnung. Photo: Dagli-Orti, Paris.
155 Reverenz. Farbstich von Reznicek. Photo: Gallimard, Paris.
157 Tanzender Krishna. Nepalesische Statue, 18. Jh. Photo: Scala, Florenz.
158/159 Die 24 hastas, die symbolischen Handhaltungen beim Kathakali. Paris, Gallimard.
161 Kabuki-Schauspieler. Farbstich von 1849. Photo: Dagli-Orti, Paris.
164 Die Nachtmahr. Gemälde von J. H. Füssli, um 1781. Photo: Archiv für Kunst und Geschichte, Berlin.
173 Der Tempel Salomos und seine Symbole. Freimaurerteppich, Abbildung publiziert 1745.
181 Wappen des spanischen Königs. Aquarell, 19. Jh. Paris, Bibliothèque des Arts décoratifs. Photo: J.-L. Charmet, Paris.
187 Illustration zu Dante Alighieris „Göttlicher Komödie", von G. Doré. Paradiso, 1868.
189 Piktogramme aus öffentlichen Gebäuden in den USA. Gallimard, Paris.
192/193 Markenzeichen, in: Adrian Frutiger, „Der Mensch und seine Zeichen", a.a.O. Seite 333.
195 Verkehrsschilder der Flußschiffahrt. Photo: Explorer / Danrigal, Paris.
203 Brief eines Indianers vom Stamm der Cheyenne. In Garrick Mallery, „Picture writing of the American Indians", 1893.
207 Die „Constitution" in Malta 1837 in Festbeflaggung zu Ehren des Geburtstags George Washingtons, Annapolis, Maryland, American Naval Academy.

Register

Inhalt